荆门左冢楚墓

湖北省文物考古研究所
荆门市博物馆 编著
襄荆高速公路考古队

文物出版社
北京·2006

封面设计：周小玮
责任印制：陈 杰
责任校对：李 薇
责任编辑：王 伟

图书在版编目（CIP）数据

荆门左冢楚墓／湖北省文物考古研究所等编著．－北京：文物出版社，2006.12
ISBN 7-5010-1986-X

Ⅰ.荆…　Ⅱ.湖…　Ⅲ.战国墓－墓葬(考古)－发掘报告－荆门市　Ⅳ.K878.85

中国版本图书馆 CIP 数据核字（2006）第 101445 号

荆 门 左 冢 楚 墓

湖 北 省 文 物 考 古 研 究 所
荆 门 市 博 物 馆 编著
襄 荆 高 速 公 路 考 古 队

文物出版社出版发行
北京东直门内北小街 2 号楼
http://www.wenwu.com
E-mail:web@wenwu.com

北京文博利奥印刷有限公司制版
文物出版社印刷厂印刷
新 华 书 店 经 销
787 × 1092　1/16　印张:23.5　插页：1
2006 年 12 月第一版　2006 年 12 月第一次印刷
ISBN 7-5010-1986-X/K · 1055　定价：220.00 元

目　　录

插表目录

插 图 目 录

彩版目录

图 版 目 录

壹 前言

一 地理位置

左冢楚墓墓地位于湖北省荆门市以南的五里铺镇左冢村二组的一条南北走向的岗地上，西北距五里铺镇约3公里，西距207国道约2公里，南距楚故都纪南城约31公里，其东2公里的东港河由北向南注入长湖（图一）。

左冢墓地所在地属丘陵地带，系大巴山脉的荆山余脉，南与江汉平原接壤，地势自西北向东南倾斜。墓地周围河网交织，河流大都发源于西北的山地，并顺势向东南流，分别注入其南的长湖和流经本区的汉江，属长湖水系。河流的两侧大都为南北走向的蜿蜒岗脊，左冢墓地即位于东港河西侧的一条岗脊上（图二）。

荆门的地理位置极为重要，明张居正《荆门州题铭记》："荆门介居荆、襄间，唐、邓瞰其腹胁，随、郢曳其肘臂。南望江陵，势若建瓴；重关复壁，利于阻守，运奇制胜，亦足以冲敌人之肘胁，故称荆门，言隘地也。"早在新石器时代，这里就有人类生息。约公元前12世纪，商王武丁后裔在此建立权国。约公元前11世纪，周王封姬姓宗室于江汉间，周公承成王命，封其弟季载于冉并建立冉国，是时，北部和东南部还分别有鄀国和权国，后皆为楚所灭。战国时，荆门全境皆为楚有。由于荆门境内山冈林立，且又与楚都纪南城相毗邻，故荆门（尤其是其南境）成为楚国较为集中的墓区之一。1987年在左冢墓地以南约13公里的十里铺一带曾发掘了著名的包山楚墓群。在荆门纪山和十里铺一带，迄今地面仍可见为数众多的高大封土堆，通过调查、勘探和配合工程所进行的一些发掘看，时代大都为战国中晚期。这些墓地同城东长湖一带的孙家山和天星观、城西的八岭山墓地一起，构成一个庞大的环绕楚都纪南城的楚墓群网络，左冢楚墓应是迄今已知的纪山楚墓群中离纪南城较远的中型楚墓群之一。

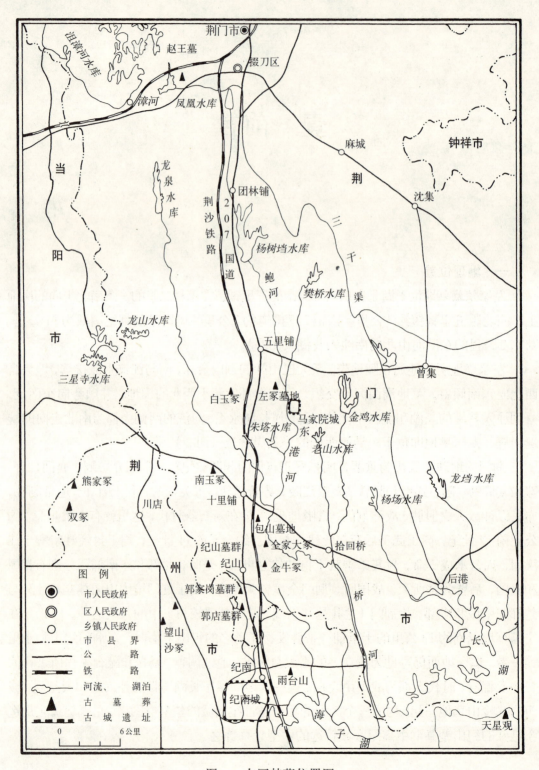

图例

- ◉　市人民政府
- ◎　区人民政府
- ○　乡镇人民政府
- ┄┄　市县界
- ──　公　路
- ▅▅▅　铁　路
- 〰〰　河流、湖泊
- ▲　古墓葬
- ▆▆▆　古城遗址

0　　　　　　6公里

图一　左冢楚墓位置图

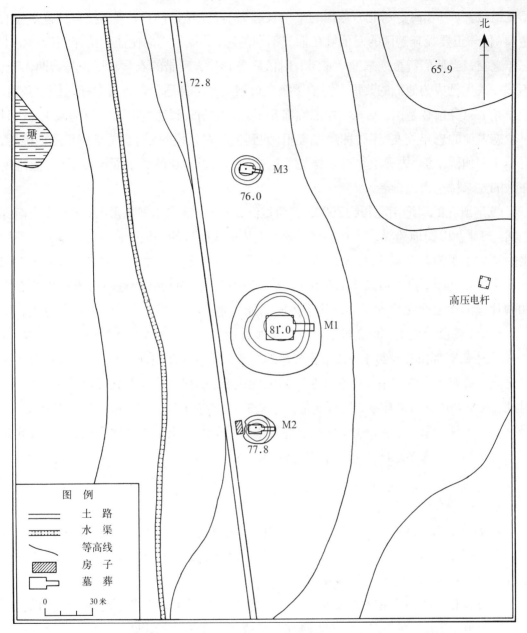

图二　左冢楚墓地形图

二　墓地概况及传说

左冢楚墓群由三座冢墓组成,它们自南而北呈直线排列在一条南北走向岗地的东侧台地上。其中,中间一座最大,称之为左冢(编号M1),南、北两座较小(编号为M2和M3)。左冢之名据当地老百姓相传为春秋战国时期楚国义士左伯桃之墓。左伯桃其人不见记载,据称当时身居北方燕国的羊角哀远离本土,跋涉南行,慕名投奔日益强大的楚国,他与正要投奔楚国的左伯桃在荆门不期而遇,共同的志向使他们结伴而行并结下忘年之交,当他们行至今墓地一带时,时值寒冬,二人所带的衣食将尽,与其两人死、不如一人生已成为他们的共识。左伯桃执意留下,并将自己所剩衣食全都送给羊角哀,让羊角哀只身前往楚国。后来,左伯桃冻死于此。羊角哀到达楚国后被封为大夫,仍时时眷恋着他的忘年故友,不久即辞去官职,回到他与左伯桃的分手地,厚葬了左伯桃后,自尽于左伯桃墓侧,左冢之名就是伴随着这样一个可歌可泣的故事而流传至今,墓地所在地的左冢村也由此得名。

墓地所在的岗地南北长约2000、东西宽约250米,高出东部农田约6米,高出西部农田约3米。以岗地为界,岗地东西两侧的地势形成明显的一级阶梯。发掘前,墓地周围的植被主要为人工阔叶林,间以少许旱地。墓地所在位置的地层堆积主要为人工堆积和原生堆积两类。耕土层以下的0.6~0.8米为褐灰土,包含有大量新石器时代的石器和陶片,为屈家岭文化堆积层。其下依次为原生生土层黑褐土,厚3米;灰白土,厚3.5米;红黄色沙性土,厚2米;再下为灰沙岩层。

三座墓葬都保存有封土。其中一号墓的封土最大,保存完好,基本上未遭破坏,封土之上残留有大量的明清碎砖瓦及加工后的建筑石块。据当地老百姓反映,一直到民国时期,其上都还保留着庙宇,这可能是一号墓的封土得以完好保存的一个重要原因。二号墓的封土仅存墓坑中部部分,墓道上部及墓坑尾部的封土早年已被取走。三号墓的封土因常年耕作,大多已向四周扩平成龟背形。

三　发掘经过

1999年,襄(襄樊)荆(荆州)高速公路自北而南经左冢墓地东约200米的地方通过,左冢墓地被确定为该工程的第23号取土场,为了配合工程建设,经上级主管部门批准,决定对该墓地进行抢救性发掘。

为了保证工程进度和考古发掘工作有计划的开展,并为制定考古发掘方案提供科学依据,2000年7月,湖北省文物考古研究所组成了一支考古勘探队,对左冢墓地进行了一次比较全面和细致的勘探,主要目的是解决左冢墓地除三座冢墓外还有没有附葬墓和陪葬坑、各墓的棺椁埋藏深度、大小、保存状况以及地质结构等问题。负责本次勘探工作的是湖北省文物考古研究所朱俊英,参加勘探工作的有朱俊英、周文、李天智、平江涛、刘忠义。勘探工作开始不久,正在襄荆线上其他文物点从事勘探和发掘的黄凤春、文必华、方萍赶赴左冢,协助完成了左冢二、三号墓的勘探工作。勘探工作采取直角坐标点法,在直角坐标点内布探方网,在整个墓地共布20×20米的探方网16个,在每一探网内以 2 × 2 米的间距布孔普探，勘探总面积达 2.4 万平方米。在勘探过程中，未发现附葬墓和车马坑，但左冢墓地的三座墓葬的形状、方向、大小全部探明，为制定左冢墓地考古发掘方案获取了若干相关科学数据。在勘探的同时，还完成了左冢墓地平面图的测绘和发掘前的外景摄影工作，为日后的发掘做好了前期资料工作。

左冢墓地的发掘是在湖北省文化厅和湖北省文物局的直接领导下进行的，并得到了荆门市政府、荆门市文化局、荆门市文物局和沙洋县政府、沙洋县文化局的高度重视。湖北省文物考古研究所则在人力、物力和财力上给予了充分的保障。

左冢墓地的发掘总领队为李天元，黄凤春主持发掘。黄凤春、朱远志、曾令斌、周士本、马洪自始至终参加了全部墓葬的发掘。

正式发掘工作从 2000 年 9 月 3 日起，至 2000 年 12 月 12 日止，田野工作历时三个多月。发掘期间，曾遭连绵阴雨，在清理的关键时刻，三座墓葬的墓坑都出现了不同程度的塌方，加大了发掘难度，为了保证文物和工作人员的安全，在做全三大记录资料后，不得不扩方后继续清理。所有墓葬采用人工发掘，机械转土，共挖掘土方约 22320 立方米，共用工约 1100 个。

发掘期间，湖北省文化厅厅长蒋昌忠，湖北省文化厅副厅长、湖北省文物局局长沈海宁，湖北省文物局文物处处长黄传懿，文物处副处长官信，安全处副处长陈树祥，湖北省博物馆馆长兼湖北省文物考古研究所所长王红星，湖北省博物馆党委副书记后德俊，湖北省文物考古研究所原党委书记陈洒成，湖北省文物考古研究所原所长陈振裕，原副所长李天元，都曾多次亲临工地督查工作。著名考古学家俞伟超先生也曾亲临工地指导工作（彩版一）。需要特别提到的是，在左冢一号墓清理的关键时刻，已退居二线的原湖北省文化厅副厅长胡美洲，不顾年高体弱，亲自驻守工地，参与发掘清理工作，在发掘工地深夜突遭暴雨袭击，其他工作人员都上工地抢险排水时，他不畏天寒地冻，半夜起床亲自为其他工作人员熬制热姜汤，充分反映了一位老领导、老文物工作者对文物工作和年轻后辈的关心和支持，令所有在场的工作人员都感动不已，极大地鼓舞了清理小组圆满完成任务的信心和决心。

根据发掘工作的进度和工作的需要，湖北省文物考古研究所、荆门市博物馆、钟祥县博物馆陆续安排专业技术骨干参与发掘清理工作。先后参加清理和发掘的主要人员有（按姓氏笔画为序）：文泽贵、王传富、龙永芳、后德俊、刘祖信、刘国胜、刘卫东、余乐、苏锦平、苏文、李玲、李天元、李云清、李文森、吴凤清、陈树祥、周光杰、周文、金陵、金亮、胡美洲、郑海峰、黄文进、曾庆国、蔡军、熊北生。另外，还有许多同志做了一些具体工作，恕不一一罗列。

为了保证发掘工作的有序进行，荆门市文化局、荆门市文物局、荆门市博物馆和沙洋县文化局协助解决了很多具体困难和问题,荆门市和沙洋市政府的主要领导也曾多次亲临工地指导,湖北省武警总队沙洋中队、沙洋县公安局以及五里铺镇派出所先后派出得力干警协助发掘现场的保卫工作。

在此,向所有参加左冢楚墓发掘以及对发掘工作给予关心和大力支持的各级领导、专家学者、武警官兵和公安干警致以诚挚的谢意。

左冢楚墓是继包山楚墓之后在荆门市发掘的又一处较为重要的楚国家族墓地,从发掘之初就给予了高度重视。发掘之前不仅拟定了详细的发掘方案,还对墓地进行了仔细的勘探。在发掘中严格按照《田野考古工作规程》进行发掘,三座墓葬的封土无论保存好坏,皆先采取四分之一解剖,在做全剖面资料后全部揭露至原墓口。墓坑内的填土则采取自上而下逐层揭露的方法,并采集了填土中的全部遗物。

三座墓葬中的棺椁都保存不好,其中一号墓的两个盗洞,分别从封土的东、北两个方向掘至东室,致使椁室坍塌,清理时椁室内已积满淤泥,给清理工作带来很大困难。清理中,对于既耗时,又不易现场单件取出的器物,以托板插入底部整体揭取后,运入荆门市博物馆室内作清理复原。为了不使小件遗漏,对棺椁中的全部泥土分袋包装编号,运至室内进行了淘洗。

四 资料整理及报告体例说明

左冢楚墓的田野考古发掘工作结束后,旋即进行了室内整理、复原和报告的编写工作。室内整理和复原工作始于2001年3月,至2002年12月底结束,历时达一年多。2004年底基本上完成了报告的初稿,随后便着手统稿和修改。

在资料整理和报告编写过程中,为了使学术界尽早了解本次发掘的主要收获,我们曾先后发表了《荆门左冢楚墓的发掘及主要收获》[①]、《记荆门左冢楚墓漆梮》[②]和《荆门左冢楚墓出土金属器的研究》[③]等文。上述文章都是在本报告尚未完稿及一些标本尚未检测的情况下发表的,如有与本报告相抵牾之处,当以本报告为准。

左冢楚墓地经过全面的勘探,只发现3座冢墓,是目前已发掘的有冢楚墓地中数量最少的墓地之一,尽管其数量少且被盗严重,但通过科学发掘和全面揭露,其所反映的排列规律及大小级差明显,构成了左冢楚墓地自身的特点,为楚国中型墓地的研究又增

[①] 《荆门左冢楚墓的发掘及主要收获》,《楚文化研究论集》第五集,黄山书社,2003年。

[②] 《记荆门左冢楚墓漆梮》,《第四届国际中国古文字学研讨会论文集》,香港中文大学中国语言及文学系,2003年。

[③] 《荆门左冢楚墓出土金属器的研究》,《江汉考古》2006年第4期。

添了一批新资料。为了全面、系统、真实的报道发现情况，各墓采用分墓整理和统计，报告以按墓号依次叙述的体例撰写，以供学术界再研究。

左冢楚墓地中的3座楚墓除M3未被盗外，其余2座皆被盗掘。3座墓葬的棺椁都保存不好，有的甚至无法复原，在整理中，对已经腐朽坍塌，但尚可看清其形制和结构的棺椁，尽可能地作了复原研究。尽管3座墓葬中有2座被盗，但各墓仍出土了一批为数不等的遗物，3座墓葬共出随葬品557件（不包含盗洞和填土中的遗物）。其中一号墓出土452件，二号墓出土52件，三号墓出土53件。所出遗物包含有铜、铁、金、木、竹、玉、石、陶、骨、丝、麻、革等不同的质类，另还见有少数动物和植物遗骸。所有遗物按质类以表格的形式分列于各墓的正文之中，以便于核查和检索。盗洞和填土中的遗物附列于报告的相关章节中叙述。

左冢楚墓出土的器物不多，完整器也少，但可辨器形和质地都比较清楚，绝大多数器物都是过去已掘楚墓所常见的一些器种，其用途也大多明确。对于少数腐朽仅存漆皮但尚可看出其形制的漆木器，在室内整理时也尽可能地作了复原研究。在报告的叙述中，将所有器物先按质地划分，再按用途分类描述，形制和用途不明的则依质地归入"其他"类叙述。对于具有复合质地的器物，一般按其主要功用而归入相应的用途分类中叙述。如带木柲或竹柲的戈和矛等皆归入兵器类。有的器物的附属物为不同质地，一般随主要器物的质地和用途描述，如铜剑所带的木质剑鞘只是随铜剑叙述，而不再将其分列于漆木器中统计和叙述。

本报告中的器物号绝大多数都是沿用田野考古发掘时的原编号，在室内整理时，少数器物进行了合号，空缺的号作了补编。在田野考古工作中，由于M2和M3的棺椁结构比较简单且随葬器物不多，各墓不同室的随葬器物皆采用流水号编列。M1的棺椁结构复杂且分室较多，发掘中，各室器物采用分室编号。本报告中涉及M1的标本号都在其墓号后带有不同的英文字母，表示器物所在不同的室。如"M1E"表示M1的东室。"M1S"表示M1的南室，"M1W"表示M1的西室，"M1N"表示M1的北室。所有墓葬的随葬器物一般是一器一号，部分车马器出土时已脱离原器，原则上也另编一号。对于一号多件的器物则采用亚号处理。需要说明的是，对于复杂的甲胄，在保留原出土号的基础上，在室内清理中又重新进行了分层编号。盗洞和填土内的遗物，则在其编号前加"0"以示区别。

随葬器物的统计，原则上是一器作为一件，不明件数的只是根据原出土编号一号算一件。对于原有相关关系，但出土时已散落的，则一个个体算一件，如车马器上的镳、节约、壁插等。除盗洞、填土内所出遗物及动物和植物遗骸外的所有遗物都参与器物的统计。对于一器多件的器物一般都制有表格，附列于叙述该器的正文之后，以供比较参考。

　　为了使本次所获遗物为相关科学研究提供更为准确的信息，我们约请了相关科研单位对左冢楚墓所出的部分遗物进行了科学检测，同时，还约请了部分学者针对所出遗物进行了探讨，所有检测数据及结论、讨论文章均附于报告的正文之后，以便学界作更深入研究时参考。

贰 一号墓（M1）

　　M1位于三座楚墓的正中部位，是左冢楚墓群中封土最大的一座。其南部紧邻M2、北部为M3（彩版二；彩版三）。发掘前，经实地踏勘，封土表面遍布近代瓦片及石板，可知早年其上曾修建过庙宇，后被毁。其上现种植旱地作物。

　　在该墓封土堆的耕土层之下的东部和北部共发现2个盗洞（分别编号为1号盗洞和2号盗洞）。分别斜向掘入墓室。东部的盗洞位于距墓坑东壁7.5米处，也就是墓道的上方，斜向打入椁室头箱的东北角；北部的盗洞位于距墓坑北壁6米处，也是呈斜向打入椁室头箱的东北角，2个盗洞皆集中一点。2个盗洞形制相同，开口皆呈三角形，洞口长200、底宽80厘米。洞壁平整光滑，逐级放台阶，台阶高20~26、宽15~20厘米。洞内填褐灰土，土质较松软，含水分较重。包含有较多的草木灰和零星的近代瓷片。2个盗洞不仅完全相同，而且分不同的方向集中掘至椁室头箱的一处，说明盗掘此墓应是同时同人所为，盗前并经过精心的勘测和策划。同时从不同的方向开挖2个盗洞，可能是因为该墓冢较大，埋葬深，2个盗洞相通，利于空气的对流而不至于人在盗洞内窒息。三角形的盗洞，在楚墓中极罕见，不易垮坍，还省时省力。种种迹象表明，盗掘该墓的应是一个经验丰富的盗墓高手。从遗弃在盗洞的遗物观察，M1被盗的年代约在清末或民国初年。

　　附：盗洞内的遗物

　　弯头撬杠　1件（M1：018），由一整段带丫的树干制成，其前端削掉树丫的一角，形成一翘头，前端削成扁铲状，近丫下处的周边砍一段形成握手处，撬杠尾端的树皮尚存，制作极为简陋。通长99厘米（图三，2；图版四，5）。

　　直撬杠　1件（M1：017），由一整段树干砍成，制作粗糙，树皮尚存，仅头端砍成斜面，刀痕清晰可辨，应为撬物之具。残长63.6厘米（图三，1；图版四，6）。

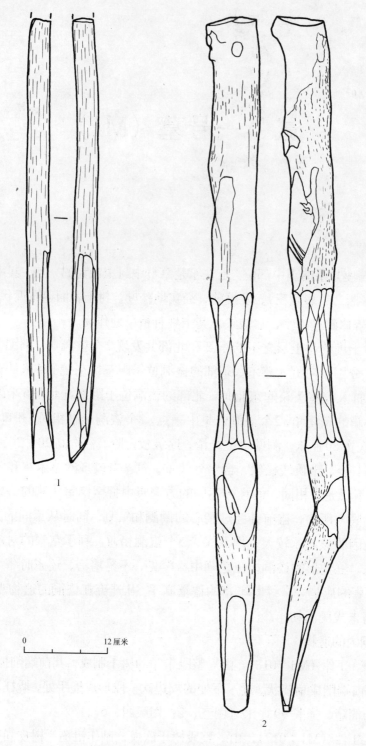

0　　　　　　　12厘米

1

2

图三　M1 盗洞内出土盗墓工具

1. 木直撬杠（M1：017）　2. 木弯头撬杠（M1：018）

一 墓葬形制

（一）封土、墓坑和填土

1. 封土

M1的封土平面呈圆形，截面呈半圆形，覆盖整个墓坑和墓道，现存底径50米，封土顶至墓口的相对高度为7.7米。填土单一，可分二层。

第一层 耕土层，褐灰土，土质松软，厚100～200厘米。包含有较多的近现代瓷片、砖瓦块和建筑条石。

第二层 灰白土夹黄灰土层，即墓葬封土，厚10～650厘米。土质较松，未发现夯层和夯窝。但封土内包含有较多的稻草腐烂痕及零星的新石器时代屈家岭文化陶器残片和红烧土碎末。

由于封土所覆盖的范围要大于墓坑的范围，揭完封土至墓口处，墓口外围的原地表与封土分界明显，其间可见大量的茅草类植物及植物茎秆腐烂遗痕。可以推知，在该墓下葬前，此地应是长满杂草的荒芜之地。

在勘探和发掘过程中，M1的封土堆上未发现同时期的墓上建筑，其周边也未见相关的墓祭遗迹（图四）。

2. 墓坑

墓坑平面为长方形，方向93°。坑口东西长18～18.3、南北宽15.75～15.9米，墓口至墓底深7.41米（彩版五）。墓底亦为长方形，东西长7.95、南北宽4.05米。墓坑的四壁自上而下共设有八级台阶。由于墓坑的所在地为一处新石器时代遗址，除第一级台阶为熟土外，余皆为生土台阶。台阶逐级内收，形制规整，四周的每一级台阶大致在一个水平面上。每一级台阶的高度及台阶面的宽度都有区别。其中，第一级台阶深0.35、宽0.4米，打破原地表土及新石器时代屈家岭文化层；第二级台阶距墓口深0.9、宽0.5米；第三级台阶距墓口深1.4、宽0.5米；第四级台阶距墓口深1.9、宽0.35米；第五级台阶距墓口深2.35、宽0.3～0.35米；第六级台阶距墓口深2.9、宽0.35米；第七级台阶距墓口深3.45、宽0.41～0.22米；第八级台阶距墓口深4.05、宽0.41～0.22米。另在与椁盖板平齐的东西两端设一级台阶，西台阶距墓口深5.75、宽0.2米，东部在墓道底部向内挖，宽0.25米（图五；图版一；图版三）。

斜坡墓道位于墓室的东端正中处，东西口长12.4、东端口宽3.3、西端口宽5.4米，墓道底呈斜坡状，坡长17.75米，坡度18°。墓道底宽2、墓道口至墓道底最深5.1米。墓道壁面呈斜坡状，口大底小，平整而光滑。墓道西端与墓室相连处被1号盗洞打破，打破范围长0.45、深0.25米。

无论是墓坑、墓道的壁还是台阶面都平整而光滑，发掘时，墓坑内的填土可与其自

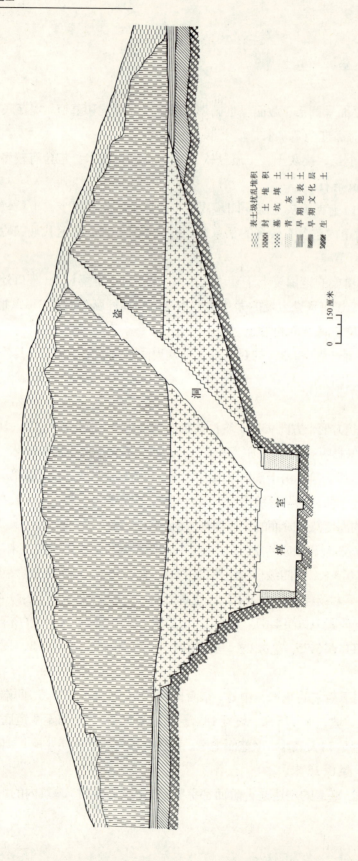

图四 M1 封土及墓坑纵剖面图

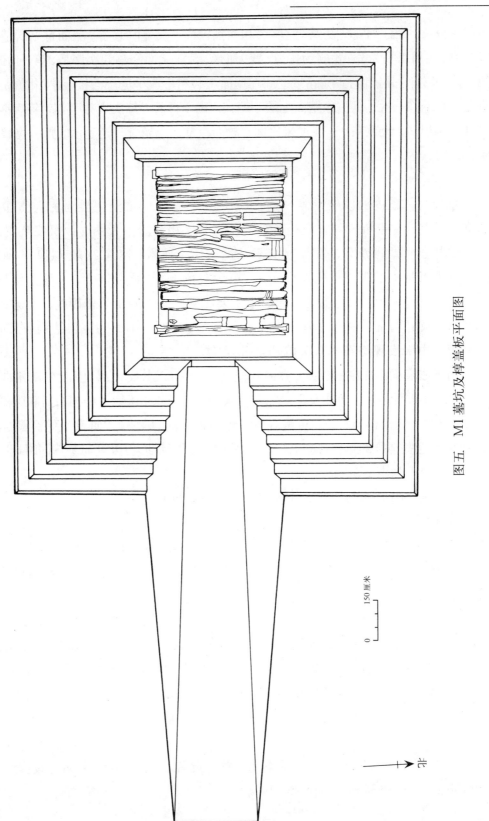

图五 M1 墓坑及椁盖板平面图

150 厘米

0

北

然脱落分离。经仔细观察发现，这些壁和面都曾经过反复的修整。壁面可见清楚的修整工具痕，使用工具为臿。臿痕为弧刃，宽9厘米。臿在壁面修整的次序是，第一臿铲修后，第二臿紧邻第一臿铲修，两道臿痕之间在壁面上必然形成一道小凸棱，第三臿就是在二臿痕之间再轻修一次，以消除壁面上的小凸棱。由于握臿者每次用力不等，每次落臿的深度都不尽相同，大致在9～11厘米之间，故而在壁面上留下一道道臿的弧刃修整痕（图版三，2）。

3. 填土

墓坑与墓道内的填土大体一致，都比较单一，坑内填土主要为黄褐色五花土并间夹少许黄沙，土质较硬，应经夯筑，只是夯层和夯窝不太明显。仅在墓坑南壁附近发现部分明显的夯窝，夯窝为方形，边长5×5厘米，窝深2、夯层厚50厘米。在接近椁盖板及椁室四周土色发生变化，填青灰色土，土质黏性大，未见夯层与夯窝。

在发掘过程中，发现墓坑四周的土质要比墓坑中部的土质坚硬些。经观察，应是墓室椁盖板坍塌后，中部的填土相应下陷，改变了原填土面的夯层结构所形成的。

填土中未发现与祭奠有关的遗迹和遗物。

由于该墓坑构筑在一个新石器时代遗址上，并打破其文化层，因而在墓坑的填土内伴出有部分新石器时代遗物及零星的草木灰和红烧土块。遗物主要为石器和陶器，石器见有斧和凿，陶器皆为残片，可辨器类主要有鼎、盆、罐、瓮、钵和豆等。根据器物的形制考察，这些遗物的年代属新石器时代屈家岭文化时期。但未见与墓葬同时期的遗物。

附：填土内出土遗物

填土内共出土遗物16件，主要为陶器和石器两大类。

1. 陶器

共12件。皆残碎，从口沿标本观察，陶器皆轮制。陶器的质地主要为泥质灰陶，其次为泥质黑陶和泥质橙黄陶。陶器多素面，少数饰有弦纹和花边纹，主要器类为鼎、盆、罐、瓮、钵和豆等。

陶鼎　2件。标本M1：011，泥质黑陶。器残。弧腹，圜底，宽扁足，足尖残。下腹饰一周宽凸棱。残高7.2、腹径16厘米（图六，16）。标本M1：08，泥质黑陶。仅存口部，斜折沿，方唇，斜直腹。肩下饰二周凹弦纹。口径18厘米（图六，11）。

陶鼎足　2件。标本M1：016，泥质黑陶。宽扁足，凿状。足高5.2厘米（图六，6）。标本M1：015，泥质灰陶。宽扁足，足面弧，两侧边圆角。残高6.2厘米（图六，5）。

陶盆　1件（M1：010），泥质黑陶。宽平折沿，花边口沿，外斜直腹。沿面饰细密的凹弦纹。口径34厘米（图六，10）。

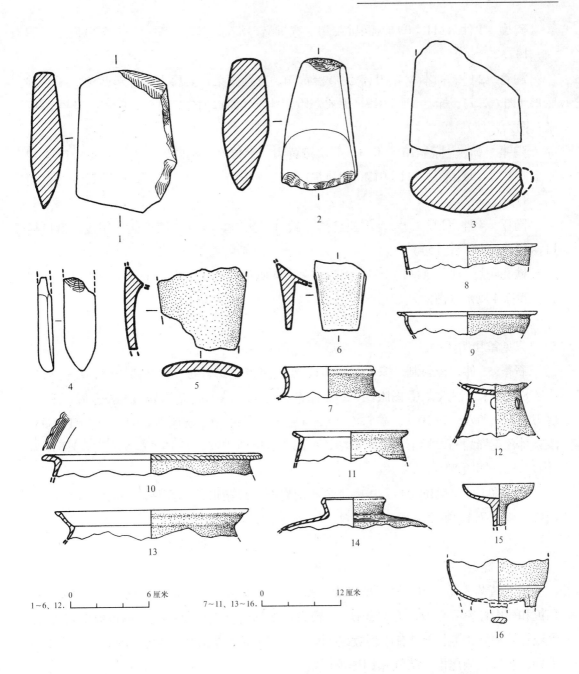

图六 M1填土内出土石器、陶器

1～3．石斧（M1：02、03、01） 4．石凿（M1：04） 5、6．陶鼎足（M1：015、016）
7、14．陶鬶（M1：07、013） 8、9．陶钵口沿（M1：012、014） 10．陶盆（M1：010）
11．陶鼎（M1：08） 12．镂孔陶豆（M1：06） 13．陶罐（M1：09） 15．陶豆（M1：05）
16．陶鼎（M1：011）

陶罐　1件（M1:09），泥质灰陶。宽折沿，沿面上仰。束颈。口径30厘米（图六，13）。

陶瓮　2件。标本M1:07，泥质橙黄陶。直颈微束，尖唇，口外起凸棱。口径14厘米（图六，7）。标本M1:013，泥质灰陶。矮颈，曲口内敛，方唇，广肩。口径10厘米（图六，14）。

陶钵　2件。标本M1:014，泥质橙黄陶。平折沿，尖圆唇，内斜直腹。口径22厘米（图六，9）。标本M1:012，泥质黑灰陶。平折沿，尖唇，直腹。口径22厘米（图六，8）。

陶豆　1件（M1:05），泥质红陶。敛口，弧腹，浅盘，细直柄，座残。盘口径11.4厘米（图六，15）。

镂孔陶豆　1件（M1:06），泥质灰陶。喇叭形粗圈足，圈足上自上而下饰三列镂孔。残高4厘米（图六，12）。

2．石器

只见斧和凿两种。

石斧　3件，皆磨制。标本M1:01，灰白斑点花岗岩石。刃及顶皆残，残长8.4、残宽8.7厘米（图六，3；图版四，2）。标本M1:02，浅灰色花岗岩石。长方形，弧顶，薄刃，刃一角残。长10.8、宽7.8、厚2.5厘米（图六，1；图版四，3）。标本M1:03，浅咖啡色花岗岩石。梯形，顶端稍窄，刃部有砍砸使用痕。长10、宽5.9、厚3.6厘米（图六，2；图版四，1）。

石凿　1件（M1:04），浅咖啡色花岗岩石。扁条形，一面平，一面微凸。尖锋，顶残。残长7.1、宽2.4厘米（图六，4；图版四，4）。

（二）葬具

葬具皆为木质，由一椁三棺组成（图七），置于墓坑的中部，方向95°。椁墙板、挡板和椁内椁室隔板皆为方木垒砌，少数方木上刻凿有"×"形符号，椁盖板平列其上。椁底板皆平列，其上皆凿有序列数记。棺则皆为木板榫卯结合，各部位的结合一般采用平列、扣接、燕尾榫、暗榫和锁榫等。

1．椁

由于该墓地地下水位较高，加之墓葬被盗，大多数椁板腐损严重，有的出现塌陷和变形，部分椁板改变了原来的位置。但仍可看出椁室的形状和结构，整理中尽可能地作了复原研究（图八）。

椁室长6.18、宽4.86、高2.48米。分别由盖板、分板、墙板、挡板、横梁隔板、

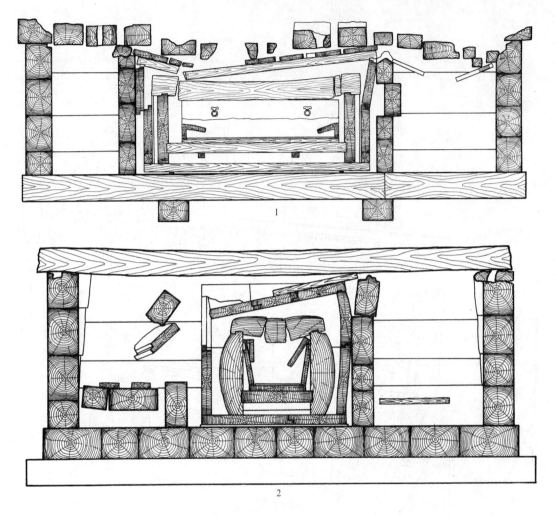

图七　M1椁棺纵、横剖面图

1. 纵剖面　　2. 横剖面

0　　　　60厘米

纵梁隔板、底板和垫木组成。

椁盖板：共15块。皆呈东西向平铺于椁室之上，长3.4～5.06米，自西向东每块宽度依次为0.43、0.36、0.38、0.4、0.45、0.4、0.32、0.42、0.5、0.37、0.3、0.32、0.66、0.35、0.36米。出土时，除第1～4块、第10块大体保存完整外，余皆残断。其中，第13、14块椁盖板的中部和北端分别被1号盗洞和2号盗洞凿断。出土时，第1～4块椁盖板上的局部残存竹席。竹席为人字纹编织，但所铺席数已不明（图九；彩版六）。

分板：按室平铺于东、南、西、北、中（即棺室）五个室上面。厚度皆为5厘米。

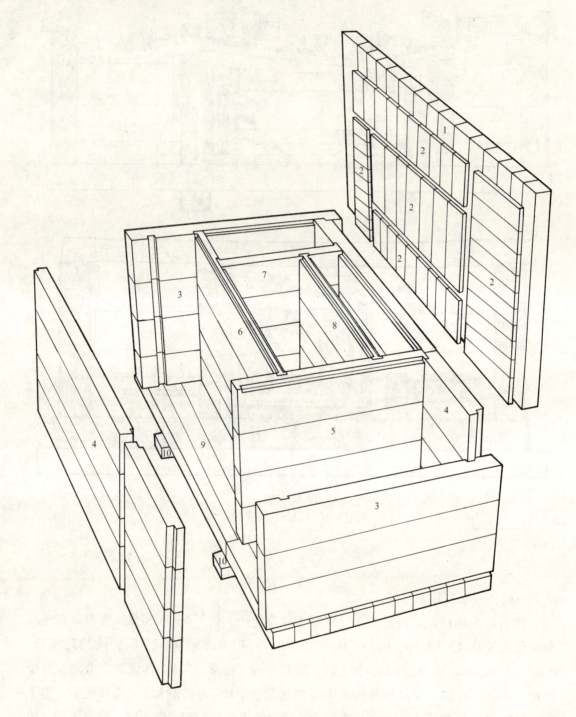

图八　M1椁室结构复原分解示意图

1.盖板　2.分板　3.挡板　4.壁板　5.东横隔板　6.南纵隔板

7.西横隔板　8.北纵隔板　9.底板　10.垫木

北 ←

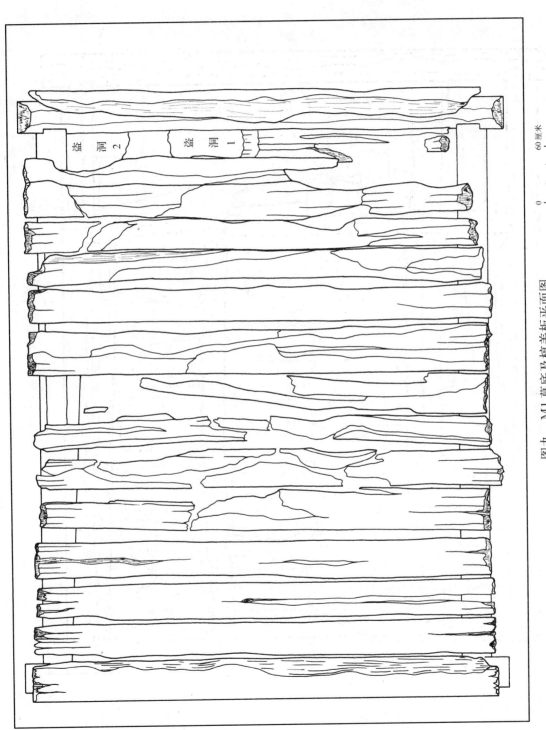

盗洞2 盗洞1

0 60厘米

图九 M1 墓底及椁盖盖板平面图

北 ←

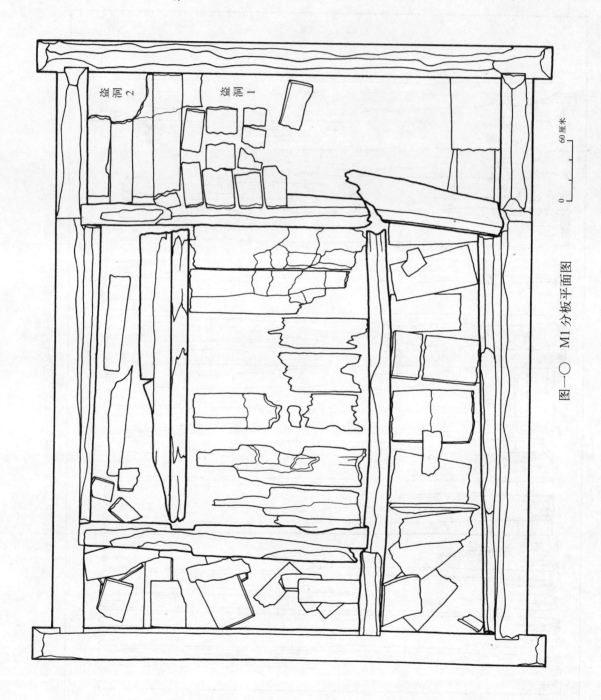

盗洞 2

盗洞 1

60 厘米

0

图一〇 M1 分板平面图

出土时，绝大多数分板都已塌陷，有的已无存（图一〇）。根据各室搭合分板的浅槽，可知其平铺的方向。分板在各室的平铺情况是：

东室 位于椁室的东部。南北长4.26、东西宽1.31米。分板仅存7块，呈东西向平铺。自北向南每块宽度是0.24、0.22、0.5、0.2、0.32、0.23、0.22米。南部塌陷于椁底。

南室 位于椁室的南部的西端。东西长4.03、南北宽1.16米。分板共9块，呈南北向平铺。自东向西每块宽度是0.2、0.36、0.38、0.43、0.5、0.52、0.4、0.47、0.54米。出土时，均塌陷于椁底。

西室 位于椁室的西北端。南北长2.84、东西宽0.84米。分板呈东西向平铺，块数已不明，残宽0.19~0.42米。出土时，均塌陷于椁底。

北室 位于椁室北部的中端。东西长3、南北宽0.9米。分板呈南北向平铺。块数已不明，残宽0.17~0.23米。出土时，均塌陷于椁底。

棺室 位于椁室的中部。东西长3、南北宽1.72米。分板呈南北向平铺。块数已不明，残存7块，自西向东每块的宽度是0.42、0.43、0.3、0.39、0.35、0.4、0.44米。多残断，残长0.72~1.82米。

墙板：共8块。分南墙板和北墙板，各由4块组成，分别呈东西向砌于底板的两侧。墙板皆由两段拼接，总长5.64、高1.6、厚0.32米。南墙板西段长4.17、东段长1.47米。自下而上每块宽度分别为0.4、0.33、0.39、0.48米。北墙板西段长4.14、东段长1.5米。自下而上每块宽度分别为0.28、0.46、0.48、0.38米。在南、北墙板的两端分别凿有5×24厘米的榫头，丰肩套榫于挡板的相应位置。墙板两段的对接处及北墙板西端凿有一条宽20、深5厘米的竖向浅槽与东西隔梁的套榫相结合。另在南墙板西和北墙板中部的第一块内侧分别凿宽5、深5厘米的纵向浅槽与分板相结合（图一一，1）。

挡板：分东挡板和西挡板，各由4块组成，皆呈南北向侧立于底板之上，挡板长5.26、高1.6、厚0.32米。东挡板自下而上每块宽度分别为0.43、0.37、0.4、0.4米。西挡板自下而上每块宽度分别为0.28、0.44、0.44、0.44米。在距挡板两端28厘米处各凿有一道宽24、深5厘米的竖向浅槽，南北墙板分别插入相对应的浅槽内。另在西挡板偏南凿一条宽22、深5厘米的竖向浅槽与南纵隔梁套合。东隔梁与西隔梁第一块木板北端的内侧分别凿宽5、深5厘米的浅槽以容纳分板（图一一，2）。

横梁隔板：分东横梁隔板和西横梁隔板，各由4块组成，皆呈南北向侧立于底板之上。东横梁隔板距东挡板1.31米，长4.32、高1.6、厚0.2米。东横梁隔板自下而上每块宽度分别为0.41、0.28、0.39、0.31（残）米。东横梁隔板的两端分别插入南、北墙

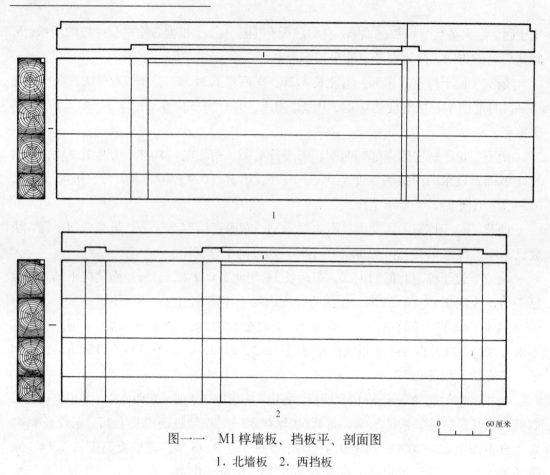

图一一　M1 椁墙板、挡板平、剖面图
1. 北墙板　2. 西挡板

板相应的浅槽内。另在第一块板的东侧凿宽 5、深 5 厘米的浅槽以容纳分板，在其西侧的两端各凿宽 22、深 5 厘米的竖向浅槽以插入南、北纵梁隔板。在最底部一块的北端凿刻有一"×"形符号（图一二，1）。西横梁隔板设于西挡板东 0.84 米处，长 2.94、高 1.6、厚 0.2 米。西横梁隔板自下而上每块宽度分别为 0.38、0.48、0.43、0.31 米。其北端插入北墙板的凹槽内，南端插入南纵梁隔板的凹槽内。另在其第一块板的西侧凿宽 5、深 5 厘米的浅槽以容纳分板，东侧凿一条宽 22、深 5 厘米的竖向浅槽与北梁隔板相套合（图一二，2）。

纵梁隔板：分南纵梁隔板和北纵梁隔板。各由 4 块组成，皆呈东西向侧立于底板之上。南纵梁隔板长 4.13、高 1.6、厚 0.22、距南墙板 1.16 米。南纵梁隔板自下而上每块宽度分别为 0.34、0.27、0.49、0.43 米。其两端分别套榫于东横梁隔板与西挡板的浅槽内（图一二，3）。北纵梁隔板长 3.09、高 1.06、厚 0.22、距北墙板 0.9 米。北纵梁隔板自下而上每块宽度分别为 0.46、0.5、0.25、0.34 米。其两端分别套榫于东、西

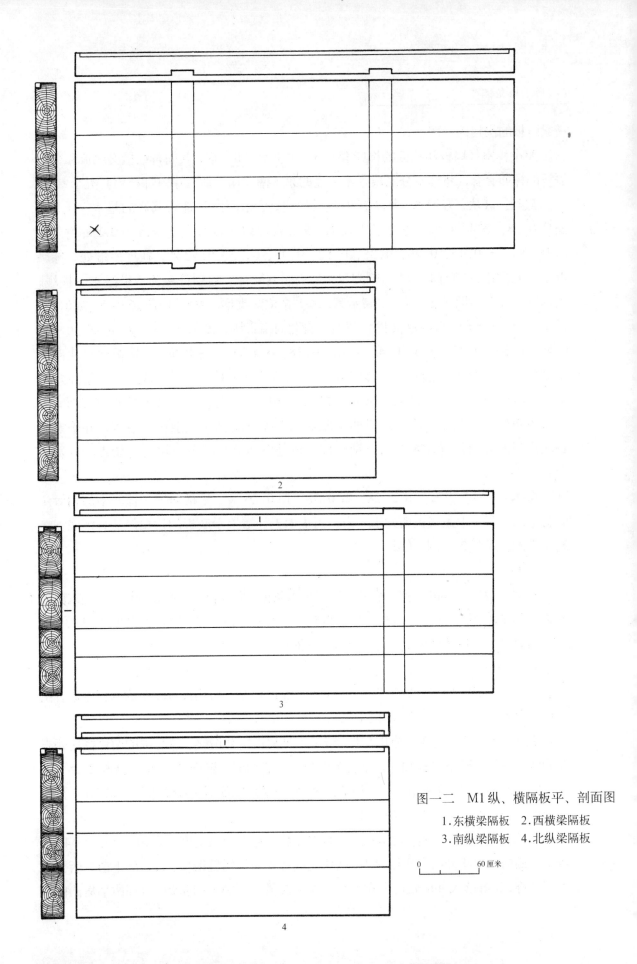

图一二　M1纵、横隔板平、剖面图
1.东横梁隔板　2.西横梁隔板
3.南纵梁隔板　4.北纵梁隔板

0　　　　　　60厘米

横梁隔板的浅槽内（图一二，4）。

整个椁室经墙板和挡板的榫卯套合，其平面呈"Ⅱ"形，其间再经横梁隔板和纵梁隔板的榫卯套合，将椁室分隔成互不相通的东、南、西、北、中（即棺室）五个室。

底板：11块。方形木。每块皆由两段拼成，呈东西向平铺于墓底的垫木之上。总长度6.28、宽4.96米。西段每块长4.5米，自北向南每块宽度依次为0.29、0.32、0.38、0.53、0.46、0.46、0.38、0.52、0.48、0.53、0.62米。在近西端处，每块板上自北向南凿刻有1～11的刻划符号，表示其顺序。刻划符号为一纵线加一横线，表示第一块；二纵线加一横线，表示第二块；余依此类推。凿刻符号长6～45、宽0.5～1、深0.6～1厘米。东段每块长1.78米，自北向南每块宽度依次为0.44、0.49、0.44、0.49、0.39、0.42、0.6、0.4、0.42、0.38、0.47米。在中部，每块板上自北向南也刻划有1～11的刻划符号，其顺序号正好与西段底板的顺序号相对应。值得注意的是，在西段底板第一块的西端上加刻有"+"和"西北"二字，其方位正对应西，第一块也正好是最北面一块。这说明工匠在制作椁时就已在地上作了拼接，并确定了每块木板的安放位置。入圹后，铺垫椁底板是以西北角的第一块为起始点的（彩版七；彩版八）。

垫木：2根。方木。长5.28、宽0.38、厚0.26米。呈横向置于椁底中部相对应的基槽内，西垫木距底板西端1.7米。东垫木正好横置于底板的拼接缝处，距底板东端1.7米。间距2.15米（图一三）。

2. 棺

棺居于椁室中部的棺室，棺室内置三层木质棺，即外棺、中棺和内棺，皆呈东西向放置。除内棺无垫木外，外棺和中棺皆有垫木。出土时，三层木棺皆坍塌（图一四），但其结构尚清楚，整理时也尽可能地作了复原研究（图一五）。

（1）外棺

为平底方棺。残。复原长2.8、宽1.5、高1.48米，皆由厚0.1米的木板制成。由盖板、墙板、挡板、底板和垫木组成。

盖板：共3块。宽度皆为0.5米，皆采用半肩榫错缝衔接。靠北部的两块拼接处表面的两端各钉一颗铜攀钉加固。攀钉为铜质，形制相同。皆作"["形，通长21.8、宽6厘米（图一六，6；图版五，1）。棺盖内侧凿一周宽0.25、深0.02米的凹槽形成母口，与外棺的子口相套合（图一六，1）。

墙板：共4块。分南、北墙板，每面各2块。每面两块宽度分别为0.56、0.54米。皆呈东西向侧垒于外棺和底板之上。两块之间为半肩榫错缝衔接，其底部下凿有两个长方形凸榫，正好落入外棺底板上和两个长方形凹槽内。墙板上部即棺口部凿半肩凸榫形

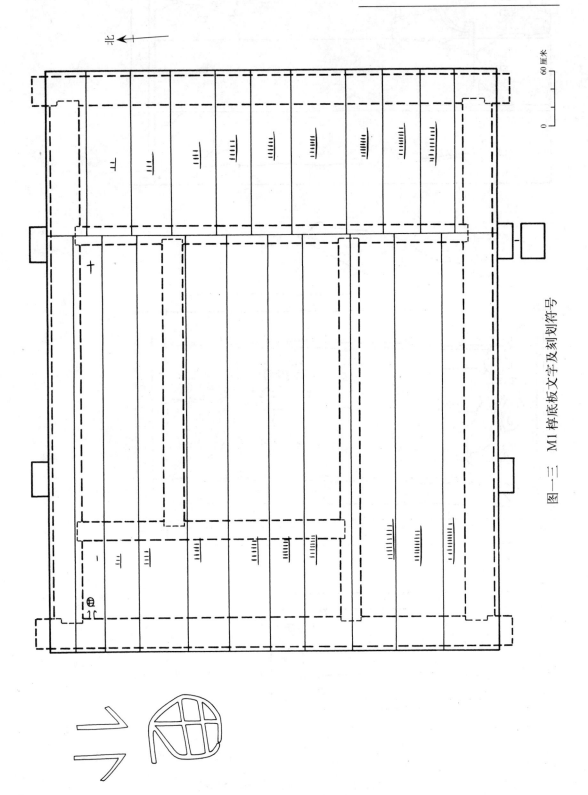

图一三　M1椁底板文字及刻划符号

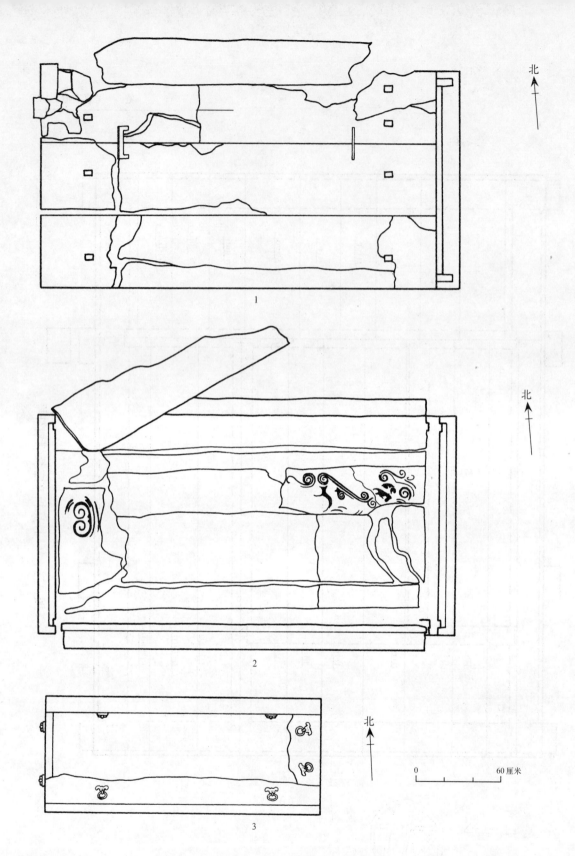

北

北

北

1

2

3

0   60厘米

图一四　M1外、中、内棺盖板出土时的平面图

1. 外棺盖板　2. 中棺盖板　3. 内棺盖板

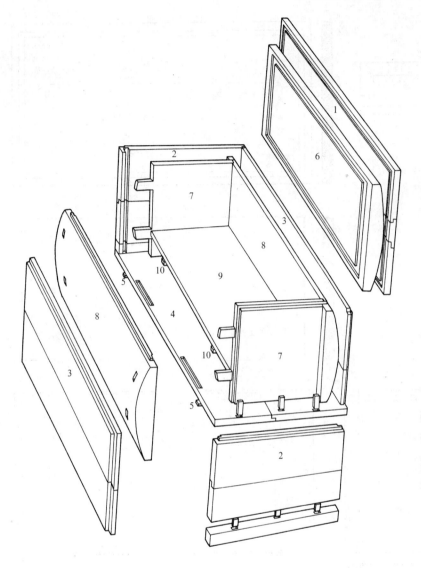

图一五　M1外棺、中棺结构分解示意图

1. 外棺盖板　2. 外棺挡板　3. 外棺墙板　4. 外棺底板　5. 外棺垫木
6. 中棺盖板　7. 中棺挡板　8. 中棺墙板　9. 中棺底板　10. 中棺横垫木

成子口，与棺盖的母口相套合。半肩凸榫长0.02、宽0.25米（图一六，2）。

挡板：共6块。分东、西两面挡板，每面各3块，其中两块宽，一块稍窄。每面每块自上而下宽度依次为0.59、0.58、0.13米。底部的两块由三个长方形通榫结合，通榫长0.08、宽0.04、厚0.02米。上部和中间的一块则采用半肩榫错缝衔接。挡板内侧的两边各凿有一条宽0.05、深0.02米的竖向浅槽与墙板的半肩榫相套合。挡板上部即

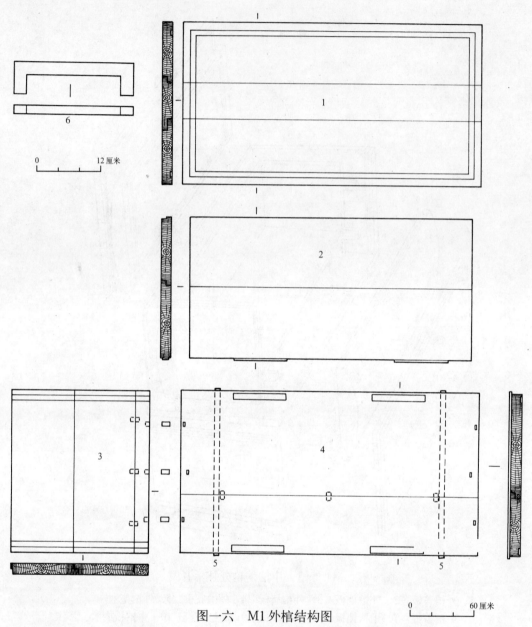

0   12厘米

图一六 M1 外棺结构图

1. 盖板 2. 墙板 3. 挡板 4. 底板 5. 垫木 6. 铜攀钉

0   60厘米

棺口部凿半肩凸榫形成子口，与棺盖的母口相套合。半肩凸榫长0.02、宽0.25米（图一六，3）。

底板：共2块。分别宽0.54、0.96米，厚皆0.02米。两块之间由半肩榫错缝衔接。另在其中设三处通榫加固。通榫长0.08、宽0.04、厚0.02、间距0.96米。底板的两端各凿三个穿榫榫眼以连接挡板。穿榫榫眼长0.04、宽0.02、间距0.4米。底板的两侧边各凿两个长方形凹槽以连接墙板。长方形凹槽长0.5、宽0.06、深0.02米（图一六，4）。

垫木：2根。呈南北向置于外棺底板之下的两端。垫木长1.54、宽0.05、厚0.02米。两根垫木的间距为2.06米。出土时，垫木已被压陷于椁底板内（图一六，5）。

（2）中棺

为悬底弧棺。复原长2.58、宽1.2、高1.08、悬底高0.13米。由盖板、墙板、挡板、底板和垫木组成。

盖板：1块。由一块整木板制成，木板外弧内平。长2.56、宽1、厚0.15～0.25米。

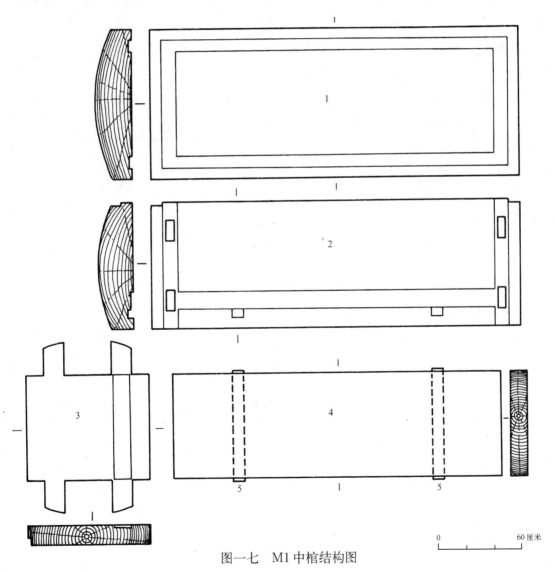

图一七　M1中棺结构图
1. 盖板　2. 墙板　3. 挡板　4. 底板　5. 垫木

盖板板面内距周边 6 厘米处凿一周宽 8、深 2 厘米的浅槽，形成母口，以与棺的子口相套合。棺盖的弧面上用黑漆彩绘花纹。出土时，棺盖已残，绝大多数纹饰已脱落，残存纹饰的主体为卷云纹（图一七，1；彩版九）。

墙板：2 块。皆由一块整木板制成，两块木板形制相同，皆外弧内平。长 2.58、宽 0.85、厚 0.15~0.25 米。在两端距板边 8 厘米处自上而下各凿一道宽 10、深 2 厘米的浅槽，另在浅槽内的上、下各凿一个长方形的透穿卯眼以容纳挡板的半肩凸榫。长方形的透穿卯眼长 14、宽 6、间距 32 厘米。另在下部卯眼处，距墙板的底边 13 厘米处横凿一条宽 12、深 2 厘米的浅槽以容纳底板的两侧边。墙板的上部皆凿半肩凸榫形成棺的子口（图一七，2）。

挡板：2 块。皆由一块长方形整木板制成，两块木板形制相同，挡板长 1.14、宽 0.85、厚 0.13 米。在挡板的两侧边的上下各设两个长半肩圆角凸榫以插入两墙板相对应的卯眼中。另在距挡板底边 13 厘米处横凿一条宽 12、深 2 厘米的浅槽以容纳棺底板的两端。挡板的上部皆凿半肩凸榫形成棺的子口（图一七，3）。

底板：1 块。由一块整木板制成。长 2.28、宽 0.7、厚 0.12 米。其两端和两侧分别插入挡板和墙板所凿的凹槽中（图一七，4）。

垫木：2 根。置于中棺底板下的两端，长 0.74、宽 0.08、厚 0.06、间距 1.3 米。两端分别超出棺底板 2 厘米，并套榫于棺的两墙板中（图一七，5）。

出土时，中棺底板之上放置一件木弓和一枚扁菱形铜镞，中棺棺底内垫有人字纹竹席，中棺棺盖面及棺内散见有大量的花椒，但大多变质和炭化。这些花椒应是有意撒入的。

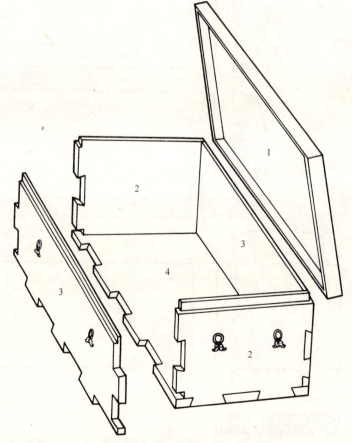

图一八　M1 内棺结构分解示意图

1. 盖板　2. 挡板　3. 墙板　4. 底板

（3）内棺

为平底方棺，长方盒状，内外髹深褐色漆。复原长1.95、宽0.58、高0.54米。分别由盖板、墙板、挡板、底板和笒床所组成（图一八）。

盖板：1块。由整块长方形木板制成，已残，残长1.95、宽0.58、厚0.11米。盖板内周边留有宽2、深6厘米的边，内面全部凿空、凿平，与棺盖的子口正好套合（图一九，1）。

墙板：2块。皆由整块长方形木板制成，呈东西向侧立于内棺底板的两侧边。形制相同。墙板长1.95、宽0.59、厚0.05米。底边凿三个燕尾凸榫，两侧边凿两个燕尾凸榫，分别与底板和挡板上的燕尾凹榫相结合。墙板的上部凿半肩凸榫，形成内棺的子口。半肩凸榫长6、宽2厘米（图一九，4）。

挡板：2块。皆由整块长方形木板制成，呈南北向侧立于内棺底板的两端。形制相同。挡板长0.58、宽0.59、厚0.05米。底边和两侧边各凿两个燕尾凸榫，分别与底板和墙板上的燕尾凹榫相结合。在挡板的上部凿半肩凸榫形成内棺的子口（图一九，2）。

底板：1块。由整块长方形木板制成。底板长1.95、宽0.59、厚0.05米。

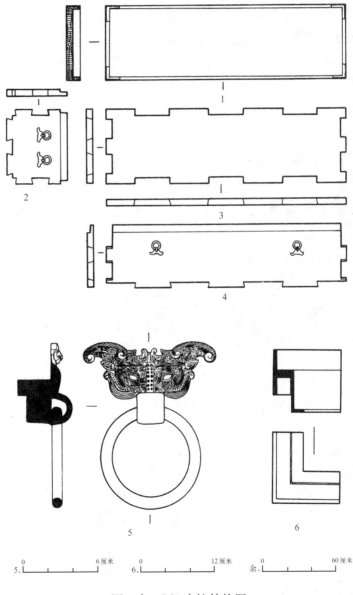

图一九　M1内棺结构图

1. 盖板　2. 挡板　3. 底板　4. 墙板　5. 铜铺首　6. 铜角扣件

底板的两侧边各等距离凿三个燕尾凹榫眼，其两挡边也各等距离凿两个燕尾凹榫眼，以分别同内棺挡板和墙板底部的燕尾凸榫相结合。两侧边燕尾凹榫眼长28～30、深4、间距32厘米，两挡边的燕尾凹榫眼长14～16、深4、间距12厘米（图一九，3）。

棺身经底板、墙板和挡板榫眼组合后呈长方盒状，在榫卯套合中，另在棺口的四角同时各加套一个铜质拐角构件以加固内棺的四角。棺身拐角构件较为复杂，由于棺口为子口，铜质拐角构件也均铸造为子口、直角、中空形（图版五，4）。安插后，棺口四角的子口及拐角处的小部分墙板和挡板全部包入铜质构件内。因铜拐角构件是事先铸好的，可知制作内棺时，棺子口及棺墙板和棺挡板的厚度应与铜拐角构件所能容纳的厚度相适应。棺盖的四角也加附铜直角构件包住盖板的四角，并与棺口的铜子口构件相搭合（图版五，5）。构件通高9.8、长11、宽11厘米（图一九，6；图版五，3）。另在棺盖、两边的棺墙板和两面挡板外共附钉有12个铜质铺首衔环。其中内棺棺盖上4个（两端各2个），挡板上4个（头、足挡板上各2个），墙板上4个（左、右墙板各2个）。铺首作兽面，宽鼻纽衔环，其背面铸成方凸榫，钉于各棺板相应的部位。皆倒置于棺上，应为起落棺身拴绳之用。环直径8厘米（图一九，5；图版五，2）。

笭床：1块。由整块长方形木板制成，长1.85、宽0.47、厚0.015米。出土时，置于内棺底板之上。中部皆透雕规矩图案，图案由"十"、"J"、"Z"、"S"、"T"形纹等组成（图二〇；彩版一〇）。

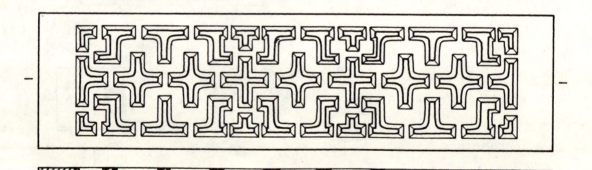

图二〇　M1笭床平、剖面图

另在内棺头挡板外发现一件玉璧和一团丝织组带，应是内棺头挡外的棺饰之物，玉璧原应是用组带系连于棺头挡的，但出土时，玉璧和组带皆已分散，脱落于中棺的底板上。这一现象在已发掘的楚墓中多见，应是文献中所见的"连璧"①。

---

① 黄凤春：《论包山楚墓中的饰棺连璧制度》，《考古》2001年第11期。

（三）葬式

该墓因内棺残，出土时棺盖已移位，棺内有积水和少量淤泥，经清理，尸体已朽，但头骨已漂移到棺的中部，下颚骨已漂移到东端偏北处，其肢骨、脊椎和肋骨基本保存在原位。从整体骨架排列看，为仰身直肢葬。

在棺内还发现很多尚未完全腐烂的小片丝织品残片。可以推断，尸体下葬时曾用衣衾包裹和捆扎过。

经湖北省文物考古研究所李天元先生鉴定，死者为男性，身高166.8厘米，死亡年龄为42岁左右，属于亚洲蒙古人种的华北类型（见附录五）。

二　随葬器物的分布

由于该墓被盗过，再加上椁盖板大多塌陷，揭开残断的椁盖板和分板后，椁内积满淤泥和清水。经清理，除东室被盗严重外，其余各室尚存的随葬品大致保存在原来的放置位置。随葬品大多按用途的区别分存于各室。

东室　被盗严重。在下层散存一些漆木竹器，主要有漆木豆、漆俎、漆几和一些漆器附件等。器物的放置毫无规律，显系经盗墓者翻扰过。在东室的北端斜置一件大漆案，正位于2号盗洞洞口处，推测由于盗洞口太小，盗墓者只将其拖至洞口而未能拿出。在东室北端的下层还见有较多的铜鼎足和大铜缶口沿、纽及器身残片。器身残片上残留有金属器的砸痕，可见青铜器大多是在头箱中砸破后盗走的。在所存的青铜器中，只有少数小件，如铜勺和盒幸免于盗。其中一件铜盒（M1E：33）仅存器身，盖已被盗走。从残存的漆木器和铜器残片看，东室原主要随葬大件的青铜礼器及漆案、漆盒、漆几和漆俎等（图二一；彩版一一）。

南室　未被盗掘。全为车马兵器类，并分层放置，质地主要有青铜、漆木、皮革、玉石和竹编等类。下层紧贴南壁主要放置长杆的兵器，戈和矛的头向东，其镦部在西部；中部偏西处主要放置车栏、车壁袋、木盾，其东端和西端全为车马器；伞紧贴室的北壁，呈东西向放置，伞顶向西，紧压车栏。其上层主要放置兵器。其中，在车栏上紧贴室的北壁呈东西向放置长杆兵器，与下层不同的是，长杆兵器的戈和矛的头大多向西，西南角主要放置甲胄。中南部和东部主要放置皮件和木盾（图二二；彩版一二）。

西室　残存的器物较少，仅在室的南部出土3件青铜器，即铜缶、铜盘和铜盉。铜缶位于最南端，已覆置，盖与器身分离。铜缶的北面放置铜盘和铜盉。铜盘下紧贴室的西壁呈南北向放置一件竹席，从所置宽度看，竹席似为卷后入葬。另在室的北半部发现大量的小块竹笥残痕和皮件腐痕，有些皮块上附着有兽毛，推测应为衣衾一类的物品，但大多不能辨认和揭取。综观这些随葬品，西室原应主要放置用于盥洗的随

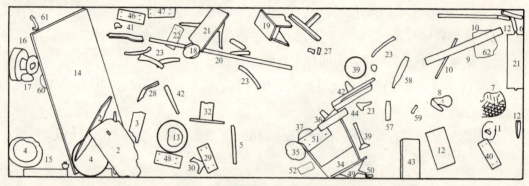

1. M1 东室第一层随葬器物

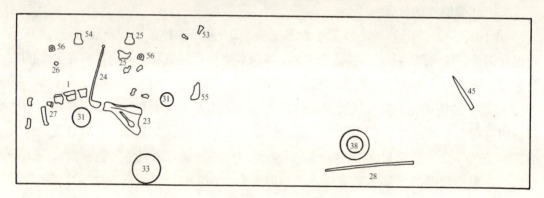

2. M1 东室第二层随葬器物

0　　　　　　　　　　80厘米

图二一　　M1 东室随葬品分布图

1. 铜壶　2、21、22、29、40~42、44~52、57、58. 木几　3、12、19、32、34. 木俎　4、60. 漆盒
5. 竹片　6、9、10、20. 木杆　7. 竹篓　8. 木勺　11、35. 漆方耳杯　13、16、36、38. 木无盖豆　14.
漆案　15. 木禁　17、18、37. 漆圆耳杯　23. 兽骨　24. 铜匕　25、27、53~55. 铜鼎足　26. 铜环（2
件）　28. 铜勺　30. 鹿角　31、39. 木有盖豆　33. 铜盒（半）　43. 带錾木器　56. 铜缶纽（2件）　59.
刻槽木器　61. 鹿角钩　62. 竹笥

葬品（图二三；彩版一三）。

　　北室　未被盗掘，主要放置漆木器和少量兵器，器物分层放置，但大多残朽。下
层主要放置长杆兵器、铜剑、竹笥、文书工具和梳妆用品等。长杆兵器主要为戈、矛
和殳，呈东西向置于室的南壁，矛头向西，戈头和殳头向东，交错放置。铜剑紧贴室
的北壁呈东西向置于中部，出土时，剑外套有剑鞘，剑柄向东。文书工具的墨盒和梳
妆用品放置于室的西北角。其中一件漆奁出土时，尽管奁壁已朽，但铜镜仍置于其内。
室东部放置竹笥，但完整的不多。另在室西端中部的底层放置一件方形木盒，出土时，

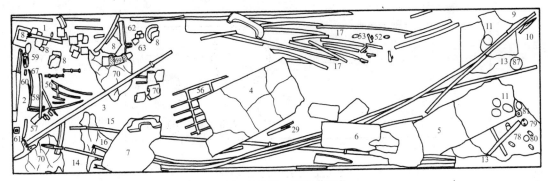

1. M1南室第一层随葬器物

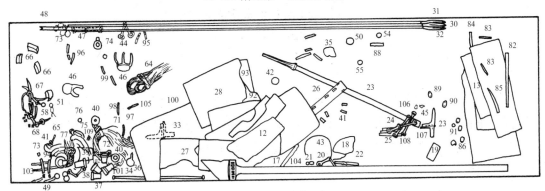

2. M1南室第二层随葬器物

0   80 厘米

图二二 M1南室随葬器物分布图

1、52、53、78~80、86、89、90. 椭圆形玉饰片 2、57. 竹竿 3. 积竹柲戈

4、6、7、12、27. 木盾 5. 皮制品 8. 大甲 9、10、16、30~32. 积竹柲矛 11、40. 球形车饰

13. 长方形无框车壁皮袋 14. 铜戟 15. 积竹柲殳 17. 木伞 18、43. 圆木饼 19. 竹筒

20、24、106、107. 铜扁薄杆马衔 21. 铜八棱形节约(4件) 22、25. 铜马镳 23、33. 木柲戈

26. 纺锤形车器 28. 镂孔车壁皮袋 29. 雕槽木器 34、82. 棒形车器 35、42、45、50. 金箔

36. 铜四穿圆弧卷边节约 37. 铜双箍素面车軎 38、44、47、105、108. 铜索杆状马衔

39. 铜镳 41、94~99. 木马镳 46、48、61. 铜四穿方形节约

49. 铜弧顶鼻纽节约 51. 绳套 54、55、73、76. 铜环 56. 木车栏 41、58、67. 铜带镳马衔

59. 铜四穿弧顶菱纹节约(6件) 60. 铜圆筒形锛(3件) 62. 圆形带柄木器 63. 小甲

64、71、75、87. 马腹带 65. 铜长条形锛 66. 漆鼓 68. 铜长方形锛(5件) 69. 角形器

70. 铜圆筒亚腰形锛 72. 铜单箍素面八棱车軎 74. 铜木混制车軎

77. 铜四穿弧顶素面节约(8件) 81. 铜圆形弧顶穿孔锛(16件) 83. 穿孔骨器 84. 刻槽木器

85、58、67. 骨马镳 88. 弓形车器构件 91. 骨贝(26件) 92. 素面车壁皮袋

93. 龙凤纹车壁皮袋 100. 龙凤虎纹车壁皮袋 101. 铜单箍错银车軎

102. 铜单箍素面车軎 103. 杆形车器构件 104. 浮雕车壁皮袋 109. 绳网

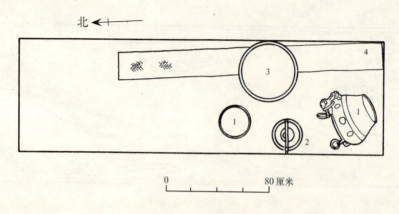

北 ←————————

图二三　M1 西室随葬器物分布图
1. 铜缶　2. 铜盉　3. 铜盘　4. 竹席

　　盖已残，但盒内呈对角放置一件方形木尺。木尺用丝织品包裹，仍保存原来的放置形态。上层的随葬品比较零散，大多残损漂浮于表面，主要为日用青铜器、乐器、漆木几和少量兵器。室的中部自北向南放置铜盘、铜匜和豆形灯。其西端正中呈东西向放置一件漆瑟，西北角紧邻室北壁竖向放置一件矢箙，出土时，矢箙内仍插有箭镞。室东部及东北角主要放置木箱和漆几。木箱大多残，木板漂浮于表面。综观北室的随葬品，北室随葬的主要是一些供出行和日常起居的用品（图二四；彩版一四）。

　　棺室　主要见之于中棺和内棺内。在中棺西南角的底板上发现有49枚铜鱼和7件铜核，中棺北端的底板上发现有2条长丝织组带和一张弓及1只箭镞。东端底板上的正中部位发现一件原曾用组带穿连的玉璧。显然，这些物品原都应是内棺上的饰物而脱落于中棺内的。尤其值得注意的是，内棺上曾放有一张木弓及1只箭镞，这一现象可能与当时的葬俗有关（图二五，2）。

　　内棺内的随葬品主要是一些随身佩戴的青铜兵器和玉质的服饰器。在棺内南侧的腰部位置随葬有一把青铜剑和一件铜削刀。青铜剑外套有木质剑鞘，剑柄向东，剑鞘朝西，应为随身的佩剑。这一现象在左冢三座楚墓中皆有发现，在已发掘的楚墓中也多见，应是楚人的一种普遍习俗。在腰部的正中位置发现一件玉带钩，显为革带上的附件。在头部的北端随葬有一些小型的玉饰件，如玉梳、玉圭和玉玦等。另在头部的南端发现有三件形体极小的玉饰件，分别为玉鸡、玉猪和玉羊。可能与生肖有关，是否代表了左冢三座楚墓墓主的生年属性，尚值得进一步研究（图二五，1；彩版一五）。

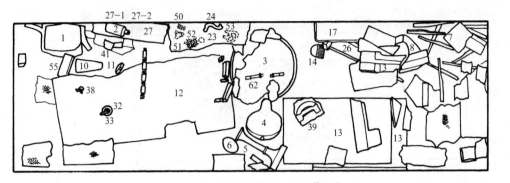

1．M1北室第一层随葬器物

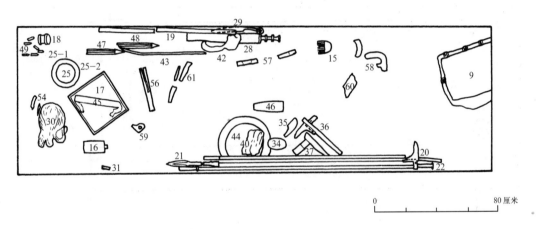

2．M1北室第二层随葬器物

图二四　M1北室随葬品分布图

1．箭箙　1-1．三棱形铜镞（15件）　2、16．绕线棒　3．铜盘　4．铜匜　5．铜豆形灯　6、34．卵石捶
7．漆多足几　8、58．木枕　9、23．人字纹竹笥　10、46．木筒形杯　11．漆扇柄　12．漆瑟　13．木盒
14、25-2．木箅　15．木梳　17、60．木方盒　18．竹墨盒　19、43．木弓　20、36．铜戈　21．铜矛
22．铜殳　24．龙形玉佩　25、44．漆奁　25-1．铜镜　26．木杆　27．漆剑盒　27-1、28．铜剑　27-
2．漆削刀鞘　29．玉首削刀　30、40．假发　31．玉管　32．玉环　33．玉杆　35．铜镰　37．铁斧　38．
木鞭　39．漆盾　41．皮锁锈　42．组带　45．木尺　47、48．铜夹刻刀　49．四棱筒形铜镞（6件）　50．
棱柱形玉管　51．铜带钩　52．料珠　53．椭圆形木饼　54．木冠　55．漆屏风　56．雕槽木器　57．弧
形木柄　59．木器足　61．木器柄　62．带箍器柄　63．彩绘竹笥　64．八角空花竹笥

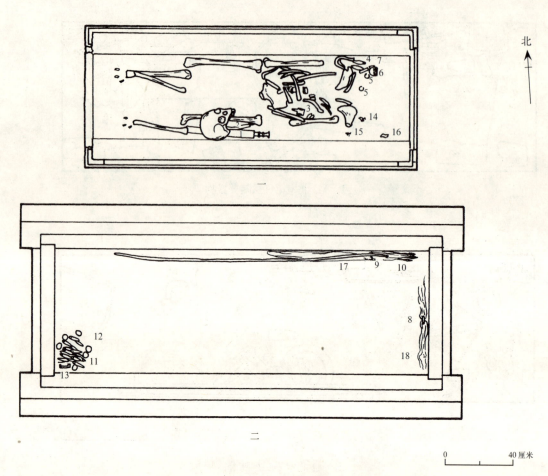

北

一

二

0　　　　40厘米

图二五　M1中棺、内棺随葬器物分布图

一、内棺　二、中棺

1. 宽格铜剑　2. 铜削刀　3. 玉带钩　4. 鱼形玉片（2件）　5. 玉玦（2件）　6. 玉梳　7. 玉圭
8. 玉环　9. 木弓　10. 扁棱形铜箭镞　11. 铜鱼（49件）　12. 铜核（7件）　13. 铜构件
14. 玉鸡　15. 玉羊　16. 玉猪　17、18. 组带

另在棺内人骨上残留有尚未完全腐烂的丝织品残片，说明原尸体曾用衣衾包裹或棺内原随葬有衣物。

表一：

M1 出土器物登记表

室别	质地	用途	器名	件数	器号
东 室	铜 器	礼 器	鼎足	5	25、27、53、54、55
			壶（残片）	1	1
			缶纽	2	56
			匕	1	24
			勺	1	28
			盒	1	33
		其他	铜环	2	26
	漆 木 器	生 活 用 器	几	18	2、21、22、29、40、41、42、44、45、46、47、48、49、50、51、52、57、58
			俎	5	3、12、19、32、34
			无盖豆	4	13、16、36、38
			有盖豆	2	31、39
			方耳杯	2	11、35
			圆耳杯	3	17、18、37
			案	1	14
			禁	1	15
			盒	2	4、60
			木勺	1	8
		其他	带錾木器	1	43
			刻槽木器	1	59
			木杆	4	6、9、10、20
	竹 器	生活用器	竹筒	1	62
			竹篓	1	7
		其他	竹片	1	5
	骨 器	工具	鹿角钩	1	61
		丧葬用器	鹿角	1	30
			兽骨	1	23（不参与器物件数统计）

续表

室别	质地	用途	器名	件数	器号
南室	铜器	车马器	带镳马衔	3	58、67、41
			索杆状马衔	5	38、44、47、105、108
			扁薄杆马衔	4	20、24、106、107
			马镳	5	22、25
			马络头	2	65、77
			四穿方形节约	11	46、48、61
			四穿弧顶菱纹节约	6	59
			四穿弧顶素面节约	8	77
			弧顶鼻纽节约	4	49
			四穿圆弧卷边节约	3	36
			八棱形节约	4	21
			圆筒形镝	3	60
			圆筒亚腰形镝	1	70
			长方形镝	5	68
			长条形镝	1	65
			圆形弧顶穿孔镝	16	81
			单箍错银车軎	2	101-1、101-2
			双箍素面车軎	2	37-1、37-2
			单箍素面车軎	1	102
			单箍素面八棱车軎	2	72-1、72-2
			铜木混制车軎	2	74-1、74-2
		兵器	积竹柲矛	6	9、10、16、30、31、32
			积竹柲戈	1	3
			木柲戈	2	23、33
			戟	1	14
			积竹柲殳	1	15
		乐器	铙	1	39
		其他	环	4	54、55、73、76

续表

室别	质地	用途	器名	件数	器号
南室	漆木器	车马器	伞	1	17
			车栏	1	56
			圆形带柄车器	1	62
			纺锤形车器	1	26
			弓形车器构件	1	88
			棒形车器	2	34、82
			杆形车器构件	1	103
			龙凤虎纹车壁皮袋	1	100
			龙凤纹车壁皮袋	1	93
			浮雕车壁皮袋	1	104
			镂孔车壁皮袋	1	28
			素面车壁皮袋	1	92
			长方形无框车壁皮袋	1	13
			球形车饰	2	11、40
			马镳	14	94、95、96、97、98、99、41-1、41-2
		兵器	盾	5	4、6、7、12、27
		乐器	鼓	1	66
			角形器	1	69
		其他	圆木饼	2	18、43
			雕槽木器	1	29
			刻槽木器	1	84
	竹器	其他	竹筒	1	19
			竹杆	2	2、57
	皮革器	车马器	马腹带	4	87、64、71、75
			皮制品	1	5
		兵器	小甲	1	63
			大甲	1	8

续表

室别	质地	用途	器名	件数	器号
南室	玉石		椭圆形玉饰片	9	1、52、53、78、79、80、86、89、90
	金	车马器	金箔	4	35、42、45、50
	丝麻		麻绳套	1	51
			绳网	1	109
	骨器	车马器	马镳	5	85、67-1、67-2、58-1、58-2
			骨贝	26	91
			穿孔骨器	6	83
西室	铜器	礼器	缶	1	1
			盉	1	2
			盘	1	3
	竹器	生活用器	竹席	1	4
北室	铜器	礼器	盘	1	3
			匜	1	4
		生活用器	豆形灯	1	5
			带钩	1	51
			镜	1	25-1
		兵器	戈	2	20、36
			矛	1	21
			殳	1	22
			剑	2	27-1、28
			三棱形铜镞	15	1-1
			四棱筒形铜镞	6	49
		工具	玉首削刀	1	29
			镰	1	35
			夹刻刀	2	47、48
	铁器	工具	斧	1	37

续表

室别	质地	用途	器名	件数	器号
北室	漆木器	生活用器	多足几	1	7
			枕	2	8、58
			扇柄	1	11
			盒	1	13
			筒形杯	2	10、46
			方盒	2	17、60
			奁	2	25、44
			梳	1	15
			篦	2	14、25-2
			冠	1	54
			屏风	1	55
		兵器	箭箙	1	1
			剑盒	1	27
			木弓	2	19、43
			鞞	3	38
		乐器	瑟	1	12
		工具	尺	1	45
			削刀鞘	1	27-2
		其他	绕线棒	2	2、16
			木杆	1	26
			弧形木柄	1	57
			木器足	1	59
			椭圆形木饼	1	53
			雕槽木器	2	56
			带箍器柄	1	62
			木器柄	1	61
	竹器	生活用器	彩绘竹笥	1	63
			人字纹竹笥	2	9、23
			八角空花竹笥	1	64

续表

室别	质地	用途	器名	件数	器号
北室	竹器	文书工具	墨盒	1	18
	玉石器	服饰器	龙形玉佩	1	24
			玉管	1	31
			棱柱形玉管	1	50
			玉杆	1	33
			料珠	1	52
			玉环	1	32
		工具	卵石捶	2	6、34
	皮革丝麻毛	兵器	盾	1	39
			皮锁锈	11	41
			组带	1	42
			假发	2	30、40
中棺	铜器	兵器	扁棱形铜镞	1	10
		丧葬用器	鱼	49	11
			铜核	7	12
			构件	1	13
	木器	兵器	弓	1	9
	玉石	丧葬用器	玉环	1	8
	丝麻	丧葬用器	组带	2	17、18
内棺	铜器	兵器	宽格剑	1	1
		工具	铜削刀	1	2
	玉石器	服饰器	带钩	1	3
			鱼形玉片	2	4
			玦	2	5
			梳	1	6
			圭	1	7
		丧葬用器	鸡	1	14
			羊	1	15
			猪	1	16

三 随葬器物

共452件。所有遗物按质地可分为铜器、铁器、漆木器、竹器、皮革器、玉石器、骨器、金器和丝、麻、毛制品共九大类，另加上动物遗骸和植物遗骸，全部遗物可分为十一大类。其中铜器218件、铁器1件、漆木器124件、竹器12件、皮革器19件、玉石器28件、骨器39件、金器4件、丝、麻、毛制品7件、动物遗骸和植物遗骸若干（详见表一）。

（一）铜器

218件。主要为青铜器（个别铁质附件或含铅锡较高的少数车马器也计在铜器内）。青铜器的合金成分主要为铜、锡、铅，少数铜锡合金。根据器类的不同，其锡、铅的含量不尽相同。中国科学技术大学理化测试中心X荧光分析室对M1所出的九个标本进行了检测，除少数为纯铅器外，大多数铜器的含锡量都约10%～20%，少数在10%以下和20%～25%之间（见附录八）。所有器物都采用分范铸造，或二范，或三范，或四范。带有附件的器物，如器物的耳、纽、足等都采用分铸后再与器身焊接，其焊接处的一端留有凸榫。绝大多数器物铸好后，器表的范缝痕都经过了打磨。部分器物的器表可见铸造时设垫的支钉。一些器物的器口和器底尚存留有铸砂。器物的器表多铸有纹饰。纹饰主要有三角纹、颗粒纹、变形龙纹、蟠螭纹、云雷纹、卷云纹等。铜器大多为实用器，少数器物的器底可见有烟炱痕，个别器物的器身可见有使用破损后的重新浇补痕。按用途可分为铜礼器、铜乐器、铜车马、铜兵器、铜生活用器、铜工具、铜丧葬用器和其他八类。

1. 铜礼器

16件。主要出于东室，少数出于南室和北室。由于东室被盗掘，一些铜礼器只见其附件和器物残片，但仍可辨其形。可以肯定原随葬的礼器远不止此数，但原随葬的礼器组合和数量已不清楚。现存的礼器类有鼎（足）、缶、壶、盘、匜、盉、勺、匕等。

铜鼎足 1件（M1E：54）。鼎身被盗，仅存一足，铜兽蹄足外撇，截面呈六棱形，双范合铸，足正面有明显的打磨痕。足底有一圆形浇口和四个三角形气孔，足中填沙。残高7.6厘米（图二六，12；图版六，1）。

铜鼎铁足 4件。器身已被盗，皆仅存足下部。据已知楚墓材料，应为铁足铜鼎。形制大体相同。蹄足外撇，足截面呈六棱形。足中填沙。从大小观察，应包含有三个个体。也就是说，墓中原至少随葬有三件铁足铜鼎。标本M1E：25，蹄足较肥大。残高10.4厘米（图二六，11；图版六，2）。标本M1E：55，蹄足稍小。残高8.7厘米（图二六，10；图版六，4）。标本M1E：27，蹄足最小，六棱柱足较细。本件与M1E：53

同，显为一个个体。残高 13.2 厘米（图二六，9；图版六，5）。

铜缶　1 件（M1W：1）。盖顶平，顶中央内凹，盖缘四周等距离饰四个实心环纽，口微敛，厚方唇，短直领，广肩，弧腹。下腹内斜直收。平底下附矮圈足。肩腹部饰有两个对称的兽形纽，纽中设三节活动提链环，其中链环的两端为单个大圆环，中间为两个并列的大小形制相同的马衔形纽连接。腹中部一周有八个等距离的圆饼状的凸纽，盖面满铸纹饰，内凹部分的内外两圈为三角纹和颗粒纹，外圈为变形龙纹，盖面外圈饰蟠螭纹，环纽上饰云雷纹，肩、腹部及圆饼状的凸面上满饰蟠螭纹。整器以分铸工艺为主，其中，盖纽分铸后埋入范内与器身铸接，肩及腹部的兽纽为铸好后与器身焊接，提链则是分铸后与在兽纽与器身焊接前套入。全器可见多处铸缝，其中器盖为 2 范，器身为 4 范。盖与身的器表可见较多的铸造时使用的支钉，器下腹及器底有多处使用破损后用铜浇补的斑块，显见应为一件实用器，其形制较为古朴，其年代明显要早于墓葬的年代。通高 34.6、口径 20.4、腹径 39.6、底径 21.6 厘米（图二七、二八；彩版一六，1；图版七，1）。

铜缶纽　2 件。缶身已不存，仅存纽。环形，纽两面皆铸勾连纹。标本 JZM1E：56，纽径 4.8 厘米（图二六，8；图版七，2）。

铜壶　1 件（M1E：1）仅存口部和腹部的一些残片。从残片看，口微敛，厚方唇。粗短颈。颈部及腹部上饰蟠绕的龙纹，间饰点纹。残片上遗留有多处金属利器的砸痕，可以断定，因盗洞较小，大件铜器都是砸破后从墓中盗走的。复原口径 45 厘米（图二六，13、14；图版六，3）。

铜盘　2 件。形同。宽折沿，沿面微上仰，上腹壁直，折腹，圜底。腹壁上附两个对称的鼻纽衔环，薄胎，素面。全器分铸，鼻纽分铸后插入器身范内。由于器壁较薄，鼻纽衔环在插入范内浇注后，在盘内壁遗留有乳钉状的凸块。标本 M1N：3，通高 10.8、口径 44.8 厘米（图二六，2；图版八，1）。标本 M1W：3，通高 41.8、口径 9 厘米（图二六，1；图版八，2）。

铜匜　1 件（M1N：4）。平面呈椭圆形，弧腹，圜底。一侧带一凹形长流，流口上翘。另一侧的腹上部带一鼻纽衔环，环截面呈扁圆形，鼻纽衔环与器身混铸，在器壁的内侧保留有一凸出的乳钉。器胎极薄，素面。通高 8.6、椭圆形长径 9.6 厘米（图二六，7；图版八，3）。

铜盉　1 件（M1W：2）。方折高提梁，横梁的提手处为一条弓形的长龙，一端为龙首，一端为龙尾，龙首作张口衔柱状，龙冠上凸，龙尾上卷。梁截面呈扁方形。盖顶隆。盖顶中央饰一鼻纽衔环。敛口，矮直领，广肩，鼓腹。腹上部与梁相对处设一曲形流，流头作龙首形，流口方形。平底。三兽蹄足。肩及腹上饰两周凸棱纹，其间加饰龙

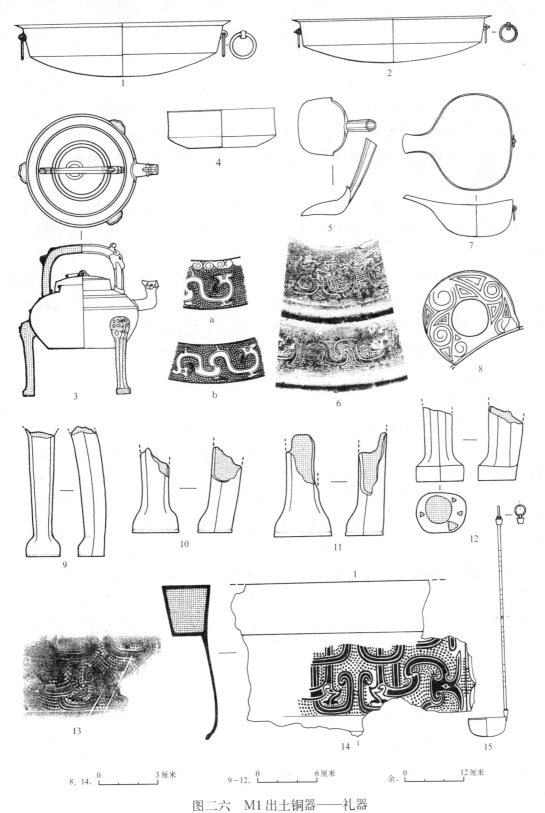

图二六　M1出土铜器——礼器

1、2.盘（W:3、N:3）　3.盉（W:2）　4.盒（E:33）　5.匕（E:28）　6.盉纹样拓片（W:2）
7.匜（N:4）　8.缶纽（E:56）　9~11.铜鼎铁足（E:27、55、25）　12.铜鼎足（E:54）
13.壶纹样拓片（E:1）　14.壶口沿（E:1）　15.勺（E:24）

纹和颗粒纹。足膝部饰兽面纹。全器采用分铸法。流、梁及足分铸好后埋入器身的范中再铸接。器身为四范，其中腹部三范，器底一范，浇口在器底边缘的一周处，鼎足为二范。梁与器身交接处有加焊的堆积痕。通高30.4、口径10.4、腹径22.8厘米（图二六，3、6；彩版一六，2；图版七，6）。

铜盒　1件（M1E：33）。仅存器身，盖已被盗。直口，直腹微内弧，中腹折，下腹内收，平底。素面。通高7.6、口径22、底径14厘米（图二六，4；图版七，5）。

铜勺　1件（M1E：24）。勺身作杯形，直口微敛，深腹，圜底。口沿上附一卷筒状的直长柄，柄中空，柄的两端各铆接一凸箍，柄末端铆接一鼻纽衔环。柄身饰四组凸点纹，每组五周。通高48.6、勺口径8厘米（图二六，15；图版七，4）。

铜匕　1件（M1E：28）。匕身平面作圆角铲形，平口，尾上翘，尾部附连一短柄，柄中空，截面呈六棱形，素面。口宽11.8厘米（图二六，5；图版七，3）。

2. 铜乐器

只见1件铜铙，出土于南室。

铜铙　1件（M1S：39）。扁菱形实心长柄，首端作龙首衔椭圆纽状环，椭圆形舞。近舞部的柄上亦作龙首。弧于，锐角铙，环及柄中铸对称卷云纹，柄上下的龙首上以细密的颗粒纹和云雷纹作底纹，舞内外皆铸有纹饰，舞外铸二分相背对称且相蟠的龙纹，每分由三条龙组成。其中，中间的一条龙龙身又向左右对分，左右各一条龙与其相蟠绕。龙身上饰卷云纹、颗粒纹和三角雷纹（彩版一七；图版八，5）。舞上饰满地纹，纹饰为细密颗粒纹和三角雷纹。舞内饰龙纹，篆内外皆铸有纹饰，篆外仅上部有，分二组，最上组为连续的变形龙纹，下组为连续的倒三角纹，三角纹内加饰卷云纹，篆内满饰龙纹（彩版一六；图版八，6），铙口部满饰三角雷纹。该器出于南室的车马器中，应为车上附属物。通高25.7、于宽9.6、舞径8.4、柄长13厘米（图二九；彩版一七；图版八，4~6；图版九，1）。

3. 铜车马器

90件。器类主要有軎、马络头、镳、节约、衔和镳等。

车軎　9件。据其形制的差别可分为单箍错银车軎、单箍素面车軎、单箍素面八棱车軎、双箍素面车軎、铜木混制车軎五种（表二）。

单箍错银车軎　2件。形同。皆红铜质。长圆筒形。其上饰一凸箍。末端平，中有一透穿的圆孔。軎近首端处有对称长方形穿，内插倒立伏虎辖。辖末端有一圆穿。通体饰错银带纹和二方勾连云纹，軎末端的平面上饰错银三分勾连云纹。标本M1S：101-1，通高8.4、末端径3.3厘米（图三○，1；图版九，3）。

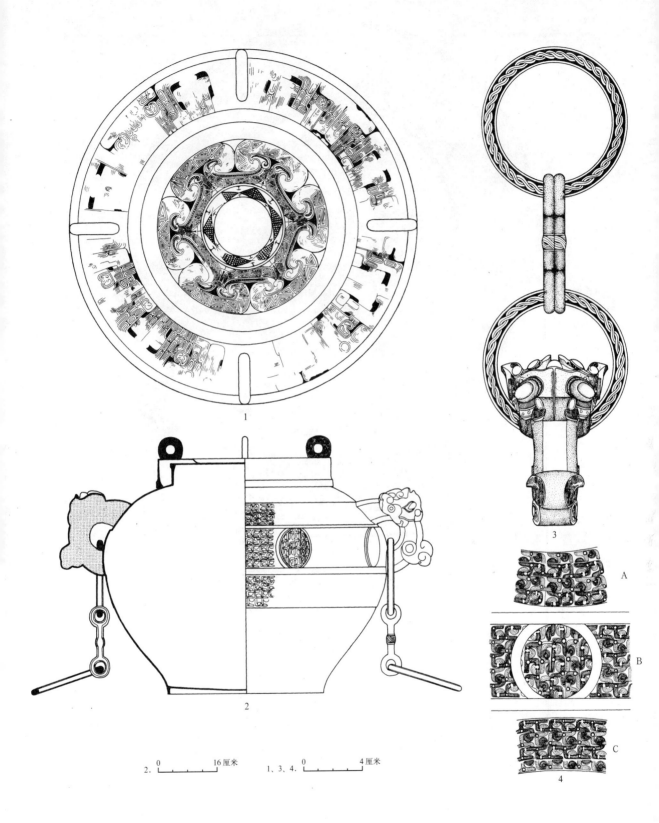

图二七　M1 出土铜礼器——铜缶

1. 缶盖俯视（W：1）　2. 铜缶（W：1）　3. 兽形纽（W：1）　4. 缶腹部纹样（W：1）

图二八　M1 出土铜礼器——铜缶

1. 盖部拓片（W∶1）　2. 纽拓片（W∶1）　3~5. 腹部拓片（W∶1）

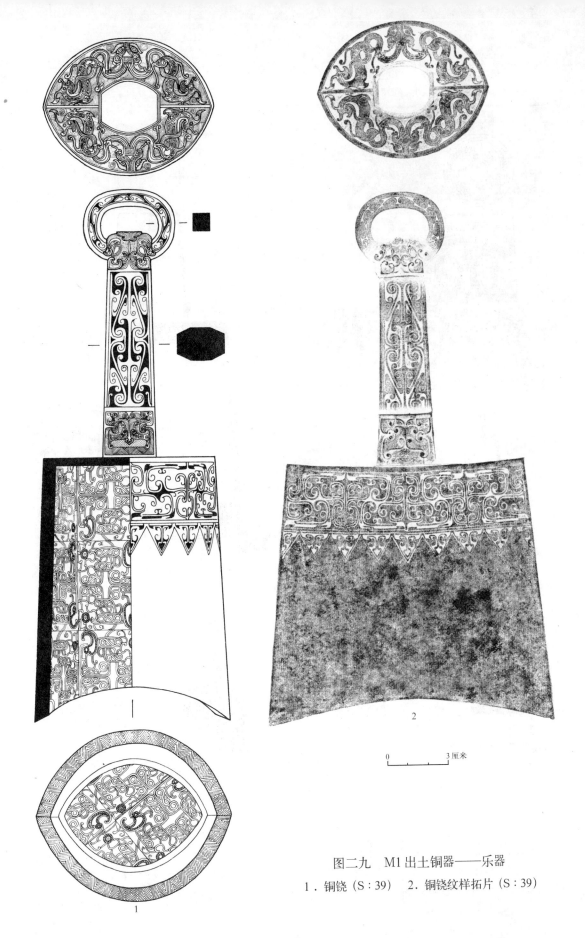

图二九　M1出土铜器——乐器

1. 铜铙（S∶39）　2. 铜铙纹样拓片（S∶39）

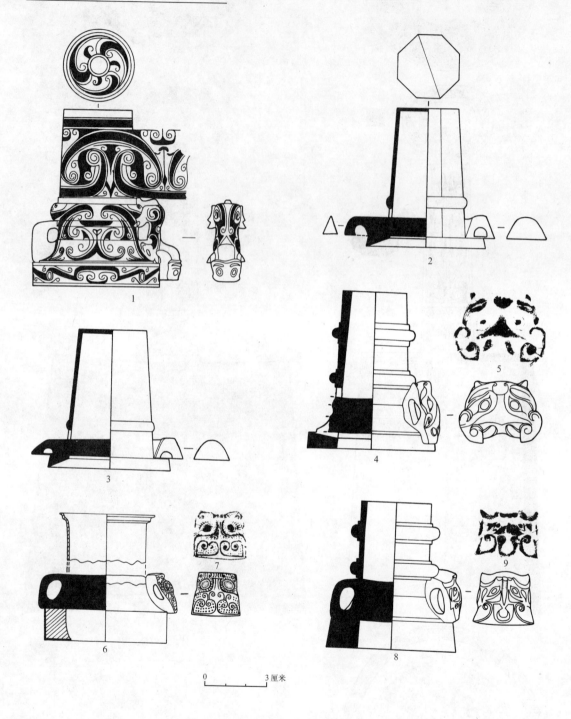

图三〇　M1 出土铜器——车马器

1. 单箍错银车軎（S：101-1）　2. 单箍素面八棱车軎（S：72-1、72-2）　3. 单箍素面车軎（S：102）
4. 双箍素面车軎（S：37-1）　5. 辖纹样拓片（S：37-1）　6. 铜木混制车軎（S：74-1、74-2）
7. 辖纹样拓片（S：74-1）　8. 双箍素面车軎（S：37-2）　9. 辖纹样拓片（S：37-2）

　　单箍素面车軎　1件（M1S：102）。红铜质，制作粗糙。軎身作圆筒形，軎末端略小于首端，軎身近辖处饰一周小凸箍，近口处有对穿三角形辖孔，孔内插辖。辖首作半椭圆形，上有一穿，辖截面呈三棱形，末端有一穿。軎口作圆饼状。器表可见范缝，为二范合铸。器身有一处铜液浇补痕。通高6.6、末端径3.3厘米（图三〇，3；图版九，2）。

　　单箍素面八棱车軎　2件。形同。皆红铜质，軎首作圆饼状，軎身作八棱形，末端平，軎身圆筒的中下部饰一周凸箍，箍下有一对穿的三角形辖孔，孔内插一辖。辖首为半圆形，辖首为半椭圆形，上有一对穿的孔，辖末端有一半圆形穿孔。辖身未经打磨，残留有清晰的铸缝，为二范合铸，浇口在軎首内口一周处。标本M1S：72-1，通高6.6、末端直径3厘米（图三〇，2；图版九，4）。

　　双箍素面车軎　2件。形同，皆红铜质，应为一套。軎身作圆筒形，末端中空，双箍，箍下转折处有一对穿长方形孔，孔内插一辖。辖首面作倒立虎面纹，侧有一半圆形穿，辖末端有一椭圆形穿孔。通体经打磨，铸缝已打磨平。标本M1S：37-1，辖末端残，通高7、末端直径3.4厘米（图三〇，4、5）。标本M1S：37-2，通高7.5、末端直径3.1厘米（图三〇，8、9；图版九，5）。

　　铜木混制车軎　2件。形同。皆残。軎身木制，圆筒形，末端为曲折外侈口，方唇，内外光亮，木质軎身髹褐色漆，素面。近首端处对穿长方形孔，孔内插一倒立伏虎铜辖，木质軎身与毂相接处的首端再加装一铜箍，近辖首端处的铜箍有一凹形缺口。这一形制的车軎在楚墓中极其少见。标本M1S：74-1，复原高6、末端口径6厘米（图三〇，6、7；图版一〇，1）。

　　铜木混制车軎出土时，木质部分已朽脱，但其铜、木套接的结构极为清楚（图三一，1）。出土时，车軎旁有一根八股拧成的粗麻绳，应为其上的附件，但与其配套使用的方法已无法复原（图三一，2）。

表二：　　　　M1 出土铜车軎尺寸统计表　　　　　单位：厘米

器名	器号	轴端径		末端径		壁厚	沿厚	孔		辖首形状	辖穿形状	辖			通高
		内	外	内	外			长	宽			长	宽	厚	
单箍错银軎	S:101-1	3.4	6.2		3.3	0.3	1	1.9	0.6	兽面	椭圆	7	1.8	0.5	8.4
	S:101-2	3.4	6.2		3.3	0.3	1.1	1.9	0.6	兽面	椭圆	7	1.8	0.5	8.4

续表

器名	器号	轴端径		末端径		壁厚	沿厚	孔		辖首形状	辖穿形状	辖			通高
		内	外	内	外			长	宽			长	宽	厚	
单箍素面軎	S:102	3.9	6		3.3	0.2	0.5	1.2	1.2	半椭圆形	半圆	7.3	0.7	0.7	6.6
单箍八棱軎	S:72－1	3.4	5.8		3	0.2	0.5	1.3	1	梯形	半圆	7.3	0.6	0.6	6.6
	S:72－2	3.4	5.8		3	0.2	0.5	1.3	1	梯形	半圆	7.3	0.6	0.6	6.6
双箍素面軎	S:37－1	3.4	6.4	3	3.4	0.25	1.4	2.1	0.9	兽面	半圆	6.4	1.8	0.65	7
	S:37－2	3.4	6.2	2.4	3.1	0.35	0.6	2.2	0.8	兽面	半圆	5.4	1.6	0.6	7.5
铜木混制軎	S:74－1	3.4	6	4.3	4.7	0.1	1.5	1.8	0.7	兽面	半圆	6.8	1.7	0.5	6
	S:74－2	3.4	6	4.3	4.7	0.1	1.5	1.8	0.7	兽面	半圆	6.8	1.7	0.5	6

马络头　2件。由青铜节约、衔和木质镳组成，应为一套完整的实用马具，出土时镳仍套在衔上，其节约用革带呈十字形穿连，节约外的四个革带出口处皆结死结以固定节约，节约与节约之间的革带也分段结死结。为了尽可能的复原，清理时作了整体揭取，但由于革带大多残断，部分节约已朽，复原存在着一定困难，但可以看出此类络头上无镳，其革带上节约与节约之间的分段所结的死结就相当于镳的功用，此类络头应是楚墓所见的又一新形制。标本M1S：77，其上有马镳、节约和镳，局部保留了原样（图三二；图版一〇，2）。

节约　36件。分四穿方形节约、四穿弧顶菱纹节约、四穿弧顶素面节约、弧顶鼻纽节约、圆弧顶卷边节约和八棱形节约六类。根据前述马络头的形制观察，这六类不同形制的节约应是原随葬7套马络头散乱后的遗物，其中四穿弧顶素面节约形制大体相同，

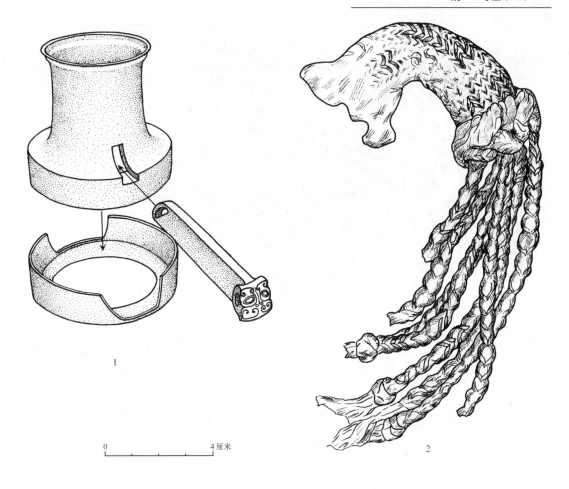

0　　　　　　　　4厘米

图三一　M1出土铜器——车马器

1. 铜木混制车軎结构示意图（S：74）　2. 铜木混制车軎尾端绳子（S：74）

但大小有别，其中稍大者7件，小者4件，原应为2套。

四穿方形节约　11件。形制相同。皆呈覆斗形，六面皆有长方形穿孔，中空，出土时，部分节约内仍残留有十字形穿连的革带。皆模铸，浇口位于底边处，其浇铸时溢出的铜液所形成的毛边未经打磨。标本M1S：61-1，通高1.8、上边长1.3、底边长2.8厘米（图三三，6；图版一〇，3）。

四穿弧顶菱纹节约　6件。形制相同。弧顶近平，中空，内斜直边，斜边上呈十字形对穿四个长方形孔。顶部正中饰涡纹，涡纹周围饰菱形纹，其上贴有金箔，出土时，金箔大多脱落，部分节约内残存有宽组带穿连的痕迹，可知此类节约原应是用丝织品穿连。此类节约所含的铅锡量较高，极易破碎。标本M1S：59-1，通高1.4、直径4.4厘米（图三三，2、3）。

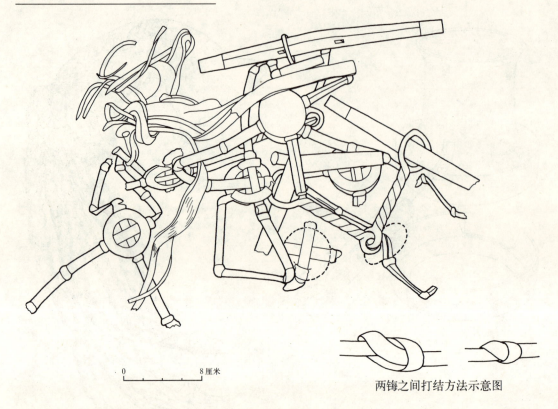

0 ————————— 8厘米

两铜之间打结方法示意图

图三二　M1出土铜器——马络头

马络头（S∶77）

　　四穿弧顶素面节约　8件。形制相同。圆弧顶，中空，斜直边，边壁上有四个呈十字形排列的长方形穿孔，出土时，长方形孔内残留有呈十字形穿连的痕迹，革带上分段附一革带箍，两箍之间套一节铜管形铜，革带由长条形皮革对折成双层扁条带，然后再在其上加铜加箍。此类节约的铅锡含量较高，极易破碎。标本M1S∶77，通高2.3、直径5.7厘米（图三三，7）。标本M1S∶48，形体较上述稍小，通高1.6、直径4.6厘米（图三三，4；图版一○，4）。

　　弧顶鼻纽节约　4件。此类节约的铅锡含量较高，大多破碎，完整的仅存1件。原数量不明。标本M1S∶49，圆弧顶，中空，内壁上呈十字形排列4个圆柱形实心鼻纽，纽内残存十字形穿连的革带，革带对折成双层，素面。根据器物的共存关系，可知此类节约与管形铜相配使用。通高2.1、直径5.8厘米（图三三，8）。

　　四穿圆弧顶卷边节约　3件。大多残。标本M1S∶36，弧顶近平，卷边，中空，顶上有对称4个圆穿，内层垫有一层圆皮革圈。复原高0.7、直径8厘米（图三三，1；图版一○，5）。

八棱形节约 4件。形制相同。上下皆平，边作八棱形，中空，其中，四宽棱边为上小下大的梯形孔，形成4穿，四小棱边为内凹的弧形实边。上面为一圆孔，底面为一方孔。出土时，四穿内残留有革带。标本M1S∶21，通高1.4、上边长2、下边长3.8、上孔铺径0.7厘米（图三三，5；图版一〇，6）。

铺 26件。分圆筒形铺、圆筒亚腰形铺、长方形铺、长条形铺和圆形弧顶穿孔铺五类。这些铺都应是从马络头上脱落下来的，因无法复原，分别介绍。

圆筒形铺 3件。大多残，原实数不明。标本M1S∶60，圆管状，中间粗，两端

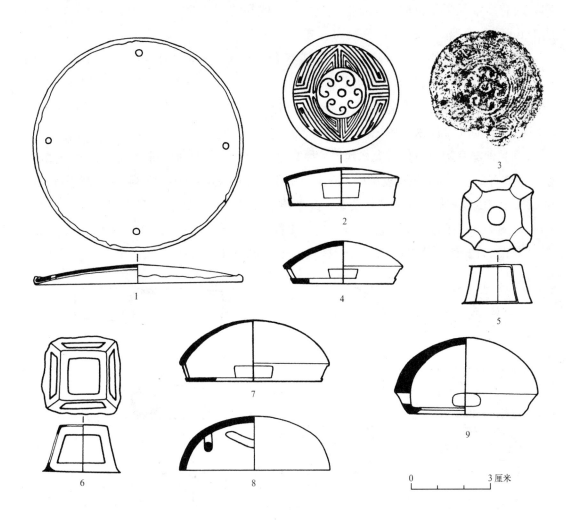

图三三 M1出土铜器——车马器

1.四穿圆弧顶卷边节约（S∶36） 2.四穿弧顶菱纹节约（S∶59） 3.四穿弧顶菱纹节约拓片（S∶59）
4、7、9.四穿弧顶素面节约（S∶48、77、46） 5.八棱形节约（S∶21） 6.四穿方形节约（S∶61）
8.弧顶鼻纽节约（S∶49）

稍细，出土时，圆筒内残存有穿连的革带。通长5.4、头端细径1、中部粗径1.2厘米（图三四，4）。

圆筒亚腰形镳　1件。大多残，原实数不明。标本M1S：70，圆筒状，中间稍细，两端粗，部分镳的筒内有圆革带穿连痕。通长4.3、筒头径1.5、中部筒径1.15厘米（图三四，5）。

长方形镳　5件。形制相同。皆长方形，一面平，一面内凹，中空，平面的上部饰十字交叉纹和点纹。少数镳的上部残留有金箔，可知其上部原应贴有金箔。出土时，部分内有多层丝织品折成的丝带穿连其中，从残存的一段穿连看，镳与镳连接的间距为1.6厘米，标本M1S：68，长3.1、宽1.2厘米（图三四，1、2；图版一一，1）。

长条形镳　1件。大多残，从保存较好者看，为长条形，中空，一面平，一面内凹，平面有2个并列的长方形穿孔，出土时该形镳穿连在南室65号络头的革带上，其两端的革带各结一死结以固定镳，可知此类镳与南室65号络头应为一套。标本M1S：65-1，通长4、宽1.2厘米（图三四，6）。

圆弧顶穿孔镳　16件。大多残损，原数量可能更多。形制相同，皆圆弧顶，斗笠中空，顶部有2穿，内层垫有皮革圈，出土时，孔内残存有圆形的革带，可知，此类镳是用圆革带穿连的。根据器物的共存关系，此型镳与圆弧顶卷边节约（M1S：36）应为一套。标本M1S：81，通高0.5、直径4.4、皮圈直径4.2厘米（图三四，3；图版一一，2）。

马衔　12件。分带镳马衔、索杆状马衔、扁薄杆马衔（表三）。

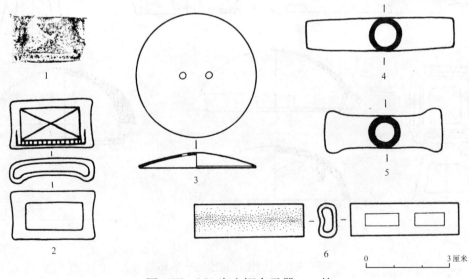

图三四　M1出土铜车马器——镳

1. 长方形镳纹样拓片（S：68）　2. 长方形镳（S：68）　3. 圆弧顶穿孔镳（S：81）
4. 圆筒形镳（S：60）　5. 圆筒亚腰形镳（S：70）　6. 长条形镳（S：65）

带镳马衔 3件。衔皆作索杆状。由2节套接而成，中间2个相连的小环有明显的磨损痕迹，可知原为实用器。出土时两大环内各插一根马镳。标本M1S：41，镳木质，微弧，截面呈圆形，中部的上下各有一长方形穿，穿内插榫以卡住衔环，出土时，穿内的榫已脱落，镳杆的上下各套接一个圆骨质帽，帽上阴刻卷云纹，镳杆通体髹褐漆。马衔长24、环径4.5、镳长27.6、骨帽长3.1厘米（图三五，3）。标本M1S：67，镳角质，上粗下细，微弧，截面呈圆形，镳中部的上下各凿一长方形穿，穿内各插一凹形骨榫，以卡住衔环，骨榫作八棱形，一端粗，一端稍细。出土时，一边衔环的上面残存一段宽革带，附近还伴出有少量麻绳，麻绳为八股绳合编而成，可能原锁结于衔环上，应即文献中的"𦈢"。马衔长21.5、环径5、镳长19.2、骨榫长3.3、榫宽0.5厘米（图三五，5；图版一一，3）。标本M1S：58，镳角质，上粗下细，微弧，截面呈圆形，镳中部的上下各凿一长方形穿，穿内各插一凹形骨榫，以卡住衔环，骨榫作八棱形，一端粗，一端稍细。一端衔的大环上残留一段麻绳，麻绳结两道死结。马衔长21.4、环径4.5、镳长22、骨榫长3.4、榫宽0.4厘米（图三五，1；图版一一，4）。

索杆状马衔 5件。形制与带镳马衔相同。出土时，镳大多脱落，衔皆作索杆状。由2节套接而成，中间2个相连的小环有明显的磨损痕迹，可知原为实用器。出土时两大环内所插的马镳已脱落。标本M1S：47，铸缝经打磨。通长21、大环径3.8～5.2、小环径2.3厘米（图三五，6；图版一一，5）。标本M1S：106和M1S：107的形制与之相同（图版一一，6）。

扁薄杆马衔 4件。标本M1S：20，铸缝经打磨，器周边可见铸造时铜液溢漫所形成的不规则铜边屑。通长21.6、大环径4.1～5.5、小环径2.5厘米（图三五，4；图版一二，1）。

表三： M1 出土铜马衔尺寸统计表 单位：厘米

器名	器号	通长	大环径	小环径	衔截面径	备 注
带镳马衔	S：41	24	3.6～4.5	3	1.2	轻微磨损
	S：58	21.4	4～5.2	2	1.2	轻微磨损，大环外端残有绳束
	S：67	21.5	4～5.2	2.2	1.2	轻微磨损，大环外端残有绳束
索杆状马衔杆	S：38	21	3.7～5.1	2.4	1.2	通体磨光
	S：44	21	3.8～5.2	2.3	1.1	轻微磨损
	S：47	21	3.8～5.2	2.3	1.1	轻微磨损
	S：105	21	3.7～5.1	2.4	1.2	通体磨光
	S：108	24.8	4.2	5.6	2.5	轻微磨损

续表

	器号	通长		截面短径		备注

扁薄杆马衔	S:20	21.6	4.1~5.5	2.5	0.6-1.1	铸缝明显，未经打磨
	S:24	21	4.1~5.3	2.4	0.6-1.1	铸缝明显，未经打磨
	S:106	21.6	4.1~5.5	2.5	0.6-1.1	铸缝明显，未经打磨
	S:107	21.2	4.1~5.5	2.4	0.6-1.1	铸缝明显，未经打磨

铜马镳　5件。形制相同（表四）。皆扁条形，中部铸成两个"8"字形的椭圆形穿孔，穿孔处的截面呈椭圆形，其他部位的截面呈长方形。少数椭圆形穿孔内残留有穿连的丝带。标本 M1S：22-1，通长20.8、宽1.1、孔长1.4~1.8、孔宽0.7厘米（图三五，7；图版一二，2）。

表四：　　　　　　**M1出土铜马镳尺寸统计表**　　　　　　单位：厘米

器号	通长	截面长径	截面短径	面孔长×宽	备　注
S:22-1	20.8	1.1	0.3	1.8×0.7	通体铸，铸缝明显，未经打磨
S:22-2	17.2	0.9	0.2	1.5×0.6	通体铸，铸缝明显，未经打磨
S:25-1	21	1.1	0.4	1.1×0.5	通体铸，铸缝明显，未经打磨
S:25-2	14（残）	1.3	0.4	1.8×0.7	通体铸，铸缝明显，未经打磨
S:25-3	11.4（残）	1.2	0.4	1.3×0.6	通体铸，铸缝明显，未经打磨

4．铜兵器

40件。主要出于南室，少数出于棺室和北室。器类主要有剑、戈、戟、矛、殳和箭镞等。

铜剑　3件。分宽格和窄格两种。

宽格铜剑　2件。形制同。宽格。尖锋，剑身中脊起棱，截面呈菱形。有从。圆柱形实心茎，茎上双箍。空首。茎外套木柄，木柄截面为圆形，由两块半圆木片合成。近首端的两块半圆木拼合成上小下大的圆台形。出土时剑身外套木鞘。鞘的形制相同。鞘为两片弧形薄木片合成，中空，鞘口扁菱形，近鞘口的一段有脊，外用丝线平行缠绕，鞘外髹黑漆。标本 M1N：28，格上用绿松石镶嵌兽面纹。箍上的弦纹内也镶嵌绿松石。空首内饰三组凹槽，每组各三圈。剑长57.2、鞘长47、剑身宽4.8厘米（图三六，1；彩版一八，1、2；图版一二，4、5）。标本 M1 内棺：1，鞘尾端用子母榫连接一椭圆形珌。剑长47.4、鞘长41.2、剑身宽4.4厘米（图三六，3；图版一三，1）。

窄格铜剑　1件（M1N：27-1）。剑身较短。窄格，尖锋，垂锷。中脊有凸棱，有从，截面呈菱形，圆柱状茎，圆饼状首。茎前段实，后段透空。茎上残留有木柄，柄外

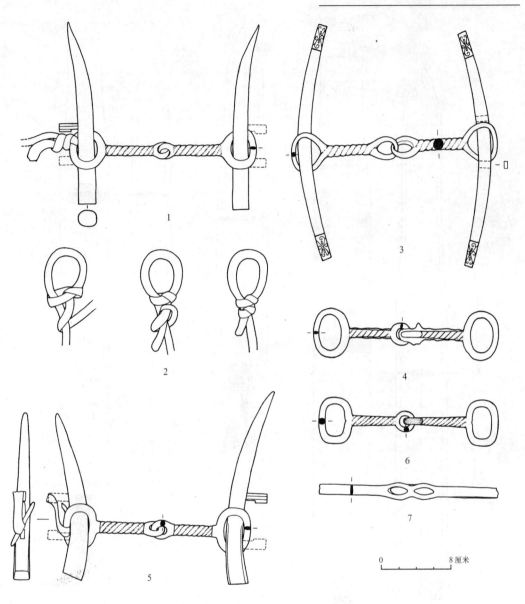

图三五　M1出土铜器——车马器

1、3、5. 带镳马衔（S∶58、41、67）　2. 马衔麻绳捆扎示意图（S∶58）　4. 扁薄杆马衔（S∶20）
6. 索杆状马衔（S∶47）　7. 铜马镳（S∶22）

用丝线缠绕。出土时置于M1N∶27木盒内。剑长38.6、剑身宽5厘米（图三六，2；图版一三，2）。

铜戈　5件。分积竹柲和木柲两大类（表五）。

积竹柲铜戈　2件。戈头铜质，戈援上扬。长方形内，内上角圆，下角有一小缺，栏侧三穿，内上一穿。戈头无脊，截面呈扁圆菱形，尖圆锋，长积竹柲杆。木质戈镈。

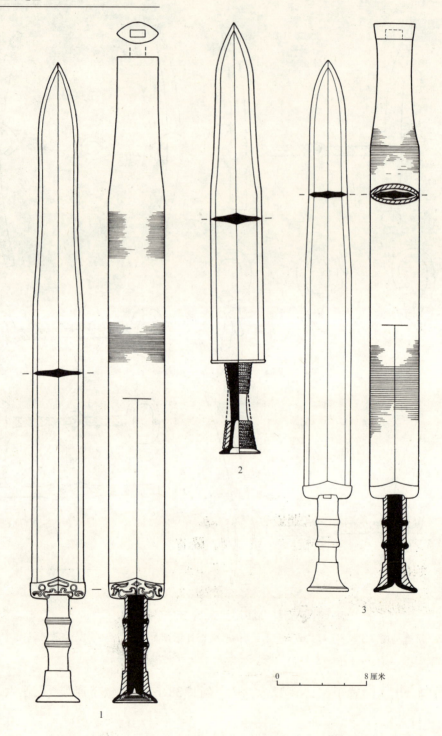

图三六　M1出土铜器——兵器

1、3. 宽格铜剑（N∶28、内棺∶1）　2. 窄格铜剑（N∶27-1）

柲杆截面为前方后圆的椭圆形，镦是在柲杆的末端雕凿的。柲芯木杆削成前方后圆的椭圆形，外包两层竹片，紧贴木芯的竹片较厚，外层竹片较薄。其外用丝带缠绕后上髹褐色漆，柲杆前端的侧面凿一与戈内等长的长方形穿孔，戈内插入其中后用革带经栏侧和内上的穿孔捆扎于柲上。木质镦的头端凿一凸箍，镦柄作八棱形。柲杆的黑漆底上用红、黄、褐三色间断彩绘四组纹饰。戈头处的一组绘一条三角云纹带，其余三组纹饰相同，皆在上下菱形纹带之间绘两龙两凤，两龙上下各一，龙尾相对，龙作侧首、张口露齿、曲身状，凤负于龙背之上，龙凤纹之间加绘勾连云纹。镦通体用红、黄、褐三色分段绘云纹和菱形纹。标本 M1S：3，通长 136、援长 12.3、援宽 2.8、内长 8.3、内宽 3.2、胡长 11.2、镦长 16 厘米（图三七，6、7；图三八，1；图版一三，3）。标本 M1N：20，戈援微扬，援上饰一涡纹，涡内呈镂空梅花点状，内尾端微弧，内下角有一缺。栏侧二穿，上穿半圆形，下穿长方形，内上一大穿呈变形心形。长积竹柲外髹黑漆，柲杆前端的侧面凿一与戈内等长的长方形穿孔，戈内插入其中后用丝带经栏侧和内上的穿孔捆扎于柲上，结死结固定。柲尾部套杯形铜镦，镦上部的截面与柲同，下部呈喇叭形，中部饰一鸟形凸饰。镦通体饰勾连云纹。通长 138.2、援长 12.2、援宽 2.5、内长 6、内宽 3.8、胡长 8、镦长 12.2 厘米（图三七，3、4；图三八，4；图版一三，4）。

木柲铜戈 3 件。标本 M1S：33，由戈、柲和镦三部分组装而成，戈为铜质，援平微上扬，圆锋。长方形内，内尾边弧，内下角有一缺，栏侧三穿，内上一穿，柲为木质，截面为前方后圆的椭圆形，柲尾套一骨质镦，镦口部凿一宽凸棱，其上加饰三周凹弦纹，镦上部为椭圆形，下端为八棱形。柲头端侧面凿一长方形穿，戈插入其内后用革带经戈栏穿捆扎固定在戈柲上。柲杆未髹漆，通体用宽条组带斜向包缠。柲杆的前端外加宽革带斜向包裹，包裹前，革带的一边折叠有一条小边，革带的局部有断裂的现象，断裂的部位曾用针线缝补过。复原长 146、戈援长 11.6、援宽 2.8、内长 9、内宽 3、胡长 11.8、镦长 26.2、包裹的革带宽 0.8、包裹的组带宽 1.5 厘米（图三七，1；图三八，2；图版一三，5；图版一四，1左、2左）。标本 M1N：36，戈援微扬，有脊，内尾端圆弧。长方形穿，栏侧三穿，内上一穿。长木柲，出土时已残断。柲截面呈前方后圆的扁椭圆形。柲首端的一侧凿一长方形穿，戈插入其内用革带固定，出土时，革带已脱落。柲通体用组带缠绕，但大多已脱落。残长 44.8、戈援长 11.5、援宽 2、内长 8、内宽 2.7、胡长 10.2 厘米（图三七，5；图三八，3；图版一三，6；图版一四，1中、2中、3）。标本 M1S：23，由戈和柲组装而成。戈头铜质，戈援微扬，尖圆锋，戈头截面呈扁菱形，栏侧三个长方形穿。长方形内，内上一长方形穿，内尾端作三面刃，栏下角有一组。戈头的一面正中铸两行铭文，共 15 字，铭文为："廿（二十）亖（四）年自命（令）州□（逃？）右库帀（工师）萛（邯郸）奥冶𦈌"。柲和镦皆木质，由整根木杆制成，柲截面呈前方后圆的椭

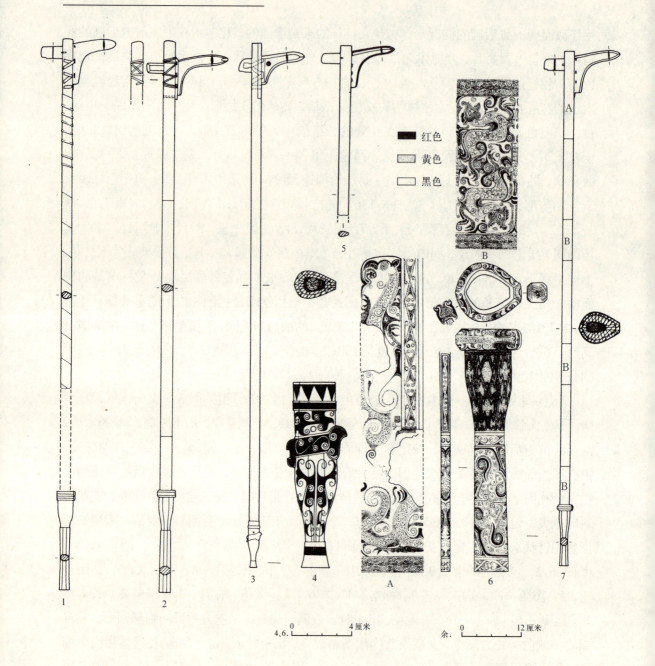

红色
黄色
黑色

4、6. |0———4厘米|

余. |0———12厘米|

图三七　M1出土铜器——兵器

1、2、5. 木柲铜戈（S：33、S：23、N：36）　3、7. 积竹柲戈（N：20、S：3）
4. 铜镈（N：20）　6. 木镈（S：3）

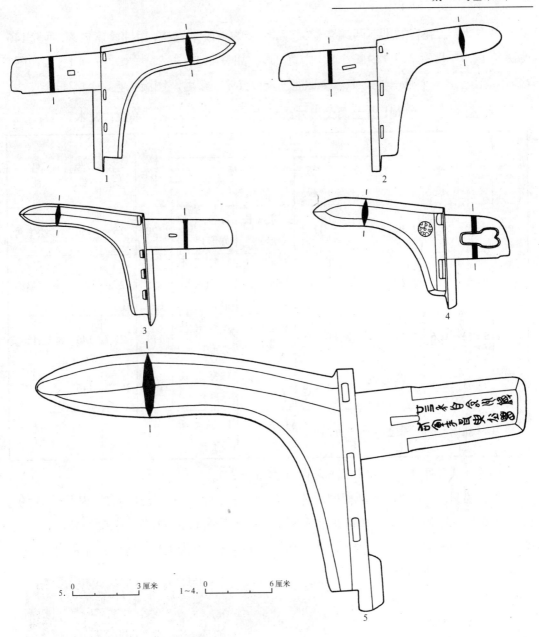

图三八　M1 出土铜器——兵器

1~5. 铜戈（S：3、S：33、N：36、N：20、S：23）

圆形。镈上部作椭圆形，口部凿一凸箍，镈柄作八棱形。柲头端的一侧凿一长方形穿，内插铜戈。戈与柲杆用革带经戈栏侧的穿孔捆扎固定在柲上。出土时，柲杆上仍残留有捆扎的革带。从其走向看，是用整条革带自戈栏的下端开始经栏孔处从下往上捆扎，在戈栏上端缠绕两周后再经栏孔自上往下穿孔，因此，革带的捆扎纹理一面为三角形，一面为斜十字交叉形。柲杆的上下两端皆髹黑漆，中间的一段未髹漆，用细篾席包裹。通长146、戈援长14.7、援宽2.9、内长5.9、内宽2.9、胡长11、镈长27厘米（图三七，2；图三八，5；图三九；彩版一九，1、2；图版一四，1右、2右，图版一五，1、2）。

表五： **M1 出土铜戈尺寸统计表** 单位：厘米

器名	器号	铜 戈 头								柲长	镈长	通长	备注
		通长	援		内		胡长	穿					
			长	宽	长	宽		胡	内				
积竹柲戈	S：3	20.6	12.3	2.8	8.3	3.2	11.2	3穿（长方形）	1穿（长方形）	120	16	136	彩绘木镈
	N：20	18.2	12.2	2.5	6	3.8	8	3穿（长方形2，圆1）	1穿（不规则长方形）	126	12.2	138.2	铜镈错银
木柲戈	S：23	20.6	14.7	2.9	5.9	2.9	11	3穿（长方形）	1穿（长方形）	119	27	146	内上有铭文
	S：33	20.6	11.6	2.8	9	3	11.8	3穿（长方形）	1穿（长方形）	119.8	26.2	146	
	N：36	19.5	11.5	2	8	2.7	10.2	4穿（长方形）	1穿（长方形）				

铜矛　共7件。分木柲和积竹柲两大类（表六）。

积竹柲铜矛　6件。形制相同。其中南室出土5件，东室出土1件，从出土现场分析，东室出土的1件，应是南室东挡板侧翻于东室后带过去的，原应属南室随葬品。标本M1S：30，整器由矛、柲和镈组成。矛和镈皆铜质，矛为尖锋，宽叶。叶两边微内束，中脊有一道宽凸棱，椭圆形骹。骹的正面饰一长条形斜面凸饰。凸饰的一侧有一穿，骹上一穿。骹口的两长边内凹。积竹长柲，出土时柲杆皆残断。柲截面为圆形，首端稍细，柲芯为整根圆木杆，其外包两层竹片，再用组带捆扎后髹黑漆，柲尾端

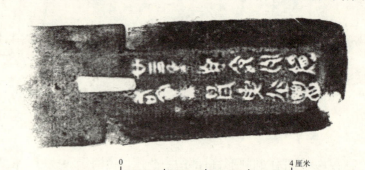

0　　　　　　　　4厘米

图三九　M1出土铜器——兵器
铜戈铭文拓片（S：23）

套一铜镈。镈为上粗下细的圆筒形。镈末端为三个三角形的锥状足。柲杆的黑漆底上分段用红、黄、褐三色彩绘纹饰。纹饰主题为大三角纹，三角纹内绘龙纹。每组纹饰的上下皆加绘一条宽带褐彩，由于柲杆皆残，每根绘几组已不详。通长357、矛长21.8、镈长12.8、积竹柲木芯径1.1厘米（图四〇，3、4；图版一六，3；图版一七，2之左4）。其余柲杆大多残断（图版一六；图版一七，2）。

木柲铜矛　1件（M1N：21）。整器由矛和柲组成，矛为铜质，有脊，圆骹，脊两侧有一长三角形凹槽。骹两侧各有一波浪形铜饰。长木柲，截面为圆形，上端套骹的部分较粗，柲末端圆弧，柲素饰无漆。通长197.6、矛长23、銎径2.2厘米（图四〇，1、2；图版一七，1中）。

表六：　　　　　　　　**M1 出土铜矛尺寸统计表**　　　　单位：厘米

室别	器号	铜 矛 头				铜 镈		通长	备 注
		通长	叶长	筒长	筒径	长	径		
南室	9	22.4	13.9	18.5	2	12.8	2		积竹长柲（残）
	10	22	13.3	18.5	2	12.8	2		积竹长柲（残）
	30	21.8	14	18.5	2	12.8	2	357	积竹长柲
	31	22.4	13.7	18.5	2	12.8	2		积竹长柲（残）
	32	22.8	13.5	18.5	2	12.8	2		积竹长柲（残）
东室	1	22.5	13.6	18.5	2	12.8	2		积竹长柲（残）
北室	21	23	12.6		2.4			197.6	木杆镈

铜戟　1件（M1S：14）。积竹柲。戟头由戈、矛分体联装而成，首端为刺，其后为勾。刺为窄叶小矛，矛尖锋，平脊，圆骹，上有一穿。勾为一单戈，戈援上扬，微弧，尖锋，有脊，长方形内，内下部近栏处有缺。栏侧三穿，内上一穿。积竹长柲。柲截面呈前方后圆的扁椭圆形。自勾以上的柲逐渐变细，柲芯为整根圆木杆，其截面也为前方后圆的扁椭圆形。木芯外包裹两层竹片。竹片外用革带分段捆扎19组，每组捆3周。然后用组带缠绕后鬃黑漆，柲末端套一铜镈，镈作椭圆筒状，素面。积竹柲的黑漆底上用红、黄、褐三色分段绘五组相同的纹饰，每组纹饰内绘两龙六凤。龙上下各一，作侧身张口弯曲状，身饰鳞纹。六凤或正首或侧首，蟠绕其间，每段纹饰的上下各绘一道变形的三角纹带。通长353、戈长26.8、矛长15.3、镈长7.5厘米（图四〇，5、6；彩版二〇，1；图版一五，3、4右）。

铜殳　2件。分彩绘积竹柲铜殳和素面木柲铜殳。

彩绘积竹柲铜殳　1件（M1S：15）。铜质帽和镈，积竹长柲。首端的铜质帽作圆筒

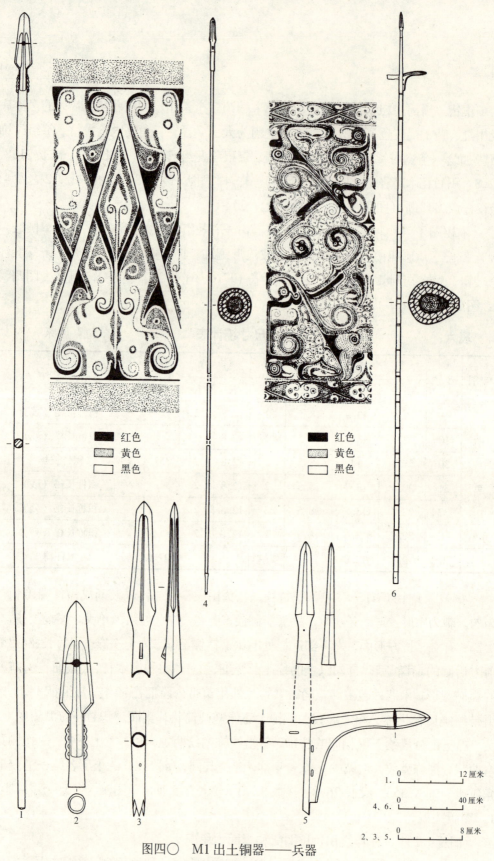

图四〇　M1 出土铜器——兵器

1. 木柲铜矛（N：21）　2. 木柲铜矛（N：21）　3. 铜矛镦（S：30）
4. 铜矛（S：30）　5. 铜戟（S：14）　6. 铜戟（S：14）

形，上端为一凸箍，箍上二周凸棱，顶端正中竖一立纽。帽中部一穿，积竹柲前段为圆形，后段为八棱形，八棱形的一段柲上间断套三个等距离的铜箍。柲芯为整根圆木杆，外包二层竹片，用丝带捆扎后髹黑漆。柲尾端套一铜质镦，镦口部圆形箍，镦末端为八棱形。殳的铜质帽和镦上皆饰满错金银三角云纹，铜质箍上饰错银云纹。漆柲上用红、黄、褐三色分段彩绘纹饰。柲前段的圆柲上绘二组龙凤纹。柲后段的八棱形每一铜箍绘一组龙凤纹带。近镦处的柲上绘三角纹、圆圈纹和卷云纹。通长310、柲截面径2.8、柲内木芯径1.8厘米（图四一，2；彩版二〇，2、3；图版一五，4左；图版一七，3、4）。

素面木柲铜殳　1件（M1N：22）。铜质帽、镦。长木柲。柲首端套一圆筒形帽，木柲前端截面为圆形，后段截面为八棱形，外髹黑漆，漆地上未作彩绘。尾端一八棱形铜镦，镦上部饰凸棱一周。通长158、帽长6.8、镦长8.8厘米（图四一，1；图版一七，1右）。

铜镞　共22件。分三棱形铜镞、四棱筒形铜镞和扁形铜镞三种。

三棱形铜镞　15件。形制同。三棱镞头，长铤，前铤截面呈三角形，后铤截面呈圆形，圆铤外套竹苇杆，杆外髹黑漆。出土时盛装在矢箙内。标本M1N：1-1，残长26.6、镞头长2.6厘米（图四二，1；图版一八，3）。

四棱筒形铜镞　6件。形制同。皆圆筒形。头端稍细，顶端铸成四棱尖状，筒内套苇杆，苇杆已残断，长度不明。标本M1N：49，残长9.5厘米（图四二，2；图版一八，1）。

扁棱形铜镞　1件（M1中棺：10）。镞头尖锋，中脊有棱，截面为扁棱形，圆铤。铤外套苇杆，苇杆外髹黑漆。残长23.2、苇杆径0.7厘米（图四二，3；图版一八，4）。

5. 铜生活用器

3件。皆出于北室。器类较少，只有灯、镜和带钩。

豆形铜灯　1件（M1N：5），直口微敛，方唇。盘壁直。盘内中部立一圆筒形灯柱。柱中空，柱壁的三面皆以长方形孔穿透。平底。细高柄。柄中上部饰一凸箍，箍上部的一段为八棱形，下部为圆形。喇叭形座。柄中空至柄的箍部。灯盘的内外壁及柄座上皆残留有一层厚厚的烟炱及油垢层，显为一件实用器。通高31.8、盘径15.6、足径11.4厘米（图四三，2；图版一八，2）。

铜镜　1件（M1N：25-1）。全器呈黑色。圆形，镜面平而光亮。镜背的镜托中央凸出一小圆饼。饼中央饰一小鼻纽。镜背饰一周凸棱纹，镜缘内斜凸起，截面呈小三角形缘。出土时置于M1N：25号漆奁内。直径12.2厘米（图四三，1；彩版二一，1；图版一八，5）。

铜带钩　1件（M1N：51）。形体较小，钩头作象鼻形弯曲，尾端作牛首形。正中向背后弯曲形成一个凸纽。纽扣面呈椭圆形。长2.8厘米（图四三，3；图版一八，6）。

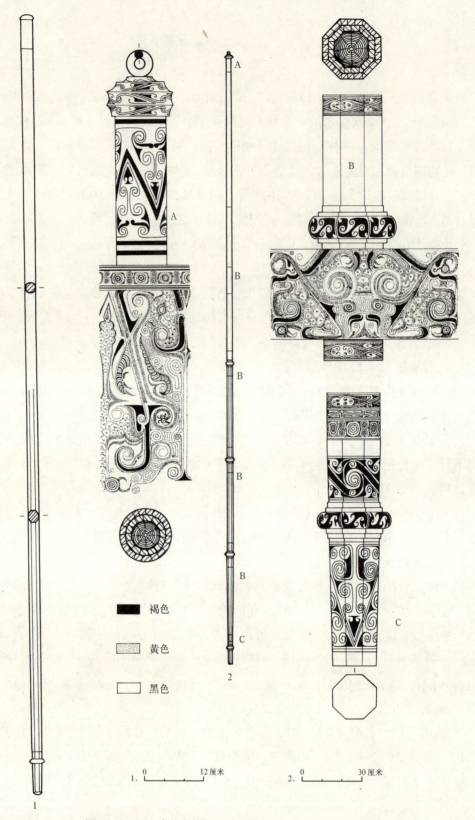

褐色

黄色

黑色

1. ⊢──────┤
0   12厘米

2. ⊢──────┤
0   30厘米

图四一　M1 出土铜器——兵器

1. 素面木柲铜殳（N：22）　2. 积竹柲铜殳（S：15）

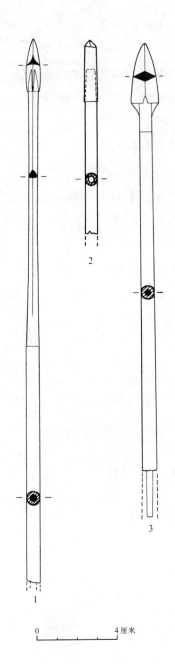

图四二 M1 出土铜器——兵器

1. 三棱形铜镞（N：1-1）
2. 四棱筒形铜镞（N：49）
3. 扁棱形铜镞（中棺：10）

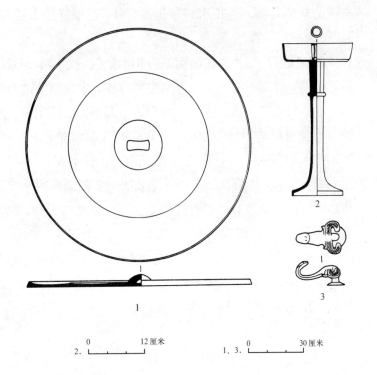

图四三 M1 出土铜器——生活用器

1. 铜镜（N：25-1） 2. 豆形铜灯（N：5） 3. 铜带钩（N：51）

6. 铜工具

5件。分出于内棺和北室。器类有削刀、夹刻刀、铜镰。

铜削刀 2件。标本M1内棺：2，长条弧形，厚背薄刃。刀身截面呈三角形，柄截面呈椭圆形，柄末端铸连一椭圆形环。环残。通长25.5厘米（图四四，2；图版一九，1）。标本M1N：29，厚弧背，薄刃，刀身截面呈三角形。细长柄，柄截面近三角形。柄首端夹铸一小玉璧纽。玉璧呈浅黄色，两面皆阴刻谷纹。近柄处的一小半玉璧已凿薄，应是在铸造时有意削薄的。因为玉璧有一定的厚度，将玉璧放入削刀的范内后，必使合范增大空隙，为使合范合拢而不产生空隙，只能将璧凿薄。这是一件反映不同质地器物夹注的典型实物。通长32.7、璧直径4.5、璧好径2厘米（图四四，1、6；彩版二一，2；图版一九，2）。

　　铜夹刻刀　2件。皆由铜刻刀和木柄组成，标本M1N：48，刀身为扁条凹弧形，三角形尖锋，锋部为两面刃。正面中脊有棱，中脊的两边有两条细凸棱，棱至顶端折成方形。木柄与刀身等宽，作半六棱形。下端平，上端削薄，木柄上残留有丝带痕迹。可知柄与刀身原应是用丝带缠绕固定的。出土时丝带已朽，柄与刀身脱落。残长21.6、宽2.2厘米（图四四，5；图版一九，3右）。标本M1N：47，刀身为扁凹弧形，尖锋，正面中脊有细棱，中脊两边各有一道细凸棱。凹面内附一半圆木形木柄，木柄的顶端已削薄。柄与刀身原应有丝带缠绕固定。出土时丝带无存，柄与刀身脱落。通长24、宽2厘米（图四四，4；图版一九，3左）。

　　铜镰　1件（M1N：35）。弧背。平刃。刃尾端直角折成薄长方形柄。柄正面有三道凸棱。镰柄应是插入木柄的长方形榫眼内固定的，出土时木柄已无存。通长11.4、宽4.5厘米（图四四，3；图版一九，4）。

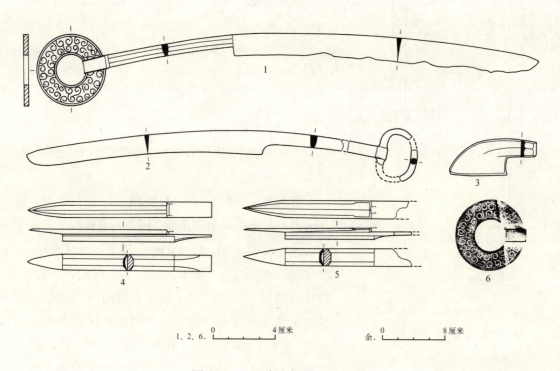

图四四　M1出土铜器——工具
1、2. 铜削刀（N：29、内棺：2）　3. 铜镰（N：35）
4、5. 铜夹刻刀（N：47、N：48）　6. 铜削刀玉首拓片（N：29）

7. 铜丧葬用器

57件。皆出于棺室。器类有鱼、核和构件。

铜鱼 49件。形同。扁条形，模制。周边可见铸缝，鱼头中部一穿。鱼身正面内凹，背面平。鱼与铜核共出于中棺上，应为内棺棺饰之物脱落于中棺上。标本M1中棺：11-1，通长7.4厘米（图四五，1；图版一九，5）。

铜核 7件。形制相同。皆扁圆形，似桃核，实心，较重，中间一道铸缝，形成一凸边。出土于中棺西南角，与铜鱼一起应为棺饰之物，可能为撞击铜鱼之物。标本M1中棺：12，直径2.4厘米（图四五，3；图版一九，6）。

铜构件 1件（M1外棺：13）。"冂"形，截面呈梯形，合范铸造，内外侧边皆有铜液边，未经打磨，此器可能为外棺棺盖上的铜攀钉而脱落至外棺内的。通长7.4、宽2.7厘米（图四五，2）。

8. 其他

铜环 6件。皆圆形，分大单圆环和小单圆环两种。此器可能为某器的附件（表七）。

大单圆环 2件。形同，皆出于东室，截面呈菱形，标本M1E：26-1，直径3.8厘米（图四六，2；图版二〇，1）。

小单圆环 4件。形同。皆出于南室。标本M1S：54，直径3.1厘米（图四六，1；图版二〇，2）。

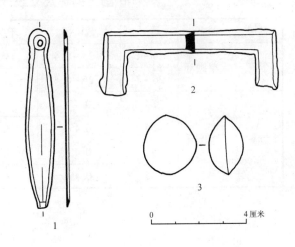

图四五 M1出土铜器——丧葬用器

1. 铜鱼（中棺：11-1） 2. 铜构件（外棺：13）
3. 铜核（中棺：12）

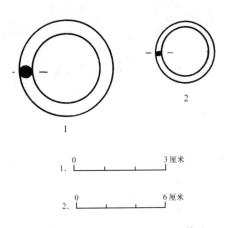

图四六 M1出土铜器——其他

1. 小单圆环（S：54） 2. 大单圆环（E：26-1）

表七：　　　　　　　　　　M1 出土铜环尺寸统计表　　　　　　　　单位：厘米

室别	器名	器号	截面径	环直径	备　　注
东室	大单圆环	26－1	0.25～0.4	3.8	截面呈菱形
		26－2	0.25～0.4	3.8	截面呈菱形
南室	小单圆环	54	0.45	3.1	截面呈圆形
		55	0.45	3.1	截面呈圆形
		73	0.45	3.1	截面呈圆形
		76	0.45	3.1	截面呈圆形

（二）铁器

只见一件铁斧，出土于北室。

铁斧　1件（M1N：37）。由铁斧和木柄组装而成。斧身铁质，长方形，双面刃，侧视呈倒三角形。斧身上部有长方形穿。长方形銎，銎内插长楔木，楔木微向内弧。楔头端凿长方形凸榫与斧柄头端的卯眼连接。斧柄为整木雕成，两端粗，中间细。斧柄握手部位的截面为椭圆形，头端截面近方形。顶端下角圆切，斧与横木柄的夹角约为80°。斧长6、刃宽4、柄长46厘米（图四七；图版二〇，3）。

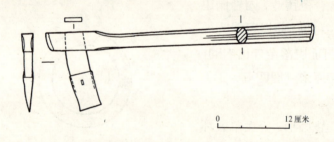

0　　　　　　　　12厘米

图四七　M1 出土铁器——工具

铁斧（N：37）

（三）漆木器

共123件。主要出于东室、北室和南室，大都保存不好。漆木器的胎骨大多为木胎、少数竹胎。木胎漆木器的制法主要为斫制、挖制和雕凿。竹胎的器物只见于兵器。

绝大多数漆木器都是在器表先作底色，彩绘漆器则是在底漆上彩绘纹样。底漆多为黑色。彩绘的色彩主要有红、黄、白、褐等。

纹饰的母题主要为动物纹和几何纹，少数植物纹。动物纹有龙纹、凤纹、虎纹、蛇

图四八　M1出土漆木器纹样图

1. 龙纹（S：28）　2. 凤纹（S：28）　3. 卷云纹（S：100）　4. 蟾蜍纹（S：93）

5. 蛇纹（S：93）　6. 卷云纹（E：14）　7. 凤鸟卷云纹（S：104）　8. 龙纹（S：104）

9. 鳞纹（E：4）　10. 四叶纹（S：100）　11. 卷云纹（E：4）　12. 虎纹（S：100）

纹、蟾鱼纹、鳞纹等。几何纹饰主要有卷云纹、三角纹、圆圈纹、点纹、绚纹等（图四八）。

所有漆木器按用途可分为生活用器、兵器、车马器、乐器、工具和其他几大类。

1. 生活用器

55件。主要出于东室和北室，器类较多，主要有案、几、俎、禁、豆、杯、勺、盒、奁、座屏、扇柄、梳、篦、枕、冠等。

漆案　1件（M1E：14）。由案面和4足组成。案面为整块木板雕成，长方盘形，周边略高，底平，底面四角各凿1个长方形的透穿卯眼，内插4个兽蹄形木足。案面周边内侧髹1周宽带红漆，其余部位髹黑漆。案内平面上用红漆在黑漆底上均匀绘3排圆涡纹，每排6个，共18个。通高12、长113、宽57厘米（图四九；彩版二二，1；图版二一，1）。

褐色　　黑色　　　　　　0　　　　　　16厘米

图四九　M1出土漆木器——生活用器

漆案（E：14）

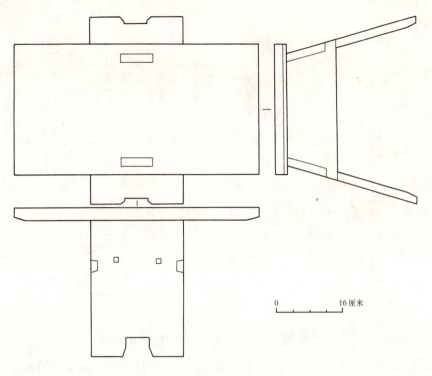

0   16厘米

图五〇　M1 出土漆木器——生活用器

木俎（E∶34）

木俎　5件。皆出自东室（表八）。保存完好可复原的只有3件。保存完好的3件形制相同。标本M1E∶19，由面板、足板和侧板组成小凳形。面板长方形，两端背面削成斜边。中部两边各凿一个透穿的长方形卯眼。足板为长方形，正立于两面板之下，其上端凿长方形凸榫与面板的卯眼相连。下端中部凿一凹形足。两边的侧板呈梯形，下端两边各凿一榫头，嵌入足板的上部。足板上部两端各凿一个方形小孔，内嵌小石子。通体未髹漆。估计原有彩绘，但出土时已脱落。通高16.8、面板长28、宽12.8厘米（图五一，3；彩版二二，2；图版二一，2）。标本M1E∶34，通高35.2、面板长60、宽31厘米（图五〇）。另外两件保存不好，其中一件（M1E∶12）只存俎面（图五一，2），另一件（M1E∶3）只存俎足侧板。

表八：　　　　　M1 出土木俎尺寸统计表：　　　　单位：厘米

器号	面　板			足　板			侧　板				通高	备　注
	长	宽	厚	长	宽	厚	上长	下长	宽	厚		
E∶19	28	12.8	1.6	17	11	1	9	13.2	5.6	0.8	16.8	残，可复原，足上有镶石

续表

器号	面 板			足 板			侧 板				通高	备 注
	长	宽	厚	长	宽	厚	上长	下长	宽	厚		
E：32	27	12	2	19	上 10.7 下 12	1	6.8	11.4	4.6	1	18.8	残，可复原，足上有镶石
E：3							23	33	8.8	1		仅存侧板一块
E：34	60	31	3	36.4	22.6	2	22.6	33.4	12	1.4	35.2	残，可复原，足上有镶石
E：12	39.6	15.6	2.4									仅存面板一块

木几　19件。分多足几、高足几、矮足几和立板足几四种。

多足几　1件（M1N：7）。由面板、足和座组成。面板为一块整长方形小木板，四角为圆角，面板背面正中凿一条长36.8、宽0.5、深0.3厘米的浅槽，其外再浅凿一条长56.8、宽5厘米的长方块。两边自内向外挖凿成凹弧边。面板两端各凿13个长方形透穿卯眼。足位居面板两端之下。每边足共13根，足上部为扁方形，上削成凸榫插入面板之上相应的卯眼中。足下部为圆形，其下凿圆榫，插入座上的卯眼中。座为"﹈"形，由整方木雕成，两端向内直角拐出。直排上共凿11个透穿的圆卯眼，两个直角拐上各凿一个圆卯眼。13根足密布其上。其中，每边外侧的2根足向内错出，其余11根足皆在一条直线上。通体髹黑漆。通高29.6、面板长76、宽15.4厘米（图五一，1；图版二〇，4）。

高足几　16件。保存稍好的只有1件，其余多只存几足。标本M1E：2，由面板、足和足座组成，出土时仅存面板和足。面板为一块厚长方形木板削凿而成，四角各凿一个长方形的透穿卯眼。足为长方条木削成。每边3根，上下皆削成长方形榫，其中，两边足的上端榫头穿透面板，中间一足上端的榫头仅半穿面板的背部。足高且直。足边都削成棱边。两边足的底部近榫头处削成微内曲的形状，足榫头亦为长方形榫。通体未髹漆。残高59、面板长71、复原面板宽34.4、厚36厘米（图五二，1）。标本M1E：41，面板已残，足为3根，立于横柱上。两边的足上粗下细，上部截面为方形，且雕凿成弯曲状。下部渐细并向外微撇似站立的鸟足，中间足的截面为圆形。中上部的一节较粗，足的上下皆凿凸方脊，足下的榫插入底座相应的卯眼中。足作拱形，中间高，两边低。

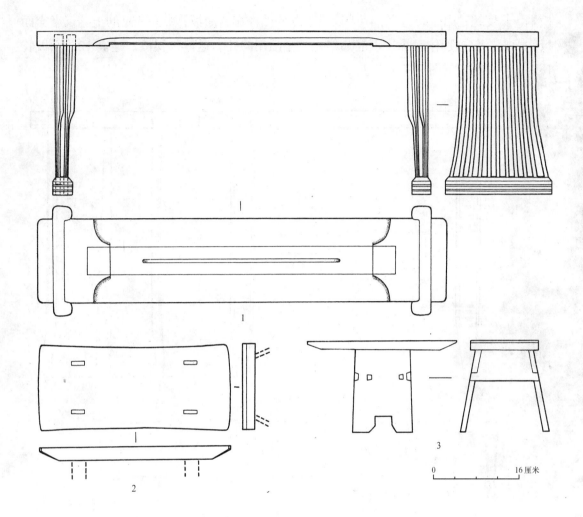

图五一　M1 出土漆木器——生活用器
1. 多足几（N：7）　2、3. 木俎（E：12、E：19）

两边足与中间足上部的凸脊不在一个平面上，可能几面背部为凹弧形。通体髹棕色漆。
残高 36.8、宽 24 厘米（图五二，3）。标本 M1E：42，仅存足和座。足为条木削成，上
下皆削成长方形凸榫。足上宽下窄，下榫留有一个向内折的凸结。座为一根小整方木凿
成，横置，中间微拱，两端凿凸脊，足外棱边及角皆切削。残高 27.2、宽 37.6 厘米（图
五二，4）。

　　矮足几　1 件（M1E：29）。由面板、足和座组成。面板为一块整长方形小木板，背
面的两端削成斜边，面板四角各凿一个透穿的长方形卯眼。足为扁方形木条，两端各 3
根，上下皆削成小方形凸榫，分别插入面板和底座相应的卯眼中。底座为一根方形的小

横木，长度超过面板的宽度。两外边足上端的凸榫穿透面板，中间一足的上端仅半穿面板的背部。整器形体较小，可能为祭祀或生活用的几。通体未髹漆。通高12、面板长18.4、宽8厘米（图五二，2）。

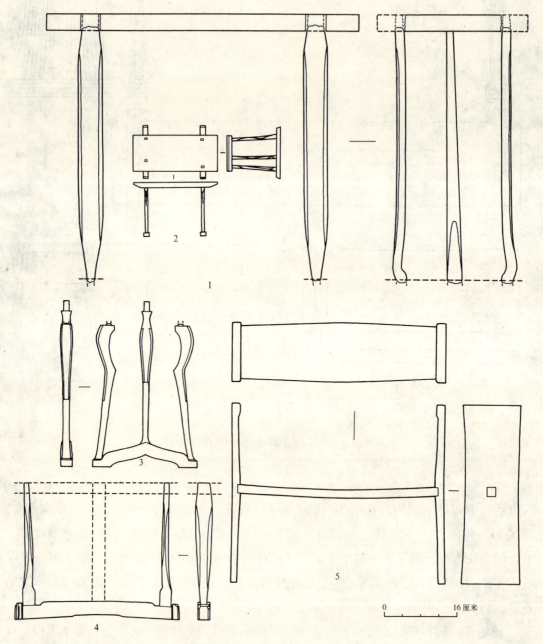

图五二　M1出土漆木器——生活用器

1、3. 高足几（E：2、E：41）　2. 矮足几（E：29）　4. 高足几（E：42）　5. 立板几（E：21）

立板几 1件（M1E：21）。由足和面板组成。两足位于两端，皆由长方形木板制成。顶端内侧凿一个凸头，足板内侧中部凿一道凹槽，凹槽中间又加凿一个方形卯眼。几面板为一块长方形整木板，两端平，中间凿一个方形凸榫，插入两足板凹槽中间的方形卯眼内。几面板两端窄，中间宽，平面微内凹，通体素饰。通高39.6、长48.2、宽13.2厘米（图五二，5）。

木禁 1件（M1E：15）。整厚木木板制成，长方形。正面的两端各凿一个长方形框。框边斜凿。形成两个对称的长方形台面。通体未髹漆。通长89.5、宽36.5、厚7.4厘米（图五三；图版二一，3）。

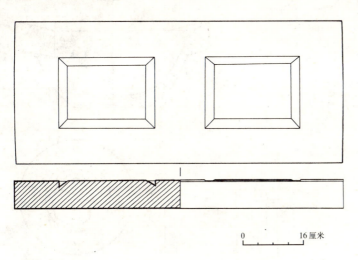

0   16厘米

图五三 M1出土漆木器——生活用器
木禁（E：15）

木豆 6件。皆出自东室。分有盖豆和无盖豆两种（表九）。

有盖豆 2件。形同。残。皆木质，由盖、耳、盘柄和座五部分组成。盘为圆饼形，上小下大，浅盘腔。沿两侧嵌接对称外侈的弧形方耳。盘底面平，中央凿一个透穿的方形卯眼。盖与盘口等大，盖面弧顶，两边对称凿一个方形缺口，嵌入盘的外侈耳中与豆盘扣合。柄为圆柱形，上粗下细，上下皆凿凸方榫，分别插入豆盘和豆座相应的卯眼中。座为喇叭形，底内凹。通体无漆。器表用白粉彩绘纹饰，纹饰大多脱落。盖面与豆座上残存的纹饰为卷云纹。标本M1E：31，通高23.2、盘径15.6、足径9.8厘米（图五四，5）。

无盖豆 4件。形同。由盘、柄和座三部分组成。盘为整节圆木凿成。浅盘腔，厚胎。盘外壁微内弧。平底，底中央凿一方形卯眼以插豆柄。柄为圆柱形，上下皆凿方形凸榫，分别插入豆底部和豆座上部的卯眼中。豆座为上小下大的喇叭形。上部为平台，盘外壁中间呈十字形等距离挖凿4个方形小孔。孔内残存砂石，应为豆上的镶石装饰，但已脱落。器表通体无漆，盘外壁用墨绘带纹和羽纹，柄和座上也墨绘有纹饰，但多已脱落。标本M1E：13，通高22.5、口径23、足径15厘米（图五四，3；彩版二三，1；图版二一，4）。

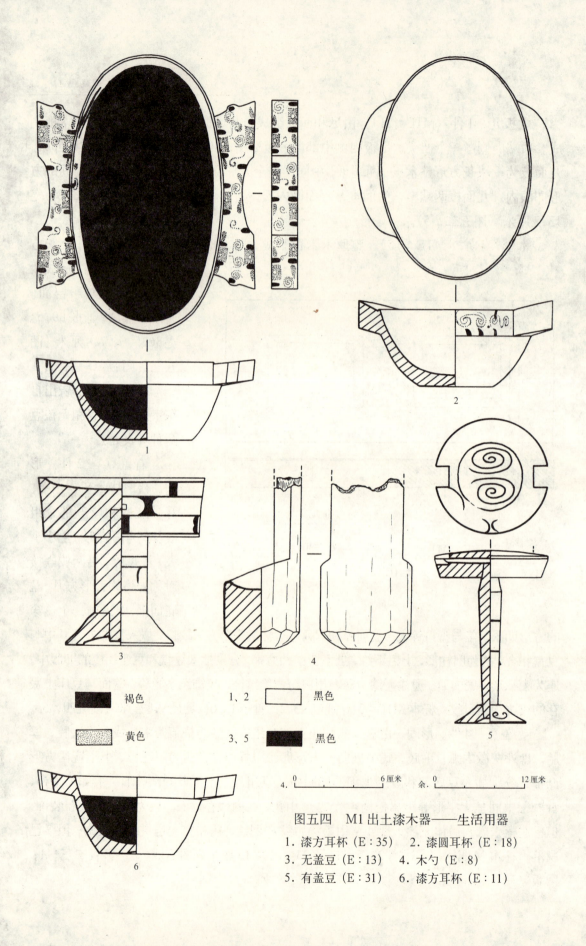

褐色　　　　1、2 ▭ 黑色

黄色　　　　3、5 ■ 黑色

0 ——————————— 6厘米　　余. 0 ——————————— 12厘米
4.

图五四　M1出土漆木器——生活用器

1. 漆方耳杯（E∶35）　2. 漆圆耳杯（E∶18）
3. 无盖豆（E∶13）　4. 木勺（E∶8）
5. 有盖豆（E∶31）　6. 漆方耳杯（E∶11）

表九：　　　　　　　M1 出土木豆尺寸统计表：　　　　　　单位：厘米

器名	器号	盘		柄		座		通高	备　　　注
		直径	高	长	直径	直径	高		
无盖豆	E：13	23	7.6	10	6.9	15	4	22.5	未髹漆。器外墨绘纹饰，盘外壁呈十字形镶有四颗石粒
	E：16	22.4	7.2	10.7	6.8	15	4.5	22.4	未髹漆。器外墨绘纹饰，盘外壁呈十字形镶有四颗石粒
	E：36	22.9	8.2	10.9	7.8	14.5	4.7	23.8	未髹漆。器外墨绘纹饰，盘外壁呈十字形镶有四颗石粒
	E：38	22.5	8	10.3	7	15	4.2		未髹漆。器外墨绘纹饰，盘外壁呈十字形镶有四颗石粒
有盖豆	E：31	15.6	2.4	17.2	2～2.4	9.8	2.6	23.2	未髹漆。器表用白粉彩绘纹饰
	E：39			17.2	2.2～2.7	10	2.4		未髹漆。器表用白粉彩绘纹饰

漆耳杯　5 件。皆出于东室，大多残。分漆圆耳杯和漆方耳杯两种（表一〇）。

漆圆耳杯　3 件。形同。皆由整木挖凿而成。椭圆形，两边各附一个微上翘的新月形耳，弧壁，平底。通体髹黑漆。口外壁用红、褐两色勾绘卷云纹。标本 M1E：18，通高 5.8、复原口径长 15、连耳宽 13.2 厘米（图五四，2）。

漆方耳杯　2 件。形同。皆残。复原为椭圆形。杯两边各附一个微上翘的方耳。耳中部边缘向内凹缺，耳两端各有一个凸乳。杯壁弧内收。平底。通体外髹黑漆。标本 M1E：35，耳上及口沿上用红、褐两色绘卷云纹和方块纹。通高 5.4、复原口径长 19、连耳宽 15.2 厘米（图五四，1）。标本 M1E：11，杯内壁口沿下髹红漆。通高 5.5、复原口径长 15、连耳宽 13.8 厘米（图五四，6）。

表一〇：　　　　　　M1 出土漆耳杯尺寸统计表　　　　　　单位：厘米

器名	器号	杯身				耳			通高	备　　　注
		长径	短径	高	胎厚	长	宽	厚		
方耳杯	E：11	15	9	5.2	0.8	9.2	3	1.4	5.5	残，可复原
	E：35	19	10.7	5.2	0.8	12.6	2.8	1.8	5.4	残，可复原

续表

器名	器号	杯身				耳			通高	备　注
		长径	短径	高	胎厚	长	宽	厚		
圆耳杯	E:18	15	10.2	5	0.8	9	1.5	1.9	5.8	残，可复原
	E:37		10		0.8			1.2		残，不可复原

木勺　1件（M1E:8）。整节圆木锯凿而成，一端留一段作勺身，斜切后留一薄边作柄。斜面上凿一凹弧腔。通体髹黑漆。柄上端残。残高116厘米（图五四，4）。

筒形杯　2件。形同。皆由整段小圆木挖凿而成。形作外圆内方。尖底。中空。标本M1N:46，通体素饰。通高26.2、直径6.4、内方孔边长2厘米（图五五，2；彩版二三，2；图版二一，5）。标本M1N:10，通体褐漆，用红、黄两色勾绘凤纹和卷云纹。出土时，彩绘大多脱落。通高25.6、直径7.5厘米（图五五，1、3；图版二一，6）。

漆木盒　5件。可分漆圆盒、漆方盒、漆长方盒和漆长条盒四种。

漆圆盒　2件。其中1件仅存盒盖上的铜环。标本M1E:4，由盖和身组成，整木挖成。盖顶平，近盖口处弧。盖作子口，身作母口，弧壁。矮圈足，厚胎。通体外髹黑漆，内髹红漆。盖面及器身上部用黄、褐两色绘羽状纹和勾连云纹。盖顶正中加饰一个青铜圆薄饼，饼上正中铸鼻纽衔环。通高11.6、腹径25.4、圈足径16厘米（图五六；彩版二四，1；图版二二，1）。

漆方盒　1件（M1N:17）。由盖和盒身组成，子母口扣合。盖面隆起，四边圆弧。盖面由3块木板拼合而成，盖面及两边为一整体，四角以45°角切至盖面的隆起处，切角的边缘凿一条母榫，另两边的两端也切成45°，边作子榫，与盖面的母榫套合。盒身由5块木板拼合而成，其中，盒身挡板4块，底板1块。四周挡板与底板皆凿燕尾榫连接。通体髹黑漆。无彩绘。出土时盒内呈对角放置有一件用丝织物包裹的木尺。通高10.6、边长24.6、木板厚1厘米（图五七，1、2；彩版二四，2；图版二七，1）。

漆长方盒　1件（M1N:13）。由盖和盒身组成，盖和盒身皆由整木雕凿而成。盖面平。盖作子口，身作母口。盖四边凹凿，并作圆抹角。盒身周壁面凿凹凸不平的长方块。底面的四角凿有4个凸起的曲折角，形成4个小矮足。器表外髹黑漆，内未髹漆。盒内底上残留有挖凿的刀痕。此器形体较大，挖凿的难度大，其制法在楚墓中较为罕见。通高19、复原长51、宽40厘米（图五七，3）。

漆长条盒　1件（M1N:60）。器残。仅存盒底部分。器形较小，整木凿成。长条形，一端稍宽，一端稍窄，宽头处制成子母口，盒壁外雕凿下凹的长方块。器内外皆髹

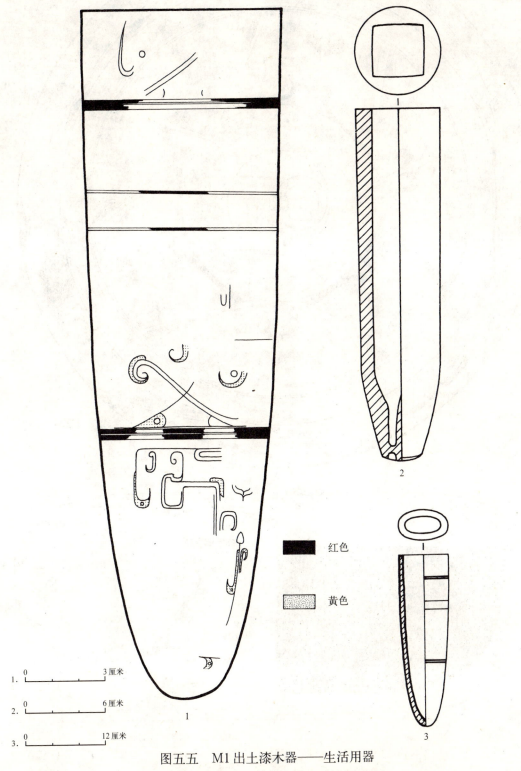

红色

黄色

1. |0　　　　　3 厘米

2. |0　　　　　6 厘米

3. |0　　　　　12 厘米

图五五　M1 出土漆木器——生活用器

1. 筒形杯纹样（N∶10）　2、3. 筒形杯（N∶46、N∶10）

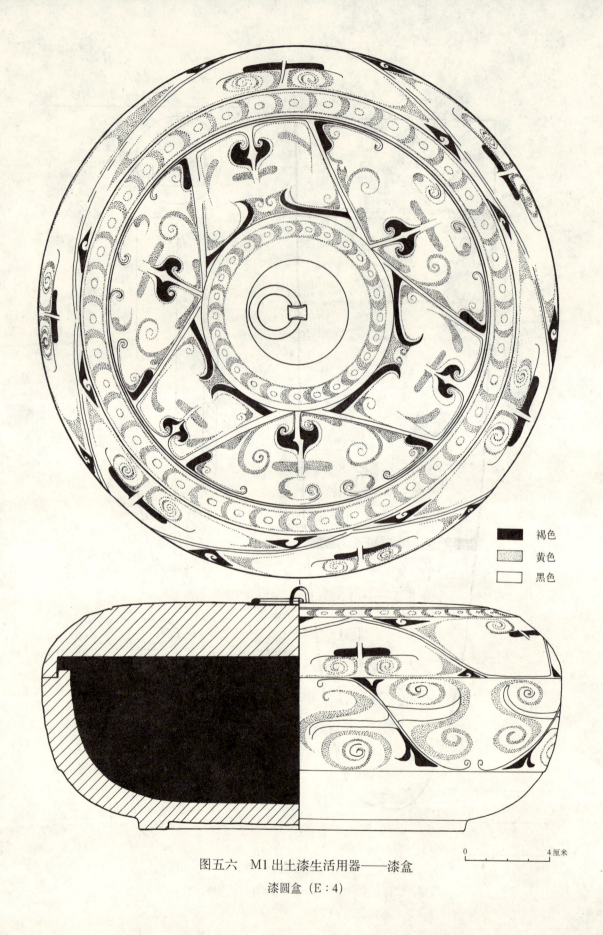

褐色

黄色

黑色

图五六　M1 出土漆生活用器——漆盒

漆圆盒（E：4）

0　　　　　　　4厘米

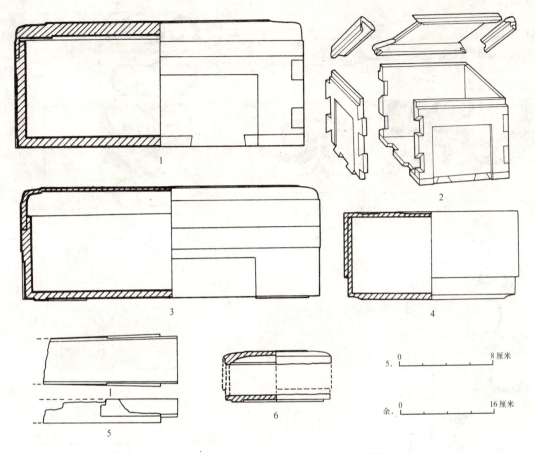

图五七　M1出土漆木器——生活用器

1. 漆方盒（N：17）　2. 漆方盒结构示意图（N：17）　3. 漆长方盒（N：13）
4、6. 漆奁（N：44、N：25）　5. 漆长条盒（N：60）

黑漆。通高2、残长11.4厘米（图五七，5）。

　　漆奁　2件。标本M1N：25，身残，仅存盖和底。盖中部微隆，平顶，平底，矮圈足。盖顶残留有丝绸及竹笥痕迹。通体内外髹黑漆。出土时内置一面铜镜。盖径18.8、底径18厘米（图五七，6；图版二二，3）。标本M1N：44，直口，器盖套合至器身的下部，盖平顶，中部微凹，直腹壁，平底。盖面上饰一周凹弦纹。通体髹黑漆。复原高14.8、复原直径30、底径28.8厘米（图五七，4；图版二二，2）。

　　漆座屏　1件（M1N：55）。整木雕成，呈倒置的"T"形。座作半圆形，底平，座两边中间对称挖凿成凹弧形，两端平齐。屏墙居正中。通体髹黑漆。黑漆底上用红漆左右对称勾绘卷云纹。通高11.8、宽9.6、复原长52、屏厚2.5厘米（图五八，1；图版二三，1）。

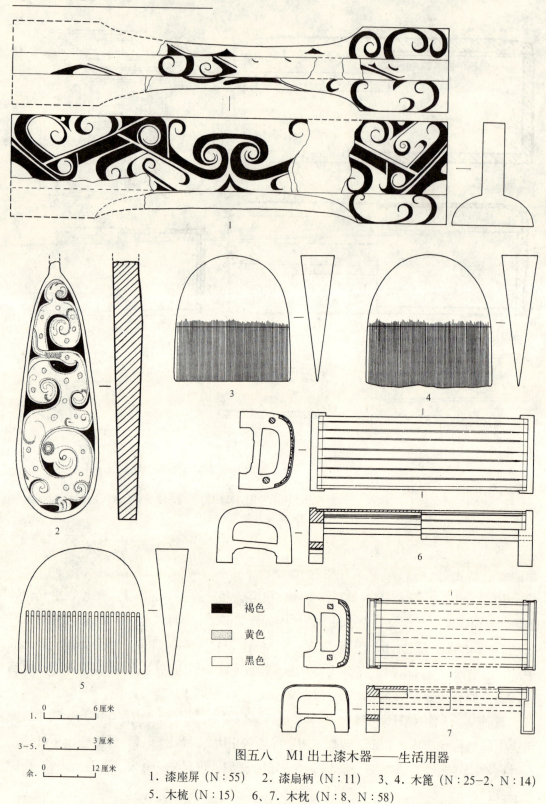

褐色
黄色
黑色

图五八 M1 出土漆木器——生活用器

1. 漆座屏（N:55） 2. 漆扇柄（N:11） 3、4. 木篦（N:25-2、N:14）
5. 木梳（N:15） 6、7. 木枕（N:8、N:58）

漆扇柄　1件（M1N：11），椭圆形，尾端宽，首端窄。首端削成方形柄。柄残。通体髹黑漆。椭圆形的两面用褐、红两色勾绘凤纹。残长14.8厘米（图五八，2；彩版二三，3；图版二二，4）。

木梳　1件（M1N：15）。整木挖凿而成，弧背较厚。自背至齿依次削薄。梳齿尖端平齐。纵截面呈倒三角形。齿疏21根。通体未髹漆。通长7.2、宽7.6、背厚1.9厘米（图五八，5；图版二二，5左）。

木篦　2件。形同。皆整木挖凿而成。弧背较厚，自背至齿末端依次削薄。篦齿末端平齐。纵截面呈倒三角形。标本M1N：14，齿密84根。通长7.2、宽7、背厚1.9厘米（图五八，4；图版二二，5右）。标本M1N：25-2，与铜镜同出于北室25号漆奁内。齿密84根。通长7.2、宽7、背厚1.9厘米（图五八，3；图版二二，6）。

木枕　2件。形同，皆出于北室，竹木混制。由枕座和枕面组成。座为木质，面为竹质。座位于枕面的两端，形制相同且相对。由整木板挖凿而成。其上端挖凿为弧形，中间挖空成上弧下平的大透孔。下端挖空成凹弧形的透孔。两孔不相连接。中间形成一个横梁，二足分立。座上部弧顶的内侧凿二层台面，用以铺垫竹条。台面的高度略高于竹片的厚度。枕面略低于座上端的弧面。枕面共铺竹片八根。竹片表面向上，背面皆刮削。竹片与竹片之间形成一条空隙，应用于透气。台面下部的两边各凿一方形卯眼，用木条连接两个底座，使其形成一个整体。通体髹棕色漆。标本M1N：58，通高10.8、宽16、竹片宽2.1厘米（图五八，7）。标本M1N：8，出土时已残，木质枕座内侧的2根连接木为圆榫，连接两个枕座的木柱出土时已不存。通高12.8、长52.8、宽18厘米（图五八，6）、

木冠　1件（M1N：54）。半圆弧形，宽额缘，中部雕一周外翻的缘，酷似重缘。冠的两末端各附一个外侈且高出缘的三角形木片，并用生漆黏合，形成两个上侈的尖角。帽缘上部外侧有一周细密且透穿缘的小孔，其上原应缝合有丝织物覆盖头顶。通体髹黑漆。内圆直径15.2、外圈直径17、缘高2.9、两边三角形高5.9厘米（图五九，1；图版二〇，5）。另与之伴出的还有一件木质半管状的饰件，一面平，一面为半圆，末端尖并封闭，另一端为平口。可能也应为木冠上的附件，出土时已脱落，具体部位不详（图五九，2）。此冠两边各有一个尖角，其形制既见于包山2号楚墓，也见于同墓所出土的漆奁画中，可能为文献中的"獬冠"。包山楚简曾记有"一桂冠"。"桂"疑当读为"獬"。《淮南子·主术训》："楚文王好服獬冠，楚国效之。"

2. 兵器

13件。分出于南室和北室。器类主要有矢箙、木鞴、剑盒、木弓和木盾。

矢箙　1件（M1N：1）。平面呈梯形，口小底大。由箙座、后壁板和左右挡板组成。

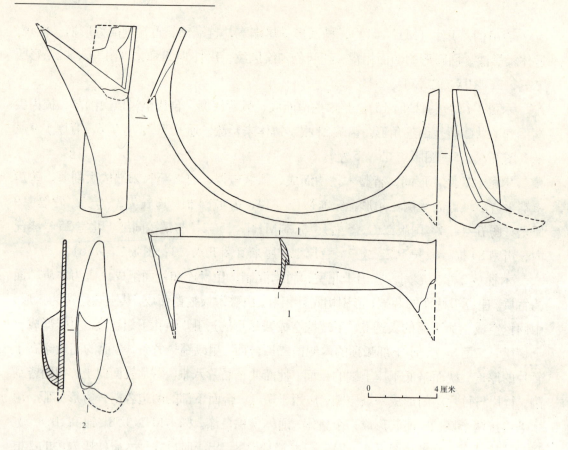

图五九　M1出土漆生活用器——冠

1. 木冠（N：54）　2. 木冠附件

箙座及前后壁板木质，左右挡板竹质。箙座扁圆盒状，中空。前壁板短，后壁板长。外侧皆弧面，前壁板外面的下端正中半圆，内凹形。口部有两道凸棱，底部有一道凸棱。前后壁板两边凿浅槽。左右挡板为整段宽竹片制成，截面为弧形，并与前后壁板的两侧边扣接。扣合处用生漆黏合。口、底部用丝线缠绕固定，底座面平，其上有4个小孔，竹质侧挡板上端一孔，下端二孔。后壁板两块，除矢座后壁外，在近口处皆作弧形。后壁板中部未加壁板。出土时，内装14根带杆箭镞。通体髹黑漆。髹漆前，先在木质壁外粘贴粗麻布，再在其上加髹黑漆。通高77.8、上宽25、下宽22厘米（图六〇，1；图版二三，2）。

木鞢　3件。形制相同。椭圆形，中空，一端斜向翘起，另一端带一小尾。标本M1N：38，通长4、宽2.5厘米（图六〇，3；图版二四，2）。

剑盒　1件（M1N：27）。木质，长方形，盖隆起，顶平，四角呈四坡屋顶形，子母口，盖和身外皆凿有内凹的长方形缺口，通体髹黑漆。素饰。出土时，盒内置青铜剑

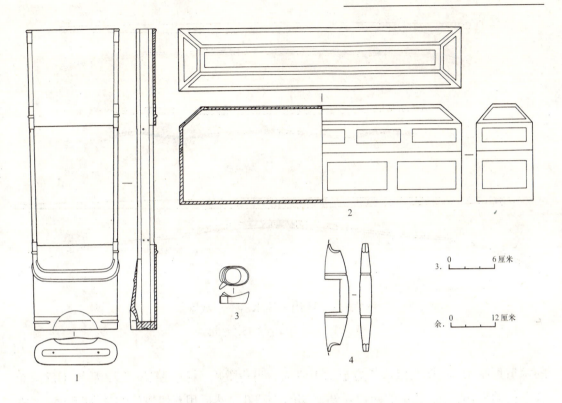

图六〇 M1 出土漆木器——兵器

1. 矢箙（N：1） 2. 剑盒（N：27） 3. 木鞞（N：38） 4. 木盾柄（S：7）

1件（M1N：27-1），削刀鞘1件（M1N：27-2）。削刀原可能是其内之物，但出土时已不在其中。出土时，盒的木胎已朽，仅存漆皮，此盒系据漆皮复原。复原长62、宽15.6、高25厘米（图六〇，2）。

木弓 3件。形制大体同，其中2件出自北室，1件出自中棺。标本M1中棺：9，弓身弧形。由两根相等的木片自中部对接而成，中间厚，两端薄，末端尖。中部对接处的内外侧各夹一段小木片，并用丝带缠绕固定，其外再用宽1.9厘米的组带缠绕加固。弓的两末端用丝带缠绕一段用以系弦。外髹黑漆。漆大多脱落。通长124、宽2厘米（图六一，3；图版二四，3下）。标本M1N：43，器稍残。弓身马鞍形。由整段木片削成，中间厚，两端薄尖。两末端用宽0.6厘米的革带缠绕一段用以系弦。器表外髹黑漆。复原长78.4、宽2、厚0.8厘米（图六一，2；图版二四，3中）。标本M1N：19，器残。由整条木片削成马鞍形，中间厚，两端薄。两末端用宽0.6厘米的革带缠绕一段用以系弦。通体素面。复原长97、宽2.6、厚0.6厘米（图六一，1；图版二四，3上）。

木盾 5件。皆出于南室。其中4件可拼对复原，1件只残存木盾柄。可拼对复原

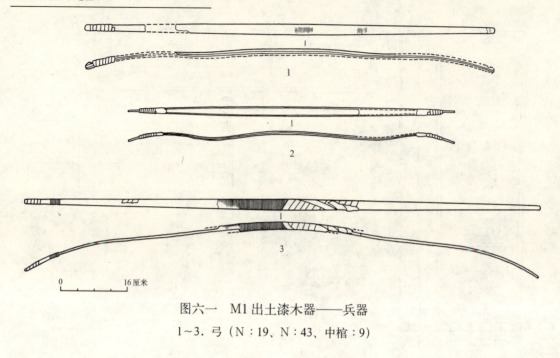

图六一　M1 出土漆木器——兵器

1~3. 弓（N∶19、N∶43、中棺∶9）

的木盾形制相同。皆为整块长方形木板制成，四角微弧。标本 M1S∶27，盾板正反两面各平行贴 8 条藤条，藤条的两边对钻透穿的小圆孔，然后用双股麻线穿连加固。穿连麻线的走向是，正面垂直对穿，至反面绕两周固定后再斜向连另一孔。由此观察，固定藤条的麻线应是一根整线且是由一边向另一边穿连的。盾正面正中有一"中"字形的附贴物痕。出土时，附贴物已无存。盾正面正中纵向安桥形盾柄。柄与盾分制。并用生漆粘贴加固。最后上下用藤条和麻线加固在盾背。柄中部握手处的截面为圆形，上下两端截面为方形。通体髹黑漆。通长 84、宽 50.8~54.6、厚 1.6 厘米（图六二，1；彩版二五；图版二四，1）。标本 M1S∶4，形制与前述同。正背各平行贴 8 条藤条。每条藤条的上下各有一排透穿的小孔，呈交叉错列。出土时，藤条及捆扎的革带皆无存。柄中部握手处的截面为圆形，两端截面为三角形。通体髹黑漆。通长 86、宽 48.6~51.2、厚 1.2 厘米（图六二，2；图版二三，3）。标本 M1S∶7，仅存盾柄。柄作桥形，中部截面呈圆形，上下两端截面为弧顶三角形，两端的挡头凿挖成凹弧形。握手的上下各凿一条凹槽，应是同盾面固定的革带或麻绳的附贴线。盾柄与盾面相贴的一面微弧，可知原盾面应大致微弧。通体髹黑漆。柄长 27.8 厘米（图六〇，4；图版二三，4）。

3. 车马器

31 件。皆出于南室。有些为车的附件，有些用途不明。主要器类有车栏、圆形带柄车器、纺锤形车器、弓形车器构件、棒形车器构件、杆形车器构件、球形车饰、车壁皮袋、木伞、木镳等。

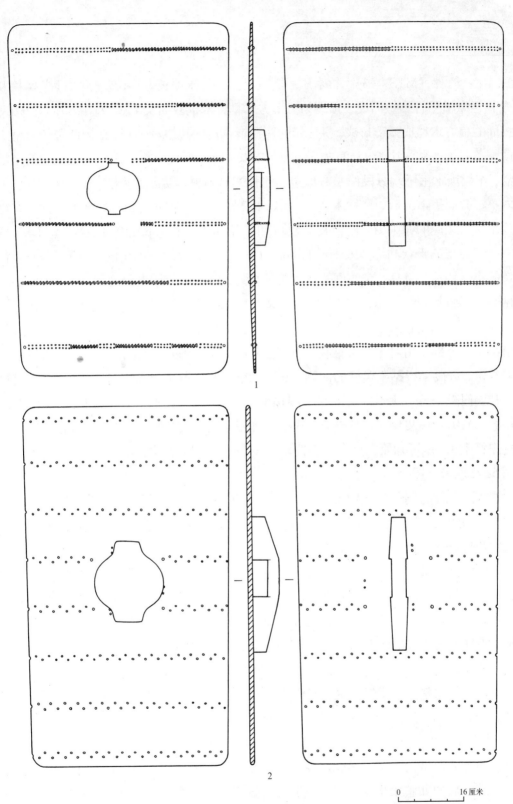

0   16厘米

图六二   M1出土漆木器——兵器

1、2. 木盾 (S∶27、S∶4)

车栏　1件（M1S：56）。竹木质。器残。复原为弧顶长方形，残存由11条竖栏和10条横栏纵横平行编织而成。顶端为弧形方木框，木框截面长1.8、宽1.4厘米，由两根相同的扁方木糅成弧形拼成。拼接处的两端皆削成斜边搭榫搭接，搭榫两边的木框上再凿一条凹槽嵌贴一块长95.2、宽1.6厘米的长木条。形成一根中间厚两端稍薄的车栏顶沿。车栏顶木框下端分段凿长方形透穿的长方形卯眼，以插车竖栏。竖栏皆木质，外圆内平，截面呈半圆形，竖栏木宽1.5、厚1.2厘米，上端削成长方形凸榫，插入车栏横顶木之下相应的卯眼中。凸榫长1.8、宽1、厚0.4厘米，下端削成长5、宽0.8、厚0.3～0.5厘米的舌状凸榫插入铜质的壁插内。壁插的上部凿一道浅槽，贴附一条与竖栏等宽的小竹片压住壁插，其外再贴一道稍长竹片，压盖住壁插上部的竹片。由于壁插上附贴有两层竹片，壁插上端横栏和竖栏交叉处捆扎的革带出现了小的空隙，在壁插以上3个连续的革带捆扎点内又加穿一根小竹钉。壁插上端用革带捆扎在竖栏上，下端捆扎在横栏上。上部采用对角交叉捆扎，下部采用单线对角捆扎。横栏皆为宽1、厚0.3厘米的竹条，分段平行贴于竖栏的内侧，与竖栏交叉处用革带交叉捆扎。横栏上部6道排列稍疏，间距4～4.8厘米。下部的4根稍密，间距2.2～4厘米。出土时，其上附有两小块素面长方形残皮壁袋，壁袋上有成组的细密小孔。经观察，这些小孔应是将壁袋固定在车栏上用的。可知原车栏上应满覆车壁袋（图六三，4）。通体糅黑漆。车栏残长236、栏高51.2厘米（图六三，1）。

壁插　22件。形同。出土时，部分还附在车栏上，但大部分已脱落，皆呈上大下小的梯形，中空透穿。底面的上下两边各伸出一个拐角，用以捆扎革带。标本M1S：56-1，长5、宽1.4～1.6、厚0.2厘米（图六三，2、3）。

圆形带柄车器　1件（M1S：62）。木质。整体似勺形。下部为大圆木圈，圆木圈的截面为八棱形，一侧带一根斜直柄。圆木圈是用两根木杆糅成半圆后对接而成。对接处采用斜边搭榫。其中的一个对接处加套一个"T"形铜构件。构件中空，其横端作八棱形，正好插入两根半圆木的接点。竖端内插短直柄。柄截面为长方形，其中的一边作圆角，近榫处稍粗，形成一个凸脊，通体糅黑漆。此器形体较大，出土时，圆木圈仅存大半，但木柄完整。用于何部位已不详。通高59.2、圆木径94.8、柄长52.8厘米（图六四；图版二四，5）。

纺锤形车器　1件（M1S：26）。形若车轴。由整段圆木凿成纺锤形，一端粗，一端细。粗细分段依次递减。最粗端凿两周方形卯眼，每周卯眼4个。呈十字形交错排列。首端一周的卯眼未凿穿。第二周卯眼皆透穿。卯眼内插圆木杆。木杆的榫端削成方形。纺锤形中段一侧的两端各凿一个方形半透穿卯眼，与首端第二周的卯眼基本在一条线上。尾端稍细部位处凿一个方形透穿卯眼。通体未糅漆。出土时卯眼内的木杆

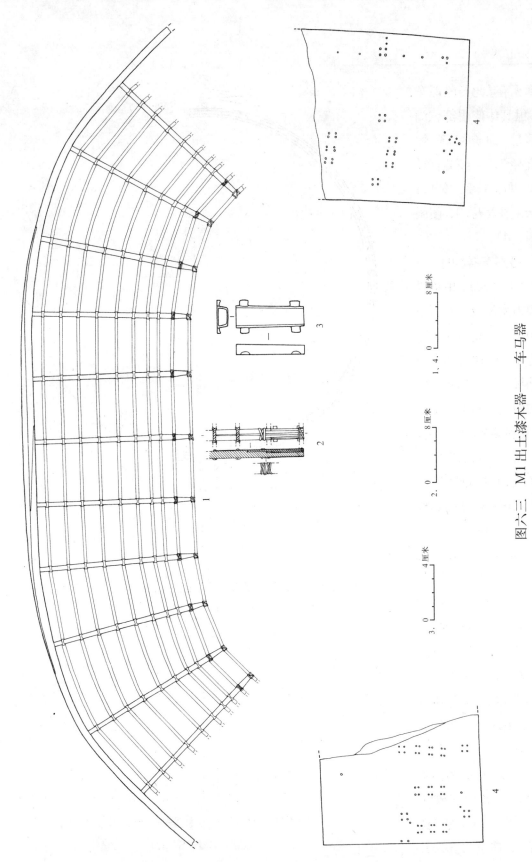

图六三　M1 出土漆木器——车马器

1. 车栏（S：56）　2. 捆扎结构示意图（S：56）　3. 铜壁插（S：56-1）　4. 残存漆片（S：56）

大多无存。此器酷似车
轴，但具体使用部位尚
不清楚。通长83.3、粗
端直径7.5、细端直径
3.4、卯眼长2、宽1.1
厘米（图六五，1；图版
二四，4）。

弓形车器构件 1
件（M1S：88）。由整段
小扁方木制成，截面呈
三角形。上端微弧，底
面近平，两端对称凿一
个凸榫。一端稍长，底
面的两箍之间凿一条凹
槽，槽两端窄，中间宽。
通体素饰。残长21.4、
凹槽长14.4、槽宽0.8、
槽深0.6厘米（图六五，
8）。

棒形车器构件 2
件。标本M1S：82，整
器为一根小圆木棒制
成，一端粗，一端细。细
的一端套一个小圆木
帽，木帽中部内凹，粗
端内凿空，内塞圆木
榫，距粗端15厘米处有
一个对穿的小孔，孔径
0.5厘米，可能为栓木
钉用。全器通体髹黑
漆。通长46.4厘米（图
六五，2；图版二五，5）。

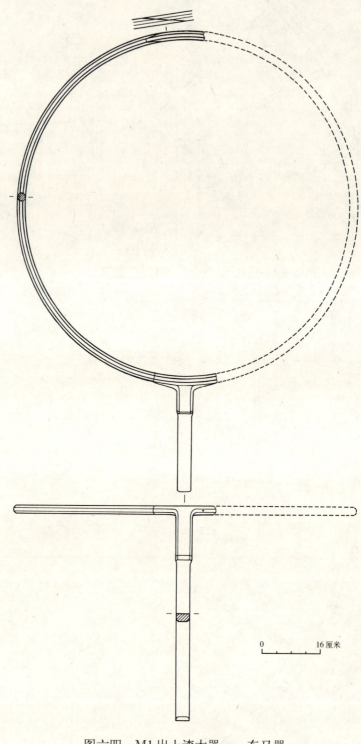

0   16厘米

图六四 M1出土漆木器——车马器

圆形带柄车器（S：62）

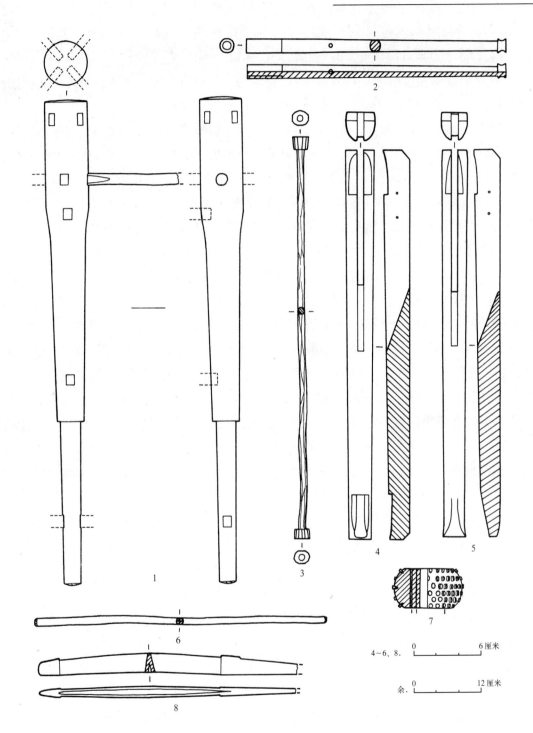

图六五　M1 出土漆木器——车马器

1. 纺锤形车器（S∶26）　　2、3. 棒形车器构件（S∶82、34）　　4、5. 雕槽车器（S∶29、N∶56）

6. 杆形车器构件（S∶103）　　7. 球形车饰（S∶40）　　8. 弓形车器构件（S∶88）

标本 M1S：34，小圆木棒制成。一端套一个圆柱体箍，另一端套一个八棱体箍。通体素饰。通长 68.8 厘米（图六五，3；图版二五，4）。

杆形车器构件　1 件（M1S：103）。整器为一段小圆木棍。一头稍粗，一头稍细。通体素饰。一端中间有一穿孔。通长 52 厘米（图六五，6）。

球形车饰　3 件。形同。皆出于南室。木质，扁鼓形，中空，内套二层管形圆木，外壁满钉小竹钉，外髹黑漆。此器也有可能为角形器上的附件，但具体使用方法不详。标本 M1S：40，直径 6.2、残高 3.4 厘米（图六五，7；图版二五，2）。

车壁皮袋　6 件。按其皮袋和边框上的纹饰可分为龙凤虎纹车壁皮袋、龙凤纹车壁皮袋、浮雕车壁皮袋、镂孔车壁皮袋、素面车壁皮袋和长方形无框车壁皮袋六种。

龙凤虎纹车壁皮袋　1 件（M1S：100）。长方形。木质边框，皆由长条木板制成，截面为长方形。整器由 2 个边框和 1 个底框组成。底框与边框采用 45°切角线拼合对接，然后穿孔用革带连接加固。两边框上各有两列共 9 组孔。每组 2 孔。其中外列 3 组，内列 6 组。底边框有 1 列 3 组孔，近切角处的两端各有一组呈 90°折角的 3 孔。大多数孔内残留有原穿连的革带。中间为皮质，胎已朽，仅存双面黑漆皮。壁袋的口部制成凹弧形。沿口处作凸出的宽带边，中间也有一圆圈凸出，显然是压模制成。壁袋的正面在黑漆底上用红、褐、金三色满绘纹饰。凹口凸出的宽带部位绘"S"形纹和云纹。其下及边框内侧用金色绘一周三角云纹带，中间凸出的圆圈边用金色绘一周四叶纹，圆内绘凤鸟，其余部分四分绘龙凤虎纹相蟠纹饰。每组内绘 2 龙、2 凤和 2 虎。龙身用褐色，头及足用红色点绘，虎和凤用金色勾绘并用红色点睛，每组用 4 凤呈十字隔离。复原长 40.9、宽 33.9 厘米（图六六；彩版二六，1；图版二六，1）。

龙凤纹车壁皮袋　1 件（M1S：93）。长方形。木质边框，整器由 2 个边框和 1 个底框组成。皆由长条木板制成，正面弧形，截面呈曲尺形。底框与边框采用 45°边搭榫拼合对接，并用生漆黏合后，再穿孔用革带连接加固。通体髹黑漆，木质边框上正面的图案对称且相同。两边框的两头端皆浮雕一龙头。其上用红、黄、褐三色点绘。每一边框上的图案可分三组，其中中间一组以红色为主勾绘两条相蟠的龙，龙首位居两端，皆作侧首状。其余各组的纹样相同，皆用红、黄、褐三色勾绘"S"形纹和凤纹。每一组纹饰又可分为两个单元，两个单元的纹饰既相对又相同。每一单元的主体纹饰由两个相对的"S"形纹组成一个三角形，三角形内绘一凤，凤作长颈、尖嘴、平卧、奋飞状。"S"形纹外间以卷云纹，其外再勾绘黄色边框。中部皮袋的上与边框的顶端平齐，上部勾绘一组凹弧边的纹饰，其内用红、褐两色勾绘两条对称的龙。左右各一条，且两两相对。每一条龙的自身作"8"字形盘绕，龙首反顾，用红色点绘，龙身用红色绘火形鳞纹，其内用黄色点绘圆圈纹。口部用红色绘菱形纹的凹弧边，其他部位无纹饰。皮袋的两边紧

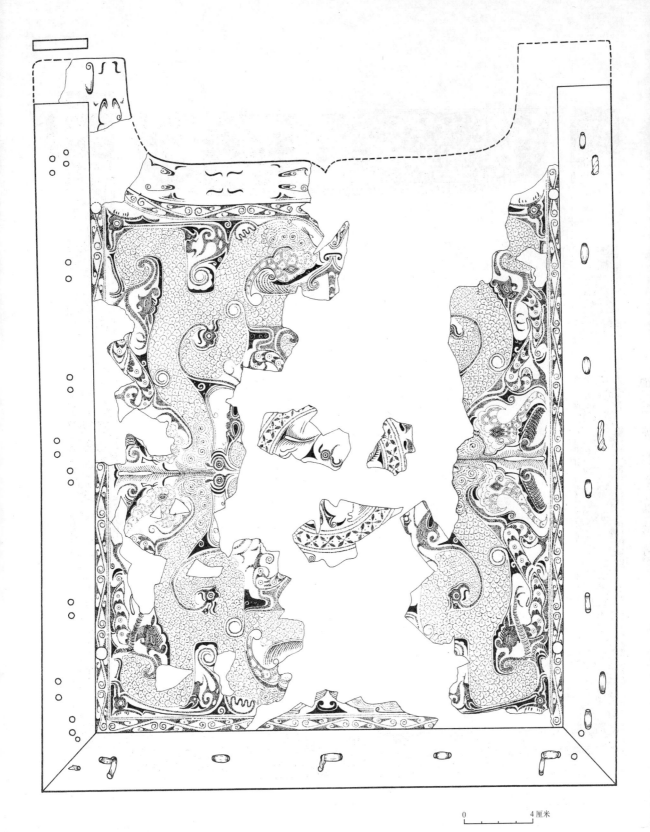

0   4厘米

图六六　M1出土漆木器——车马器

龙凤虎纹车壁皮袋（S：100）

0   4厘米

图六七 M1出土漆木器——车马器

龙凤纹车壁皮袋 (S:93)

邻边框处各有两个对穿的圆孔，每一边框上各有三组对穿的孔，每组二孔，孔内皆残留有穿连的革带。通长 40、宽 33.7 厘米（图六七 ；图版二六，2）。

浮雕车壁皮袋 1件（M1S：104）。仅存木质边框。由两边框和一底框组成，截面呈曲尺形。边框与底框的两底角采用 45°切角拼合，并用生漆黏合，然后用革带捆扎加固，边框的正面和侧面皆分段浮雕龙、蛇和蛙的图案。每一边框上皆有三段浮雕，分别位于两端和中部，两边框底端的浮雕与底框两端的浮雕相接。两边框上的浮雕相同。头端的一段雕凿一龙首，龙作圆睛、张耳、双身状，其背部雕一卧伏的蛙，龙蛙相蟠，龙爪夹住蛙头。头端正侧面雕两条相背的小蛇。边框中段正面的一组浮雕为一龙二蛇相蟠图案，龙作一首双身，龙的两侧各有一条小蛇，蛇尾卷曲并列压住龙的双身。侧部浮雕的龙爪抓住蛇身。边框尾端的一段浮雕为两蛇相蟠图案，其中一条蛇的头部在正面，另一条蛇的头部在侧面，与底边框上的浮雕相连。底边框上两端的浮雕为一龙，龙首位于底角，作侧首、张口、卷尾状，与边框底部的浮雕组成一完整的龙蛇相蟠的图案。底框中部的一段浮雕为两蛇相蟠图案，两蛇的头和尾呈 45°对角排列，底侧边皆无浮雕。全器皆髹黑漆，在浮雕之间空白处用红、黄、金三色勾绘变形凤纹。所有龙、蛇的眼和脊都雕有凹线，并用红彩勾涂，身用红、黄两色点绘鳞纹。出土时，皮壁袋已朽。每一边框上的浮雕处各有三组捆扎的革带，每组两孔，革带仍穿连其间。通长 40.8、宽 35.6 厘米（图六八；彩版二六，2；图版二六，4 ）。

镂孔车壁皮袋 1件（M1S：28）。外框为扁条木质。整器由两边框和一底框组成一长方形，底框与边框采用 45°对角线拼接并用生漆黏合，然后用革带捆扎加固。方框内为双层皮质，上端制成凹形，方框内皆为压模镂孔的四分龙纹图案。每组 4 龙，每条龙的龙首作张口状，上下相背，左右相对，龙身对称弯曲。中间的圆圈内彩绘 3 只昂首奔走的凤，中间间以云纹，所有的龙口都涂红，赤足，通体满绘金色鳞纹。木质边框与壁皮皆用革带穿连。其中两边框上各有 9 组，每组 2 孔。底框上有 5 组，其中 3 组为 2 孔，2 组为 3 孔并呈直角排列。通长 40、宽 33.7、木边框宽 3.2 厘米（图六九；彩版二七，2；图版二六，3）。

素面车壁皮袋 1件（M1S：92）。长方形。双层长条皮质边框，其结构与木质边框同。中间为双层皮。上端制成凹形，两边及底边钻有成组的圆形穿孔，两边各 5 组，底边 3 组，每组 2 孔，这些孔显然是与皮质边框相连的。另在两底角各有一组，应是穿连边框和底框的。皮袋的上口有 2 组大圆孔，两边的内侧也有 4 个稍大的圆孔，其用途不明。通体髹黑漆。通长 40、宽 34.2 厘米（图七〇；图版二六，5）。

长方形无框车壁皮袋 1件（M1S：13）。此类皮袋数量较多，皆已残破，可辨形制的只有四块，且四块可能为一组。皆长方形，通体髹黑漆。其中竖置长方形 2 件，横

图六八　M1 出土漆木器——车马器　　0 ‖‖‖‖ 4厘米

浮雕车壁皮袋（S：104）

置长方形2件。标本 M1S：13-1，竖置长方形，两边中部各压宽1.2厘米的凹槽边。两边对称排列相对的圆孔，每组2孔。上下皆有两两成组的横排小孔。其中，上端1排共8组，下端2排，每排8组。底边也排列有8组，右侧边的下方排列1组3孔。长48、宽34.8厘米（图七一，1）。标本 M1S：13-2，上部及两边残，下端存二横排细密的小孔。

图六九　M1 出土漆木器——车马器

镂孔车壁皮袋（S：28）

0 ____ 4 厘米

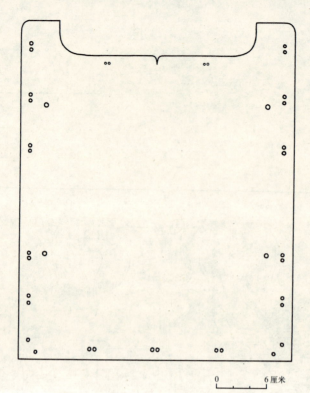

0   6厘米

图七〇　M1出土漆木器——车马器
素面车壁皮袋（S∶92）

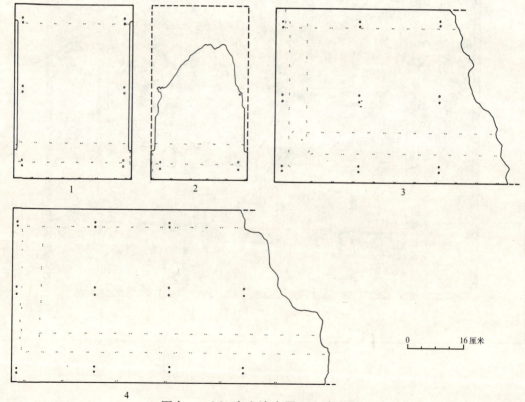

1

2

3

0   16厘米

4

图七一　M1出土漆木器——车马器
长方形无框车壁皮袋（S∶13）
1、2. 竖置长方形（S∶13-1、S∶13-2）　3、4. 横置长方形（S∶13-3、S∶13-4）

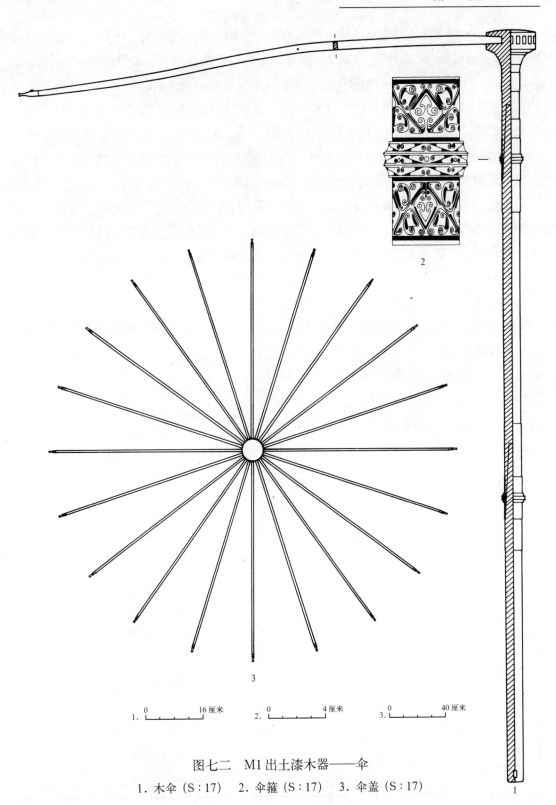

图七二 M1 出土漆木器——伞

1. 木伞 (S:17)　2. 伞箍 (S:17)　3. 伞盖 (S:17)

每排8组，每组2孔，底边有1排6组的小孔，左侧边的下方也有3组小孔。宽28.4厘米（图七一，2）。标本M1S：13-3，横置长方形。自左至右残存3纵排对穿的小圆孔，每排3组，每组2孔。上下两端及左边皆有成排成组的细密小孔，其中，上端及底边各1排，下端2横排，左侧边竖排。残长50.6、宽48厘米（图七一，3）。标本M1：S13-4，残长53.2、宽48厘米（图七一，4；图版二六，6）。

木伞　1件（M1S：17）。由盖斗、两节相套的伞柄和20根盖弓组成。盖斗作圆盘状，弧顶，周边等距离凿20个长方形卯眼。卯眼内小外大。卯眼长2.4、宽1.4、深5.6厘米。柄为圆柱形，柄与盖斗及柄与柄皆采用长锥状的圆子母榫连接。接榫处各用1节铜箍加固。盖弓为长条木制成，近盖斗处粗，粗端处削成长方形的凸榫，插入盖斗相应的卯眼中，盖弓末端细，尾端套盖弓帽。盖弓帽共23个，皆铜质，作圆锥筒形，上端有一个向外凸出的弯钩。盖斗、盖弓和木柄皆髹黑漆，2件铜箍上饰错银三角云纹。通高206.4、盖径290厘米（图七二；图版二七，3）。

木镳　14件。皆出于南室，形制相同（表一一）。方形木质，整木凿成，微弧，中间粗，两端稍细。镳中部的侧面上下各凿一透穿的长方形卯眼，两端各套一节骨帽。帽上用黑漆绘勾连云纹。镳身通体髹黑漆。标本M1S：94-2，通长27.8、宽1.4、卯眼长1、宽0.4厘米（图七三）。

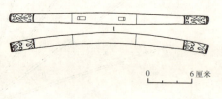

图七三　M1出土漆木器——车马器
木镳（S：94）

表一一：　　　　　　**M1出土木镳尺寸统计表**　　　　单位：厘米

器号	通长	截面长径	截面短径	侧面孔 长×宽	备　注
S：94-1	26.8	1.5	1.2	0.8×0.4	残。髹黑漆，两端套骨帽，帽饰黑漆纹
S：94-2	27.8	1.4	1.2	1×0.4	残。髹黑漆，两端套骨帽，帽饰黑漆纹
S：95-1	26.2	1.5	1.2	1×0.4	残。髹黑漆，两端套骨帽，帽饰黑漆纹
S：95-2	26.2	1.5	1.2	1×0.4	残。髹黑漆，两端套骨帽，帽饰黑漆纹
S：96-1		1.5	1.2	0.8×0.4	残甚。髹褐漆
S：96-2		1.5	1.2	0.8×0.4	残甚。髹褐漆
S：97-1	26.2	1.5	1.2	1×0.4	残。髹黑漆，两端套骨帽，帽饰黑漆纹
S：97-2		1.5	1.2	1×0.4	仅存一端，髹褐漆
S：98-1	26.2	1.5	1.2	1×0.4	残。髹黑漆，两端套骨帽，帽饰黑漆纹

续表

器号	通长	截面长径	截面短径	侧面孔 长×宽	备　注
S:98-2	26.2	1.5	1.2	1×0.4	残。髹黑漆，两端套骨帽，帽饰黑漆纹
S:99-1		1.5	1.2	1×0.4	残。髹黑漆，两端套骨帽，帽饰黑漆纹
S:99-2		1.5	1.2		残甚。髹褐漆
S:109-1	27.6	1.5	1.2	1×0.4	残。髹黑漆，两端套骨帽，帽饰黑漆纹
S:109-2	27.6	1.5	1.2	1×0.4	残。髹黑漆，两端套骨帽，帽饰黑漆纹

4．乐器

3件。分别出于南室和北室。器类有瑟、鼓和角形器。

漆瑟　1件（M1N:12）。整器呈长方盒状。由面板、底板和由周侧板组成。面板为整木凿成，微弧，首端有1条首岳，尾端有3条尾岳。首岳和尾岳皆先凿凹槽，内嵌略高于面板的弧形木条。首岳和尾岳的外侧各有23个弦孔。其中内、外尾岳各8孔，中尾岳7孔。首岳与尾岳的木条上皆残存有系弦的拉痕，可知应为实用器。尾岳外等距离排列四个系弦的木枘。木枘为圆形，其上浮雕涡纹和六瓣柿蒂纹。枘柱为方形，嵌入面板相应的卯眼中，为便于系弦，枘柱上部的中棱边作了刮削，其上也有系弦痕。尾端侧板下部的正中凿有"凸"字形孔，并与底板上的尾岳相连，尾岳与首岳皆为椭圆形孔，分别位于底板的两端。首尾两端皆髹黑漆。通长102、高11.6、宽43、弦孔径0.18、弦距1.4厘米（图七四，1；图版二七，5）。出土时，仅见一件瑟弦柱。弓形，上端薄，底端厚。宽2.3、高2.2厘米（图七四，2）。

漆鼓　1件（M1S:66）。圆形框，斜边。鼓边中部作凸棱，内壁弧，截面呈三角形。整个鼓框由13节小圆弧木拼连而成。鼓框内壁正中凿1条凹槽。鼓的两面斜边上密钉有竹钉。鼓边外壁的凸边上等距离附有3个铜环组，环组之间各有1个铜质栓钉。栓钉帽与木鼓边平。通体髹黑漆。竹钉及铜质栓钉皆被黑漆所覆盖。出土时鼓皮已朽，仅存鼓框。直径48、厚5.8厘米（图七五，1；图版二七，2）。

角形器　1件（M1S:69）。扁圆筒形。由2片半圆木挖凿后合成。中空。一端粗，一端细。细端处弯曲。器表外饰2道凸出的圆箍。箍上密钉小圆竹钉，钉脚皆削尖后再钉。器表髹漆极为讲究，先在木底上髹红漆，待半干后再在其上缠毛发，再髹黑漆，其外再附贴皮质。此器过去一直不知其用途，从出土位置看，可能为乐器。与青铜铙一样，也多用于车上。通长25、壁厚0.3厘米（图七五，2；图版二七，4）。

5．工具

2件。皆出于北室。只见木尺和削刀鞘。

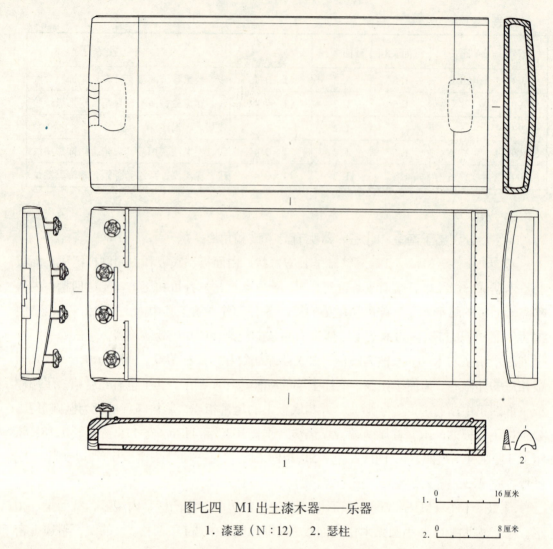

图七四   M1 出土漆木器——乐器

1. 漆瑟（N：12）   2. 瑟柱

1. |0   16厘米|

2. |0   8厘米|

　　木尺 1件（M1N：45）。由整根小方木制成，通体打磨刨光，两端平齐，四面皆有刻度，两对棱边上也凿有刻度，每条棱边上各30个刻点。两棱边上的刻点采用两边对挖，形成两个中间深、两边呈坡状倾斜的刻槽。刻槽宽0.3～0.4、深0.2厘米。刻度间的距离大体一致，但细测有大小出入，其间隔值在小数点后一位数的整数值上，一般间隔在0.6～0.9厘米之间，其中以0.7的数值为最多。两对棱边上各30个刻点间的距离也不相等，其中AB棱上30个刻点间的距离为21.9厘米，CD棱上30个刻点的距离为20.6厘米，相隔1.3厘米。两棱边上的刻点在木尺上的起始点和终结点的位置也有区别，其中AB棱的第一刻点距首端为0.9厘米，第30个刻点距末端为0.4厘米；CD棱上的第一个刻点距首端为1.4，第30个刻点距末端为1.1厘米（表一二）。木尺四面上的刻度皆为横贯木尺宽度的刻线，尽管刻线的位置皆不相同，但刻线的起始点上都以各

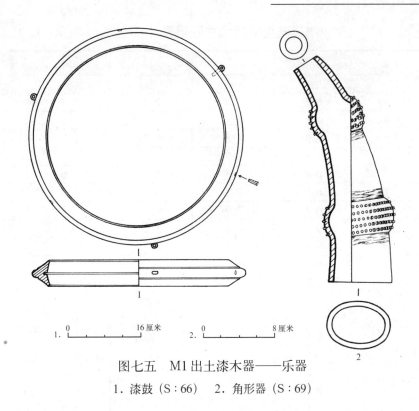

图七五　M1 出土漆木器——乐器

1. 漆鼓（S：66）　2. 角形器（S：69）

自所对应的棱边上所对应的刻槽为准，每面都刻5组，每组一格，或二格，或三格。其中 A 面共刻13条线，分别自 AB 棱上的第4、5、7、8、14、15、16、17、22、23、24、28、29刻点刻划线，B 面共刻10条线，分别自 AB 棱上的第1、2、8、9、12、13、17、18、24、25刻点刻线，C 面共刻14条线，分别自 CD 棱上的第3、4、7、8、14、15、16、17、22、23、24、25、27、28刻点刻线。D 面共刻10条线，分别自 CD 棱上的第1、2、8、9、17、18、24、25刻点刻线，由于 AB 和 CD 棱上的刻槽距不同，如果转动木尺，每面的刻线与另两面的刻线有错位的现象。可见，各面刻度应有使用上的区别，由两对棱边上刻度而知，该尺的量度应分两个单元，即 A、B 面和 AB 棱为一个单元，代表一个尺度，C、D 面和 CD 棱为一个单元，代表另一个尺度。在使用时，可在 AB 和 CD 两棱之间翻转选择相对应的 A、B、C、D 四面的刻度。四面刻度的两条刻线之间皆发现有横向墨书文字，由于木尺的表面经打磨，加上出土时为丝织品所包裹并长期浸泡在淤泥中，木质变黑，未变黑的地方，文字也极易脱落，出土清理时，只残剩少量文字，有的甚至漫漶不清。少数文字被粘在丝织品上，经红外线摄影，并经计算机处理，作了一些弥补。可辨识的文字有"竺（厚）"、"淫（径）"、"忉（始）"等。经观察，尽管有些文字已脱落，但可判定 A 面和 C 面的文字一样，B 面和 D 面的文字一样。木尺长23.3、宽2.4、棱对角长3.2～3.3厘米（图七六，1、2；图版二八；图版二九；图版三○）。

表一二：　　　　**木尺刻度间距尺寸登记表**　　　　单位：厘米

刻度	A面	AB棱	B面	C面	CD棱	D面
0	0	0	0	0	0	0
1	3.4	0.9	0.9	0.7	1.4	1.5
2	0.8	0.8	0.8	2.1	0.9	0.8
3	1.6	0.9	4.8	0.7	0.7	4.2
4	0.7	0.8	0.7	4	0.7	0.7
5	4.7	0.8	2.3	0.7	0.6	2
6	0.8	0.9	0.8	0.7	0.7	0.7
7	0.7	0.7	2.9	0.7	0.7	2.6
8	0.7	0.7	0.8	3.6	0.7	0.8
9	3.8	0.7	4.7	0.7	0.7	4.3
10	0.8	0.9	0.8	0.8	0.8	0.8
11	0.7	0.8	3.8（终端）	0.9	0.6	4.9（终端）
12	3	0.6		1.6	0.6	
13	0.6	0.8		0.7	0.7	
14	0.9（终端）	0.6		25（终端）	0.6	
15		0.8			0.7	
16		0.7			0.7	
17		0.7			0.7	
18		0.8			0.7	
19		0.7			0.7	
20		0.7			0.7	
21		0.8			0.7	
22		0.8			0.7	
23		0.7			0.7	
24		0.7			0.8	
25		0.8			0.9	
26		0.7			0.8	
27		0.7			0.8	
28		0.8			0.7	
29		0.6			0.8	
30		0.6			0.6	
		0.4（终端）			1.1（终端）	

　　削刀鞘　1件（M1N：27-2）。器残。出土于 M1N：27号剑盒内。弧背，头端做成封闭的尖圆形，尾端平，中空。通体髹黑漆。此器可能为玉首削刀（N：29）的刀鞘。但出土时，削刀已不在其内。鞘长28、尾宽3厘米（图七六，3）。

　　6．其他

　　20件。分别出于东室、南室和北室。大多为某一器物的附件，其用途也大多不详。主要器类有绕线棒、带箍器柄、弧形木柄、木器足、雕槽木器、刻槽木器、带鋬木器、

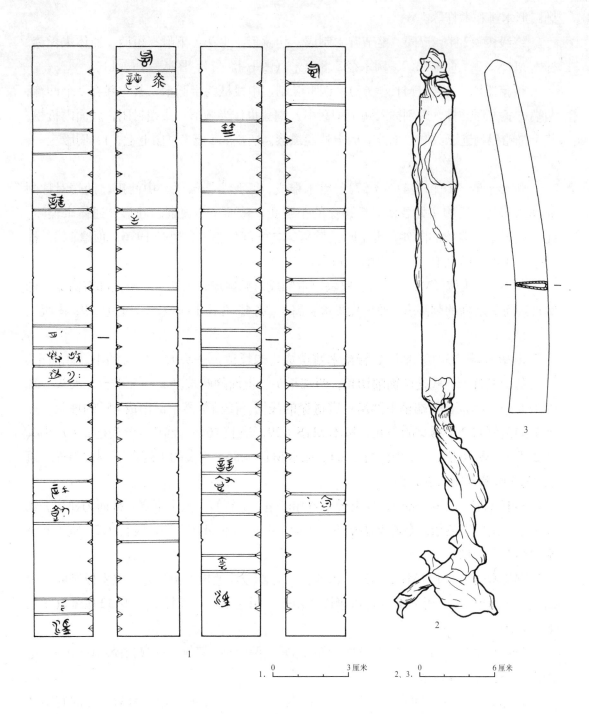

1. 0   3厘米

2. 3. 0   6厘米

图七六　M1出土漆木器——工具

1. 木尺（N：45）　　2. 丝织品包裹木尺（N：45）　　3. 削刀鞘（N：27-2）

椭圆形木饼和木杆等。

绕线棒　2件。形同。整节圆木制成，纺锤形。平头，下附一短柄。通体未髹漆。标本M1N：2，通高16.2、圆木径5.8厘米（图七七，11；图版三一，1）。

带箍器柄　1件（M1N：62）。铜木混制。中段柄为半圆木，其上残存2个凸箍，两端作长方形凸榫，分别插入两节铜套中。铜套也作半圆形，头挡封闭，底面内折拐。其上饰错银勾连云纹和兽面纹。柄上外髹黑漆。柄宽2.1厘米（图七七，1；图版三一，3）。

弧形木柄　1件（M1N：57）。整木雕成，弧形，上端平，中间粗，两端对称削成榫状弯曲，近榫头处各凿一个透穿的小圆孔。截面呈不规则的圆形。通体未髹漆。此器应为某一器物的附件，出土时已散落，具体部位不详。通长19.6、顶厚1.8、榫长1.3厘米（图七七，6；图版二五，1）。

木器足　1件（M1N：59）。整块厚木雕成，椭圆形，上端平，中上部有圆穿，椭圆形边可见清晰的削刮痕。通体髹黑漆。高4、宽4、孔径13厘米（图七七，9；图版三一，4）。

雕槽木器　3件。形同。皆整木雕凿成，未髹漆。一头大，一头稍小。底面平，上面刮削成弧形，底端两侧削切角，两端平头，上面的两端削成一个平台。大头一端的上面正中部位自首端至中部凿一道透穿的浅槽。浅槽至器中部凿成45°的坡状。近大头的两侧有2个透穿的小孔。标本M1S：29，通长16.8、高2、大头宽2.6、小头宽2厘米（图六五，4；图版二五，3）。标本M1N：56，小头的上端向下削成斜面。通长33.2厘米（图六五，5）。

刻槽木器　2件。形同，分出于东室和南室，器皆残。上窄下宽，截面为梯形。底面正中间凿一条凹槽。全器无法复原，用途不明。标本M1E：59，残长9.2、宽1.6厘米（图七七，12）。

带錾木器　1件（M1E：43）。器残。仅存部分器壁板。由长方形整木板制成，内面平，正面留1个凸出的錾。通体素饰，器名及用途不详。残长34、宽32厘米（图七七，7）。

椭圆形木饼　1件（M1N：53）。椭圆台形。两面平。素饰。椭圆长径3.6~3.8、宽径2.8~3、厚1.4厘米（图七七，8；图版三一，2）。

圆木饼　2件。形同，皆圆形。中部微隆，平顶，中间四穿，两对穿之间有明显的2道线槽。底面凹空。用途不明。标本M1N：43，直径18.8厘米（图七七，10）。

木器柄　1件（M1N：61），器残，仅存柄尾端，整根杆削成，尾端圆形稍细，头端宽扁稍粗，从形制看，应为器柄，但为何物之柄已不清楚。残长47厘米（图七七，13）。

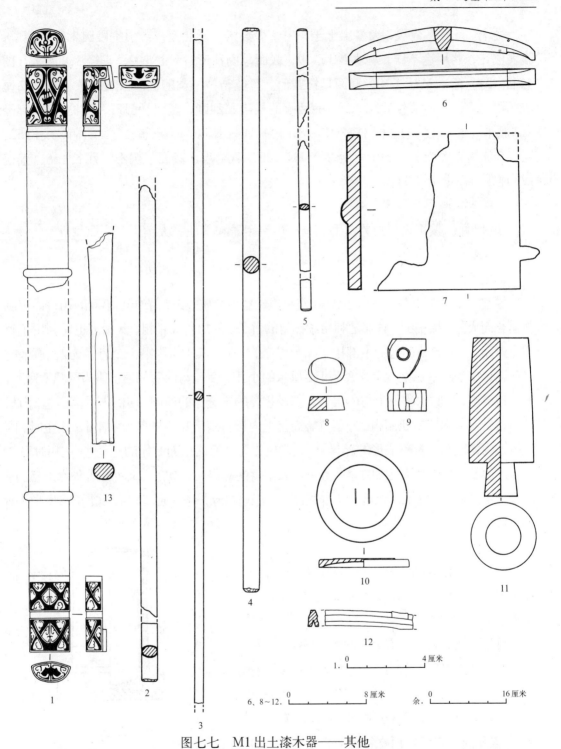

图七七 M1出土漆木器——其他

1. 带箍器柄（N：62） 2～5. 木杆（E：9、N：26、E：20、E：10） 6. 弧形木柄（N：57）

7. 带錾木器（E：43） 8. 椭圆形木饼（N：53） 9. 木器足（N：59） 10. 圆木饼（N：43）

11. 绕线棒（N：2） 12. 刻槽木器（E：59） 13. 木器柄（N：61）

木杆 5件。皆残,大多出土于东室,少数出土于北室。皆由整段圆木斫制而成,器表刨光。其用途不详。标本 M1E：9,截面呈椭圆形。残长 102、直径 3.4 厘米(图七七,2)。标本 M1E：10,截面呈椭圆形。可能为勺一类的柄。残长 48、直径 2.2 厘米(图七七,5)。标本 M1E：20,柄两端的棱边稍刮削,截面呈圆形。残长 116、直径 3.4 厘米(图七七,4)。标本 M1E：28,截面呈椭圆形,可能为勺一类的柄。残长 63、直径 2 厘米(图版三一,6)。标本 M1N：26,两端残,截面呈圆形。残长 136、直径 1.8 厘米(图七七,3)。

(四) 竹器

共 12 件。按用途可分为文书工具、生活用器和其他三大类。

1. 文书工具

仅见用书写的墨盒 1 件,出土于北室。

墨盒 1 件(M1N：18)。由盒和座组成,盒为竹质,由两节粗细不同的楠竹筒锯制并套合而成。内层稍细,底部是利用了楠竹的竹节。外层竹筒稍粗,其顶部也是利用了竹节作封闭,并在竹节凸起的中部挖了一个透穿的小孔,其上再附贴一个直径为 2.5 厘米的皮革圈,皮革圈中也挖一个直径为 1.2 厘米的小孔,使盖与内盒相通。座为厚圆木饼形,上棱边斜削,中间挖凿一个与内层竹盒直径相等的不透穿的凹圈,凹圈内中部凸起,内层竹筒正好落入木座的凹圈内。外层竹盖筒盖上内层竹筒后其盖口落入木座上。出土时,内层竹盒内盛装有大量不成形的碎墨块。此器应专为书写使用而制作的泡墨盒,使用时可不揭盖,毛笔由盖顶中部皮圈的穿孔直接进入墨盒内蘸墨,墨用完后又可开盖加水泡墨。内层盒未髹漆,外层盒上部及盖口部髹黑漆,器座通体髹黑漆。通高 9.4、底径 6.8 厘米(图七八;图版三一,5)。

2. 生活用器

7件。残存器物中只见竹筒和竹席两类。

竹筒 5件。分别出于东室和北室,其中北室出土 4 件,东室出土 1 件。大多残朽。分"人"字纹竹筒、八角形纹空花竹筒和彩绘竹筒三种。

"人"字纹竹筒 3件。其中 2 件可复原。标本 M1N：23,长方形,直口,圆角,由盖和身扣合而成,盖、身的编织方法相同。通体皆为"人"字纹,盖和身的口部皆用宽竹片对夹后用篾片分段锁口,盖面及盖底的拐角处也用宽竹片对夹后用篾片分段固定。竹筒出土时内装夹刻刀、料珠、

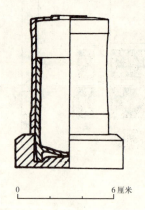

图七八 M1 出土竹器——文书工具
墨盒(N：18)

带钩、八棱形玉管、木鞭和粟米等物品。复原长42、宽18、高10、篾片宽0.2、厚0.1、锁口竹片宽1.5厘米（图八〇，1）。标本M1N：9，其编织方法同M1E：62，复原长62、宽34、高14、篾片宽0.25、锁口竹片宽1.5、厚0.3厘米（图七九）。

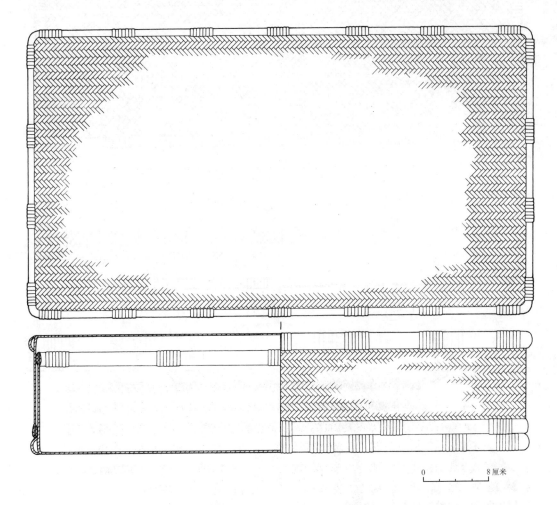

0   8厘米

图七九　M1出土竹器——生活用器
人字纹竹笥（N：9）

八角形空花竹笥　1件（M1N：64）。仅存竹笥口边局部，双层。用篾片编织成八角空花纹，口部用宽竹片内外对夹，并用篾片分段锁口。篾片宽0.2、厚0.1、锁口竹片宽1.5、厚0.3厘米（图八一，1）。

彩绘竹笥　1件（M1N：63）。器残，仅存盖面局部。盖面用黑色和本色篾片交错编织成"十"字纹和矩纹，盖面的拐角处用宽竹片包夹，其上用细篾片分段绞锁。篾片

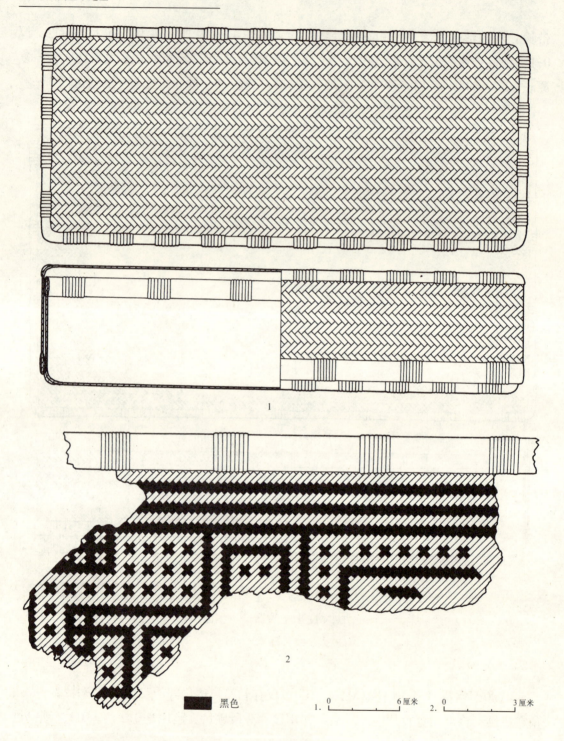

1

2

■ 黑色   1. ⊢—————⊣ 0 6厘米   2. ⊢—————⊣ 0 3厘米

图八〇 M1 出土竹器——生活用器

1. 人字纹竹笥（N∶23） 2. 彩绘竹笥（N∶63）

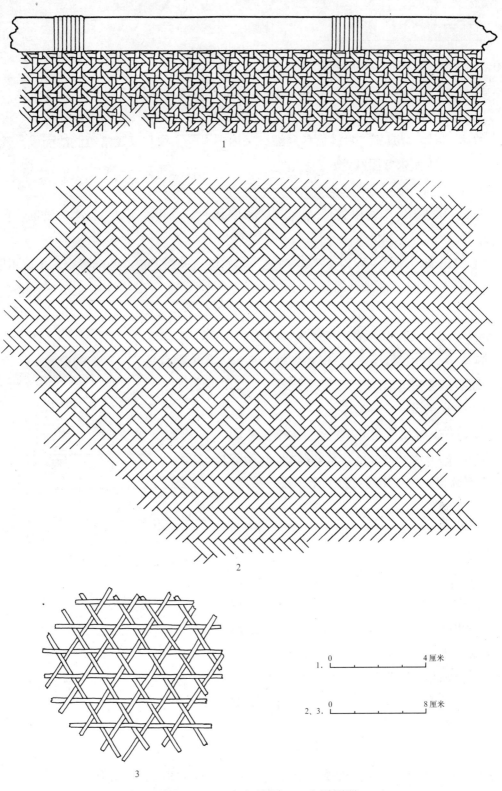

图八一　M1 出土竹器——生活用器

1. 八角空花竹笥（N：64）　2. 竹席（W：4）　3. 竹篓（E：7）

宽0.2、厚0.1、拐角包夹的竹片宽1.5厘米（图八〇，2）。

竹篓　1件（M1E：7）。器残。篓身用等宽的篾片编织成六角空花纹，篾片宽0.2、厚0.1厘米（图八一，3）。

竹席　1件（M1W：4）。只存局部，采用"人"字纹和双篾错压混编而成。篾片宽0.2、厚0.1厘米（图八一，2）。

3．其他

4件。分别出于东室和南室，大多为器物的附件，其用途不详。器类有竹筒、竹竿和竹片等。

竹筒　1件（M1S：19）。器残。为一节粗竹的中间料制成。两端皆空，用途不明。通长14.4、直径3.6厘米（图八二，1）。

竹竿　2件。皆出于南室，大多残断。为自然竹竿，未经任何加工。用途不明。标本JZM1S：2，残长15、直径1厘米（图八二，2）。

竹片　1件（M1E：5）。仅存半段，平头。其上端有呈"∴"形的穿孔，用途不详，可能为某物上的附件。竹片残长25、宽2.2厘米（图八二，3）。

（五）皮革器

共19件。分出于南室和北室。大多残朽而不能复原。部分皮制品经过剪裁和缝纫。兵器的甲胄大多为模制。按用途可分为车马器、兵器。

1．车马器

16件。主要器类有皮制品、马腹带和方形皮锁绣等。

皮制品　1件（M1S：5）。皆为兽皮制成，皮一面光，一面有兽毛。兽毛呈棕红色，整件皮制品由大小不同的多块拼接并用线缝合而成，出土时散乱，无法复原。从共存关系分析，它与车舆伴出，推知其可能为车舆上的附件。从皮块的形制看，有长方形、梯形和不规则三角形等，部

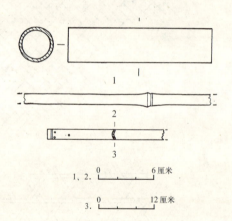

图八二　M1出土竹器——其他
1. 竹筒（S：19）　2. 竹竿（S：2）
3. 竹片（E：5）

分皮块边有明显的裁剪痕，有的裁挖成凹弧形，有的剪成圆角，相拼接的部位皆残留细密的针锁孔，有的还折叠有边并用窄条垫边，个别皮块上有圆形的小穿孔。边线的针脚距为0.4厘米（图八三；图版三二，1~5）。

马腹带　4件。皆革质。是成卷缠绕后用一段小革带捆扎而置入椁室的，出土时仍可见捆扎的原貌。革带皆为长条兽皮制成，正面平，两边反向对折一小边后，再在其

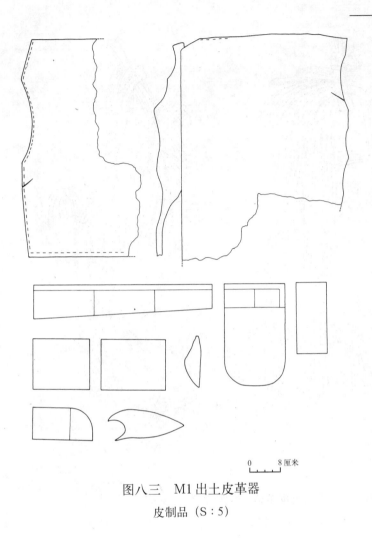

图八三 M1 出土皮革器
皮制品（S：5）

内垫一层麻织品，中间平行纵向缝纫三道线。出土时，中间有残断，原总长度不明，此带与车马器共出，疑为马腹带。标本M1S：71，革带宽1.8、厚0.3厘米（图八四，1）。标本M1S：75，革带两边反向对折一小边后，再在其内垫一层麻织品，中间平行纵向缝纫五道线。革带宽1.8、厚0.3厘米（图八四，2；图版三二，6）。

方形皮锁绣 现存11件。原数量不明。形制及图案相同，皆为方形皮革制成。四边锁两条单线，形成两条边的方形框，方框内对称锁绣4条相蟠的龙，龙首位居四角，皆作张口侧首状，上下两条身相蟠，左右两条尾相蟠，四角用双线各锁绣一心形纹。其用途不详，可能为包裹兵器的囊。标本M1N：41，通长18、宽16.2、针脚距0.15～0.2厘米（图八五；图版三三，2、3）。

2. 兵器

3件。分出于南室和北室，器类只有革盾和人甲。

革盾 1件（M1N：39）。皮革胎已朽，仅存木质盾柄及少部分漆皮。木盾柄作桥形，握手处的截面呈椭圆形，其外用麻线缠绕。缠绕的方法酷似竹编纹理。麻线皆平列，每路由10根麻线组成，交错穿压。从其走向看，应是从握手的一端向另一端缠绕的。握手的上下端截面近长方形。上下两挡皆平，其上挖凿有方形凸棱，近握手处的上下各有一道皮条凸棱，以将盾柄固定在盾面上。盾正面中部有椭圆形盾心，中部未髹漆，四周各有1穿孔。从残痕看，原应有一附贴物穿连其上，出土时，附贴物已无存，其质地不

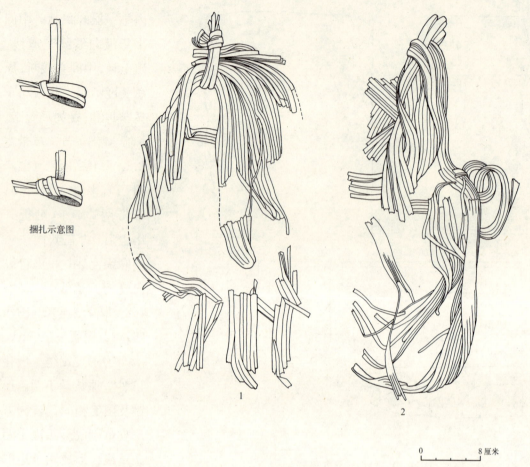

捆扎示意图

0 _____ 8厘米

图八四　M1出土皮革器——车马器

1、2. 马腹带（S∶71、S∶75）

明。盾通体髹黑漆。盾柄残长 24、高 6.6 厘米（图八六）。

　　人甲　2 件。出土时已散乱，层层叠压，且大多破碎。发掘时采取分片整体揭取的办法。在室内清理中，清除了一些碎甲，并分层进行编号，所有甲片皆为皮革模压而成，表面髹黑漆，根据部位的不同，室内编号采取分区分层的办法，大、小片分别以Ⅰ、Ⅱ相区别，小块区域的则分别以 A、B、C、D、E 编号，散片则一律冠以 S 相区别（图八七、图八八、图八九、图九○）。所有甲片上都有数量不等的用以编连的孔眼，孔径0.3～0.4 厘米。出土时，少数甲片的孔眼内还残存有编联的丝带。所有甲片的皮革胎皆已腐朽，仅存漆皮，除碎裂较多外，保存较好的一些甲片，都可知其大体所在的部位。整理时，尽可能地作了复原。经清理复原，可知为两件人甲。其中一件为大片甲，一件为小片甲。

图八五　M1出土皮革器

方形皮锁锈（N：41）

0   3厘米

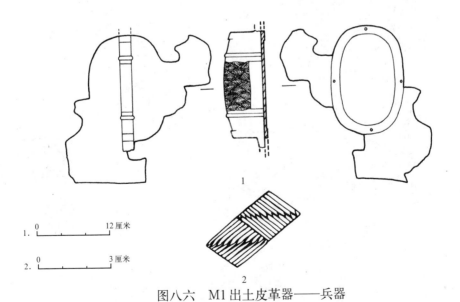

1

1. 0   12厘米

2. 0   3厘米

2

图八六　M1出土皮革器——兵器

1. 革盾（N：39）　　2. 握手处麻绳交错穿压

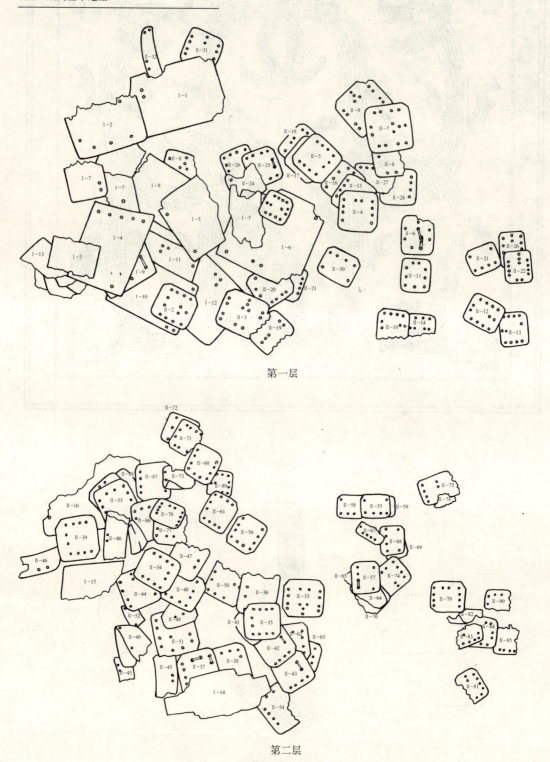

第一层

第二层

图八七　M1出土甲片清理图

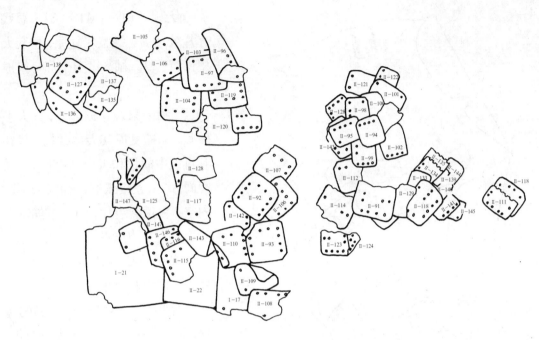

第三层

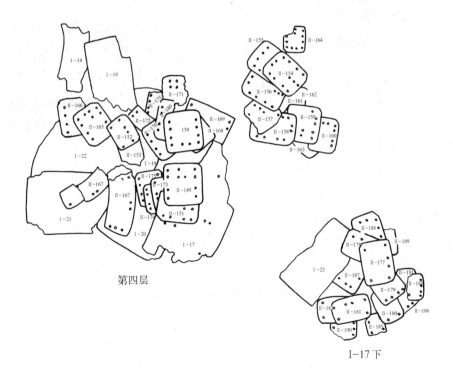

第四层

I-17下

图八八　M1出土甲片清理图

图八九　M1 出土甲片清理图

大甲　1件（M1S：8）。总残存片数99片。经整理复原，整套大甲由胄、身、袖、裙四个部分组成（表一三）。

胄甲：只残存三部分，且大多破碎，只能复原其大体结构。残存有胄顶中间片和胄顶侧边片。胄顶中间片，呈亚腰弧形，中间起凸棱，内空。胄顶侧边片，上、下部皆作弧形，上下边皆有孔（图九一）。

身甲：残存13片，可细分为领甲、胸甲和背甲三部分。

领甲片　4块，皆为领的边片，呈不规则方形，上下边皆微弧，其边缘有孔7个。长13.6、内边宽10.8、外边宽8.8厘米（图九二，1）。

胸中片　残存1块，长方形，其上有孔14个，上面残存有穿连的丝带。可清楚地看出，丝带穿连前，胸中片的两边都先垫有宽1.6厘米

的组带，中部丝带呈长方形穿连。长14、宽6厘米（图九二，2；图版三三，4）。

前胸侧片　2块，内侧边为直边、直角，外侧边上部向外微斜弧，下部弧内凹。四周边缘有11孔，中间有6孔。长26.8、上宽10.8、下宽11.6厘米（图九二，3）。

前胸侧外片　2块。内侧上角圆弧，外侧上角内凹，下部方形。四周边孔共6个，上部中间1孔，前胸侧外片的内侧上角与前胸侧片的下部内凹部分用丝带穿连。通长17.6、宽10.4厘米（图九二，4）。

肋片　1块，长方形，与前胸侧外片相连，上边微凹，其余三边皆直边。上排6孔，下排2孔。长13、宽12.4厘米（图九二，5）。

背中片　1块，长方形，两边孔眼对称相同，各11孔，通长35、宽6厘米（图九二，9；图九三，1，图版三三，1）。

背侧片　残存1块，其形与胸侧片大体相同，只是外侧边内凹稍大，边缘有孔11个，中间有一直排孔，共6个。通长27.2、上下等宽11.2厘米（图九二，8）。

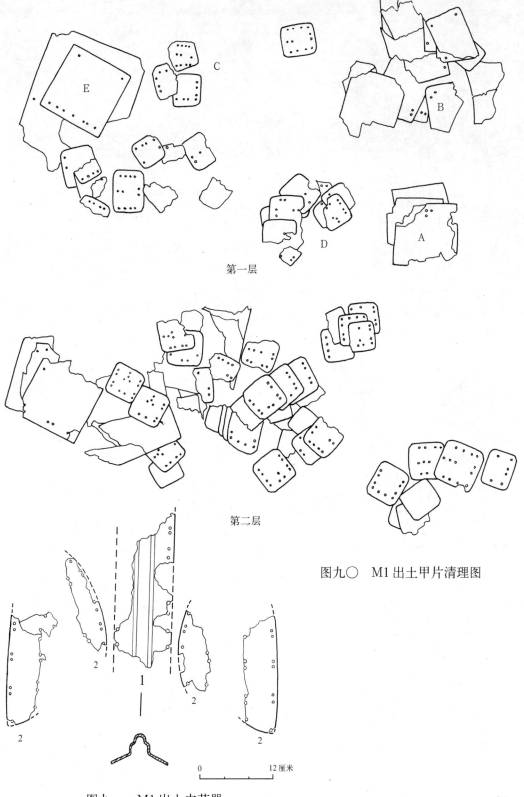

第一层

第二层

图九〇　M1 出土甲片清理图

0　　　　　　　12厘米

图九一　M1 出土皮革器

甲胄拆开图（S:8）

1. 胄顶中间片　2. 胄顶侧边片

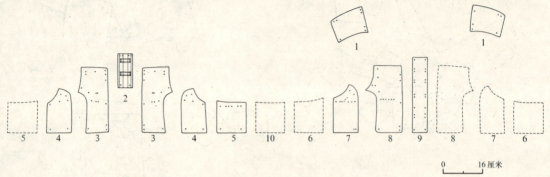

图九二　M1 出土皮革器

身甲拆开图（S∶8）

1. 领甲片　2. 胸中片　3. 前胸侧片　4. 前胸侧外片　5. 肋片
6. 背肋片　7. 背侧外片　8. 背侧片　9. 背中片　10. 腋下片

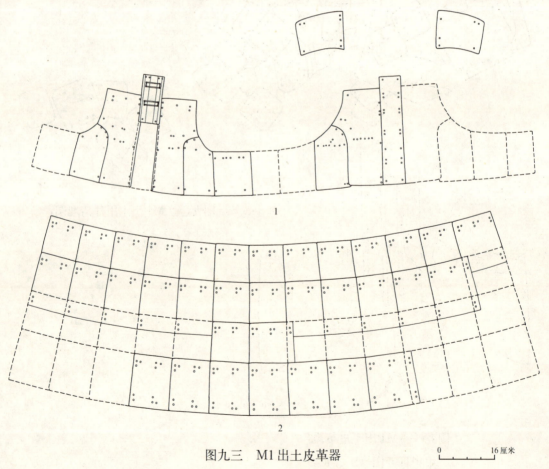

图九三　M1 出土皮革器

1. 身甲展开图（S∶8）　2. 裙甲展开图（S∶8）

背侧外片 残存1块，其形与胸侧外片同，不规则长方形，上部内角圆弧，外角内凹，下部方形，其上部与背侧片的下部相编连，孔多集中于上部，共13孔，下部内角只2孔。通长19.2、宽10.4厘米（图九二，7）。

上述身甲复原图中的6号背肋片和10号腋下片在清理中未见实物，不作叙述，只据尺寸复原了其大体所在的位置。

袖甲：残存49片，不能复原，原为几排也不清楚，残存片可分为袖边片、袖中片。袖边片残存6块，皆长条扇形，其上有4、5、6、9个不等的孔眼，大多长13.2、宽5.2厘米左右。袖中间片残存9块，皆扇形，其上有7、8、9个不等的孔眼，少数上面残留有丝带的穿连痕（图九四）。

裙甲 残存34片。皆长方形或方形，复原为4排13列，上层孔眼呈3、3、2排列，下层孔眼呈2、3、2排列。整件裙甲的纵列皆由右向左依次叠压，并采用丝带固定编连，

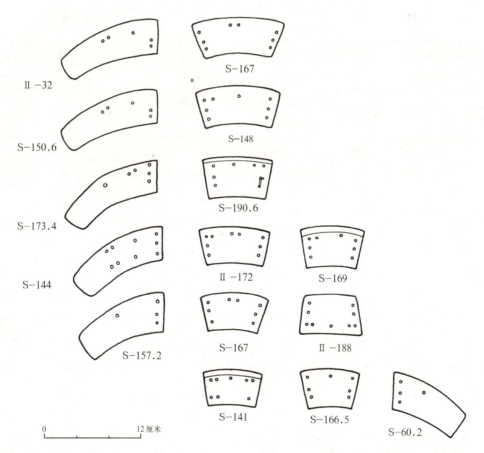

图九四 M1出土皮革器

袖甲拆开图（S：8）

裙甲横列则采用下排压上排，活动式编连。复原为上粗下细的圆筒形，展开呈扇形。长
130.8、高 48 厘米（图九三,2）。

表一三：　　　　　　M1 出土大甲片统计表　　　　　单位：厘米

室内编号	形　状	残存片数	尺寸	部　位	备　注
I—26	梯形	13 片	长 15.2、上宽 11.8、下宽 12.3	裙甲	1 排
A—3	梯形	12 片	长 15.4、上宽 12.7、下宽 13.1	裙甲	2 排
B—14	梯形	2 片	长 15.8、上宽 13、下宽 13.8	裙甲	3 排
B—11	梯形	7 片	长 15、上宽 14、下宽 14.1	裙甲	4 排
E—1	方形	1 片	内长 12.2 、外长 13、宽 12.2	肋片	
I—19	刀把形	2 片	内长 12、外长 20、宽 10.2	肋片	外侧
I—20	刀把形	2 片	内长 18.4、外长 26、上宽 11、中宽 12.4、下宽 9.6	胸片	
S—162	长方形	1 片	长 30.6、宽 6.2	胸中片	
I—1	刀把形	1 片	内长 14、外长 20.6、宽 10.3	肋片	外侧
I—8	刀把形	1 片	内长 19.4、外长 27.2、上宽 11、中宽 14.3、下宽 9.6	背片	
S—175	长方形	1 片	长 14、宽 6.3	背中片	
I—10	弧形	3 片	外长 14.2、内长 12.8、内宽 8.8、外宽 10.8	领甲	
B—1	弧形	1 片	外长 14、内长 12.6、内宽 9.2、外宽 10.8	领甲	
II—32	弧形	1 片	外长 14.6、内长 11.8、内宽 4.4、外宽 3	袖甲	外侧
S—150	弧形	6 片	外长 14、内长 11、内宽 4.1、外宽 3.4	袖甲	外侧
S—173	弧形	4 片	外长 14、内长 11.2、内宽 4.2、外宽 3	袖甲	外侧
S—144	弧形	1 片	外长 13.6、内长 10.6、内宽 4.4、外宽 3.4	袖甲	外侧
S—157	弧形	2 片	外长 12.6、内长 10.4、内宽 4.9、外宽 3.6	袖甲	外侧
S—60	弧形	2 片	外长 11.6、内长 8.8、内宽 4.8、外宽 3.6	袖甲	外侧
II—167	扇形	1 片	外长 13、内长 9、宽 4.4	袖甲	中片
S—149	扇形	1 片	外长 11.4、内长 9.2、宽 4.8	袖甲	中片
II—172	扇形	1 片	外长 9.4、内长 7.6、宽 4.6	袖甲	中片
S—190	扇形	6 片	外长 9、内长 7.4、宽 5	袖甲	中片
S—167	扇形	1 片	外长 8.8、外长 6.6、宽 4.7	袖甲	中片
S—169	扇形	9 片	外长 8.8、内长 6.6、宽 5	袖甲	中片

续表

室内编号	形 状	残存片数	尺寸	部 位	备 注
S—170	扇形	7 片	外长 9.4、内长 7.2、宽 4.5	袖甲	中片
S—166	扇形	5 片	外长 8、内长 6、宽 5	袖甲	中片
S—141	扇形	1 片	外长 7.6、内长 6.2、宽 4.4	袖甲	中片
Ⅱ—188	扇形	1 片	外长 7、内长 7.8、宽 5	袖甲	中片

小甲　1件（M1S：63）。出土时大多散乱，可见其形的残片有 437 片（表一四）。经清理无法复原，但可知其大体部位。部位明确的有身甲、袖甲和肩甲（图版三三，5）。

身甲　共 327 片。据其制作形状的不同可分为五型。

A 型　282 片。皆长方形。据其细部差别可分为 19 个亚型。

Aa 型　36 片。长方形对切角。标本 Ⅱ-218，左上角和右下角皆切角，其余圆角。左边和下边压有一道宽 0.2 厘米的窄边。左、右边各 4 孔，上边 2 孔，下边正中纵向 3 孔。长 6.2、宽 6 厘米（图九五，2）。

Ab 型　1 片。长方形单切角。标本 S-76，左下角切角，其余圆角。右边和下边分别压有一道宽 0.2 厘米的窄边。左、右边各 4 孔，上边 2 孔，下边正中纵向 3 孔。长 7、宽 6 厘米（图九五，6）。

Ac 型　28 片。长方形单切角。标本 Ⅱ-19，右上角切角，其余圆角。左、右边各 4 孔，上边 2 孔，下边正中纵向 3 孔。长 6、宽 4.8 厘米（图九五，3）。

Ad 型　3 片。长方形对切角。标本 S-102，左上角和右下角皆切角，其余圆角。左、右边各 4 孔，上边 2 孔，下边正中纵向 3 孔。长 5.8、宽 5.3 厘米（图九五，4）。

Ae 型　1 片。长方形三切角。标本 Ⅱ-154，除左下角为直角外，其余三角皆切角。左、右边各 4 孔，上边 2 孔，下边正中纵向 2 孔。中上部斜向 2 孔。长 7.3、宽 6.3 厘米（图九五，7）。

Af 型　8 片。长方形单切角。标本 Ⅱ-112，右上角切角，其余圆角，左、右边各 4 孔，上边 2 孔，下边正中纵向 2 孔，出土时，上、下两孔内残留有丝带穿连痕。长 6.2、宽 5.8 厘米（图九五，9）。

Ag 型　14 片。长方形单切角。标本 S-92，右上角切角，其余圆角，上边压有一道宽 0.2 厘米的窄边。左、右边各 4 孔，下边 2 孔。上边正中纵向 2 孔。长 5.6、宽 5 厘米（图九五，11）。

Ah 型　17 片。长方形边切角。标本 Ⅰ-253，上边左、右两角皆切角，其余圆角。下边微弧，左、右边各 4 孔，上边 2 孔，下边正中纵向 2 孔。长 5、宽 4.8 厘米（图九五，20）。

Ai型　5片。长方形边切角。标本S-75，左下角和右下角皆切角，其余圆角。左、右边各4孔，上边2孔，中间正中纵向2孔。出土时，上边横压有一条宽0.9厘米的组带。长7、宽5.2厘米（图九五，16）。

Aj型　2片。长方形对切角。标本S-93，左上角和右下角切角，其余圆角，左、右边各4孔，上边2孔，下边正中纵向2孔，长6.4、宽5.2厘米（图九五，15）。标本S-56，形与前述同，只是正中1孔。出土时，上边横压有一条宽0.9厘米的组带。长6.4、宽5.2厘米（图九五，19）。

Ak型　12片。长方形边切角。标本Ⅱ-219，右上角和右下角切角，其余圆角，左、右边各4孔，上边2孔，下边正中4孔呈"T"字形排列，上边和左边压有一道宽0.2厘米的窄边。长6.8、宽6.6厘米（图九五，22）。

Al型　9片。长方形边切角。标本B-2，右上角和右下角切角，其余圆角，左、右边各4孔，上边2孔，下边正中4孔呈"T"字形排列。出土时，右边4孔内残存有纵向穿连的丝带。长5.4、宽6.4厘米（图九五，23）。

Am型　1片。长方形单切角。标本S-121，左下角切角，其余圆角，左、右边各4孔，中上部2孔。长7.2、宽5.2厘米（图九五，41）。

An型　1片。长方形对切角。标本Ⅱ-103，左下角和右上角切角，其余圆角，左、右边各4孔，上边3孔，长5.4、宽6.4厘米（图九五，42）。

Ao型　122片。长方形对切角。标本Ⅱ-79，左下角和右上角切角，其余圆角，左、右边各4孔，上边2孔，长6.2、宽5.4厘米（图九五，31）。

Ap型　19片。长方形边切角。标本S-47，右上角和右下角切角，其余圆角，左、右边各4孔，上边2孔，中上部2孔。长6.8、宽5.2厘米（图九五，43）。

Aq型　1片。长方形对切角。标本Ⅱ-156，左下角和右上角切角，其余圆角，左、右边各4孔，上边正中纵向2孔，中间呈"∴"排列3孔。长7.1、宽6.1厘米（图九五，45）。

Ar型　1片。长方形单切角。标本Ⅱ-130，左下角切角，其余圆角，左4孔、右边中部横排2孔，上边横排3孔，正中纵向排列4孔。长7.6、宽6厘米（图九五，46）。

As型　1片。长方形弧边。标本Ⅱ-234，底边圆弧，上边略宽于下部。左、中、右各4孔，下边2孔。此片应为身甲下部中间片。长8、宽6~6.2厘米（图九五，47）。

B型　29片。梯形。据孔眼的不同和形状的差别可分为10个亚型。

Ba型　6片。梯形对切角。标本Ⅱ-148，左上角和右下角切角，其余圆角，左、右边各4孔，上边2孔，下边正中纵向排列3孔。长7、宽5.2~6厘米（图九五，1）。

Bb 型　1 片。梯形边切角。标本Ⅱ–190，右上角和右下角切角，其余圆角，左、右边各 4 孔，上边 2 孔，下边正中纵向排列 3 孔。长 6、宽 5.4～6.1 厘米（图九五，5）。

Bc 型　6 片。梯形边切角。标本 S–101，右上角切角，其余圆角，左、右边各 4 孔，上边正中纵向排列 2 孔。下边 2 孔，长 6.2～4.6、宽 5.1 厘米（图九五，10）。

Bd 型　4 片。大多残。标本Ⅱ–257，左、右边各 4 孔，上边 2 孔，中间纵向排列 2 孔。复原长 5.6～5.2、宽 5 厘米（图九五，14）。

Be 型　7 片。梯形单切角。标本 S–108，右下角切角，其余圆角，左、右边各 4 孔，上边 2 孔。下边正中纵向排列 2 孔，长 4.9、宽 4.4～4.6 厘米（图九五，21）。

Bf 型　1 片。梯形单切角。标本 S–129，左下角切角，其余圆角，左、右边各 4 孔，上边 2 孔，正中纵向排列 2 孔，长 6.4～6、宽 5 厘米（图九五，13）。

Bg 型　1 片。梯形单切角。此型可能为胸或背上部。标本Ⅱ–109，左下角切角，其余圆角，左、右边各 4 孔，上边 2 孔，长 7.9、宽 5.4～4.9 厘米（图九五，40）。

Bh 型　1 片。梯形边切角。标本Ⅱ–223，右上角和右下角切角，其余圆角，左、右边各 4 孔，上边 2 孔。下边呈"T"字形排列 4 孔，长 7、宽 6.2～6.7 厘米（图九五，24）。

Bi 型　1 片。梯形单切角。标本 S–40，左下角切角，其余圆角，左边 4 孔，上边呈"∴"形排列 3 孔，下边 2 孔。长 7、宽 6.6～6.4 厘米（图九五，44）。

Bj 型　1 片。梯形边切角。标本 S–22，左下角和右下角切角，其余圆角，左、右边各 4 孔，上边 2 孔。中间纵向排列 2 孔。上边长 5.9、下边长 5.6、宽 5 厘米（图九五，17）。

C 型　9 片。方形。形同。皆边切角。标本Ⅱ–128，左上角和右上角切角，其余圆角，左、右边各 4 孔，上边正中纵向排列 2 孔。长 6.4、宽 6.2 厘米（图九五，8）。

D 型　5 片。刀把形。据其孔眼的不同和形制的差别可分为 4 个亚型。

Da 型　2 片。形同。标本Ⅱ–213，右上角向内凹弧，其余圆角，左、右边各 4 孔，上边 2 孔，下边正中纵向排列 3 孔。长 8.1～5.8、宽 6 厘米（图九五，25）。

Db 型　1 片。标本Ⅱ–214，左上角向内凹弧，其余圆角，左、右边各 4 孔，上边 2 孔，下边正中纵向排列 3 孔。长 8.1～5.8、宽 6 厘米（图九五，26）。

Dc 型　1 片。标本Ⅱ–176，左上边向内凹弧，其余圆角，左、右边各 4 孔，上边 2 孔，下边正中纵向排列 3 孔。长 7～6、宽 6.3 厘米（图九五，27）。

Dd 型　1 片。标本Ⅱ–215，上边向内凹弧，其余圆角，左、右边各 4 孔，上边正中纵向排列 2 孔，下边 2 孔。长 6.3、宽 5.2～4.5 厘米（图九五，28）。

E 型　2 片。扇形。此型可能为腰侧甲。据其孔眼的不同和形制的差别可分为 2 个亚型。

Ea型　1片。标本S-160，左上边弧，其余直边，左边2孔，右边4孔，上边正中纵向排列2孔。长5.9、宽2~5厘米（图九五，29）。

Eb型　1片。标本Ⅱ-248，左上边弧，左角圆弧，其余直边，左边2孔，右边4孔，上边正中纵向排列2孔，下边2孔。长6.2、宽1.2~5.2厘米（图九五，30）。

袖甲　84片。据其形状的不同可分为三型。

F型　3片。长方形。据孔眼和形状的不同可分为3个亚型。

Fa型　1片。长方形对切角。标本Ⅱ-256，左下角和右上角切角，其余圆角，左边2孔，右边5孔，上边2孔。长5.8、宽4.6厘米（图九五，34）。

Fb型　1片。长方形单切角。标本Ⅱ-203，右上角切角，其余圆角，左、右边各2孔，上边4孔。长5.9、宽4厘米（图九五，48）。

Fc型　1片。长方形单切角。标本Ⅱ-189，左下角切角，其余圆角，左、右边各3孔，中间纵向排列2孔。长5.2、宽3.9厘米（图九五，49）。

G型　44片。梯形。据孔眼和形状的不同可分为3个亚型。

Ga型　3片。梯形圆角。标本B-12，左下角切角，其余圆角，两边及上边各2孔。上边长6.6、下边长6、宽4.8厘米（图九五，32）。

Gb型　1片。梯形单切角。标本S-71，左下角切角，其余圆角，左边4孔，右边2孔，上边2孔。上边长5.5、下边长5.2、宽4.7厘米（图九五，33）。

Gc型　40片。梯形单切角。标本Ⅱ-198，右下角切角，其余圆角，左、右边各2孔，上边2孔。出土时，两边的孔眼里纵向穿有丝带痕。上边长6、下边长4.6、宽4.6厘米（图九五，35）。

H型　37片。形同。皆扇形。标本S-188，扇形单切角。上边及左边有压边，左下角切角，其余圆角，左、右边各2孔，上边2孔。出土时，上边及左边的孔眼里穿有丝带痕。丝带下附贴有组带。由此可知，甲片在缀连前，孔眼上都曾先附贴有长条形的组带。上边长6、下边长4.2、宽4.5厘米（图九五，36）。

肩甲　26片。据其形制差别可分为二型。

I型　16片。长方形。据孔眼的不同和其形制差别又可分为3个亚型。

Ia型　8片。长方形单切角。标本Ⅱ-201，右上角切角，其余圆角，左、右边各4孔，上边2孔。下边中间纵向排列2孔。长5.9、宽4厘米（图九五，12）。

Ib型　7片。长方形边切角。标本S-106，左上角和左下角切角，其余圆角，左、右边各4孔，上边和下边各纵向排列2孔。长5.3、宽3.8厘米（图九五，38）。

Ic型　1片。长方形单切角。标本Ⅱ-196，左上角切角，其余圆角，左、右边各4孔，上边中间纵向排列2孔。长5.2、宽3.8厘米（图九五，37）。

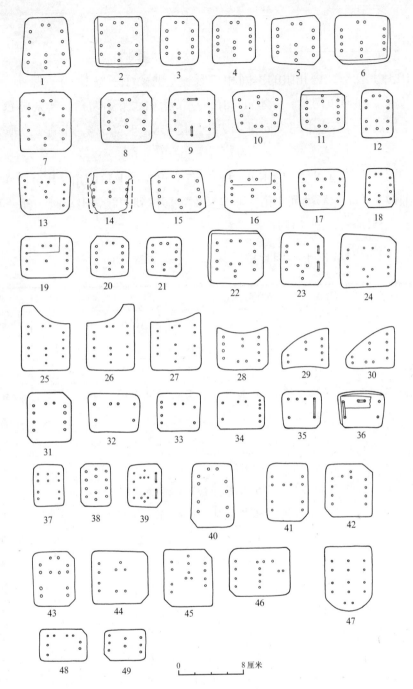

图九五　M1出土皮革

1. Ba型（Ⅱ-148）　2. Aa型（Ⅱ-218）　3. Ac型（Ⅱ-19）　4. Ad型（S-102）　5. Bb型（Ⅱ-190）

6. Ab型（S-76）　7. Ae型（Ⅱ-154）　8. C型（Ⅱ-128）　9. Af型（Ⅱ-112）　10. Bc型（S-101）

11. Ag型（S-92）　12. Ia型（Ⅱ-201）　13. Bf型（S-129）　14. Bd型（Ⅱ-257）　15. Aj型（S-93）

16. Ai型（S-75）　17. Bj型（S-22）　18. Ja型（Ⅱ-81）　19. Aj型（S-56）　20. Ah型（I-253）

21. Be型（S-108）　22. Ak型（Ⅱ-219）　23. Al型（B-2）　24. Bh型（Ⅱ-223）　25. Da型（Ⅱ-213）

26. Db型（Ⅱ-214）　27. Dc型（Ⅱ-176）　28. Dd型（Ⅱ-215）　29. Ea型（S-160）　30. Eb型（Ⅱ-248）

31. Ao型（Ⅱ-79）　32. Ga型（B-12）　33. Gb型（S-71）　34. Fa型（Ⅱ-256）　35. Gc型（Ⅱ-198）

36. H型（S-188）　37. Ic型（Ⅱ-196）　38. Ib型（S-106）　39. Jb型（Ⅱ-193）　40. Bg型（Ⅱ-109）

41. Am型（S-121）　42. An型（Ⅱ-103）　43. Ap型（S-47）　44. Bi型（S-40）　45. Aq型（Ⅱ-156）

46. Ar型（Ⅱ-130）　47. As型（Ⅱ-234）　48. Fb型（Ⅱ-203）　49. Fc型（Ⅱ-189）

J型 10片。梯形。据孔眼的不同和其形制差别又可分为2个亚型。

Ja型 7片。梯形边切角。标本Ⅱ—81，左下角和右下角切角，其余圆角，左、右边各4孔，上边2孔。下边中间纵向排列2孔。长4.8、上宽3.4、下宽3.7厘米（图九五，18）。

Jb型 3片。梯形边切角。标本Ⅱ—193，右上角和右下角切角，其余圆角，左、右边各4孔，上边呈"⊥"形排列4孔。下边呈十字形排列四孔。出土时，部分孔眼里有丝带穿连痕。长5.4~5、宽4.3厘米（图九五，39）。

表一四： M1出土小甲片统计表 单位：厘米

室内编号	分型	形状	残存片数	尺寸	部位
B—12	Ga	梯形	3片	上长6.6、下长6、宽4.8	袖甲
S—71	Gb	梯形	1片	上长5.5、下长5.2、宽4.7	袖甲
S—188	H	扇形	37片	外长6、内长4.2、宽4.5	袖甲
Ⅱ—256	F	长方形	1片	长5.8、宽4.6	袖甲
Ⅱ—203	Fb	长方形	1片	长5.9、宽4	袖甲
Ⅱ—189	F	长方形	1片	长5.2、宽3.9	袖甲
Ⅱ—198	Gc	梯形	40片	上长5、下长4.6、宽4.6	袖甲
Ⅱ—148	Ba	梯形	6片	长7、上宽6、下宽5.2	身甲
Ⅱ—218	Aa	长方形	36片	长6.2、宽6	身甲
Ⅱ—190	Bb	梯形	1片	上长6.1、下长5.4、宽6	身甲
S—76	Ab	长方形	1片	长7、宽6	身甲
Ⅱ—19	Ac	长方形	28片	长6、宽4.8	身甲
S—102	Ad	长方形	3片	长5.8、宽5.3	身甲
Ⅱ—154	Ae	长方形	1片	长7.3、宽6.3	身甲
Ⅱ—128	C	方形	9片	长6.4、宽6.2	身甲
Ⅱ—112	Af	长方形	8片	长6.2、宽5.8	身甲
S—92	Ag	长方形	14片	长5.6、宽5	身甲
S—101	Bc	梯形	6片	上长6.2、下长4.6、宽5.1	身甲
I—253	Ah	长方形	17片	长5、宽4.8	身甲
Ⅱ—201	Ia	长方形	8片	长5.9、宽4	肩片
Ⅱ—257	Bd	梯形	4片	上长5.6、下长5.2、宽5	身甲
Ⅱ—81	Ja	梯形	7片	上长3.4、下长3.7、宽4.8	肩片

续表

室内编号	分型	形状	残存片数	尺寸	部位
S—108	Be	梯形	7 片	长 4.4、上宽 4.6、下宽 4.9	身甲
S—75	Ai	长方形	5 片	长 7、宽 5.2	身甲
S—93	Aj	长方形	2 片	长 6.4、宽 5.2	身甲
S—22	Bj	梯形	1 片	上长 5.9、下长 5.6、宽 5	身甲
S—129	Bf	梯形	1 片	上长 6.4、下长 6、宽 5	身甲
II—219	Ak	长方形	12 片	长 6.8、宽 6.6	身甲
B—2	Al	长方形	9 片	长 5.4、宽 6.4	身甲
S—106	Ib	长方形	7 片	长 5.3、宽 3.8	肩片
II—193	Jb	梯形	3 片	上长 5、下长 5.4、宽 4.3	肩片
II—196	Ic	长方形	1 片	长 3.8、宽 5.2	肩片
II—109	Bg	梯形	1 片	上长 4.9、下长 5.4、宽 7.9	胸或背上部
S—121	Am	长方形	1 片	长 5.2、宽 7.2	身甲
II—103	An	长方形	1 片	长 6、宽 6.6	身甲
II—79	Ao	长方形	122 片	长 5.4、宽 6.2	身甲
S—47	Ap	长方形	19 片	长 5.2、宽 6.8	身甲
II—223	Bh	梯形	1 片	长 7、宽 6.2、宽 6.7	身甲
S—40	Bi	梯形	1 片	长 7、宽 6.6、宽 6.4	身甲
II—156	Aq	长方形	1 片	长 6.1、宽 7.1	身甲
II—130	Ar	长方形	1 片	长 7.6、宽 6	身甲
II—213	Da	刀把形	2 片	长 6、两侧宽 5.8、中宽 8.1	肋片
II—214	Db	刀把形	1 片	长 6、两侧宽 5.8、中宽 8.1	肋片
II—176	Dc	刀把形	1 片	长 6.3、两侧宽 6、中宽 7	肋片
II—215	Dd	刀把形	1 片	长 6.3、两侧宽 5.2、中宽 4.5	肋片
II—234	As	长方形	1 片	长 6、两侧宽 6.2、中宽 8.1	身甲下部中间片
S—160	Ea	扇形	1 片	长 5.9、上宽 2、下宽 5	腰侧甲
II—248	Eb	扇形	1 片	长 6.2、上宽 1.2、下宽 5.2	腰侧甲

（六）玉石器

28 件。分别出于南室、北室和内棺。器形皆较小，大多经过打磨和抛光。使用了钻、凿、磨等加工工艺。部分玉器上有穿孔或凿刻有纹饰，纹饰主要有人面纹、螺旋纹、三角云纹、蟠螭纹和卷云纹等。按用途可分为服饰器、丧葬用器和工具三大类。

1. 服饰器

玉带钩　1件（M1内棺：3）。由整块长方形玉石雕凿而成。正面弧，背面近平，钩头作长颈鸟头形弯曲，左右各刻一圆睛。长颈正面雕刻成三棱面。钩尾近正方形，四角圆滑。其上浮雕兽面纹，四边据正面纹饰雕凿成凹凸不平的边，背面正中凿一长方形凸纽。纽四角打磨圆。通体磨光。通长7、宽3.2厘米（图九六，13、14；彩版二八，2；图版三四，1）。

龙形玉佩　1件（M1N：24）。浅咖啡色。扁条形玉石雕成。全器呈"S"字形弯曲的龙形。龙首宽，龙尾窄。龙尾作张口状，龙身两面皆阴刻卷云纹。背上有一穿。通长8.6厘米（图九六，3、4；彩版二八，1；图版三四，2）。

玉梳　1件（M1内棺：6）。墨绿色。厚背。平齿。齿末端为方形。齿疏9根。通体磨光。通长4.2、宽4.1、厚0.3~0.5厘米（图九六，1；彩版二九，3；图版三四，3）。

玉环　1件（M1N：32）。乳白色，质透明。圆形。直边。两面平，中孔对钻。整器打磨光滑。素面。直径5.6、孔径2.8厘米（图九六，5；彩版三○，3；图版三四，4）。

玉玦　2件。形制相同。皆墨绿色，矮圆管状，中空。边上有一缺。内壁有钻凿痕。器外表磨光。标本M1内棺：5，直径2.3、内径1.5、高1.1、厚0.4厘米（图九六，2；彩版二九，1；图版三四，5）。

棱柱形玉管　1件（M1N：50）。浅绿色。质透明，全器打磨光滑。扁八棱柱状，中有一穿，侧面也有一穿与中孔相通。出土时中孔内残留有穿连的丝带。通高1.6厘米（图九六，6；彩版二九，2；图版三四，6）。

玉圭　1件（M1内棺：7）。浅绿色。长薄条玉石制成。头端尖，尖头的两边打磨成斜边刃。通体磨光，正面阴刻三角勾连云纹。通长13厘米（图九六，15、16；彩版二九，4；图版三五，3）。

玉管　1件（M1N：31）。浅绿色，局部泛灰白。圆筒形。上端粗，作八棱形，下端稍细，作圆形。中空，平顶。八棱面中段阴刻一周宽网纹带，上下皆阴刻卷云纹，平顶上钻一小孔与侧面的钻孔呈直角对穿。通长4.6、直径1.1~1.2厘米（图九六，11、12；彩版三○，1；图版三五，1）。

玉杆　1件（M1N：33）。灰白色。圆柱状，上端雕凿两个背向的人面纹，人面皆浮雕。平顶。面部清晰。凸眉，杏眼，高鼻，小嘴，尖颚，两侧阴刻双耳。自颈部以下刻细密的螺旋纹。中部自上而下有透穿孔，两侧的耳处也饰一对穿孔。通长5.1厘米（图九六，9、10；彩版三○，2；图版三五，2）。

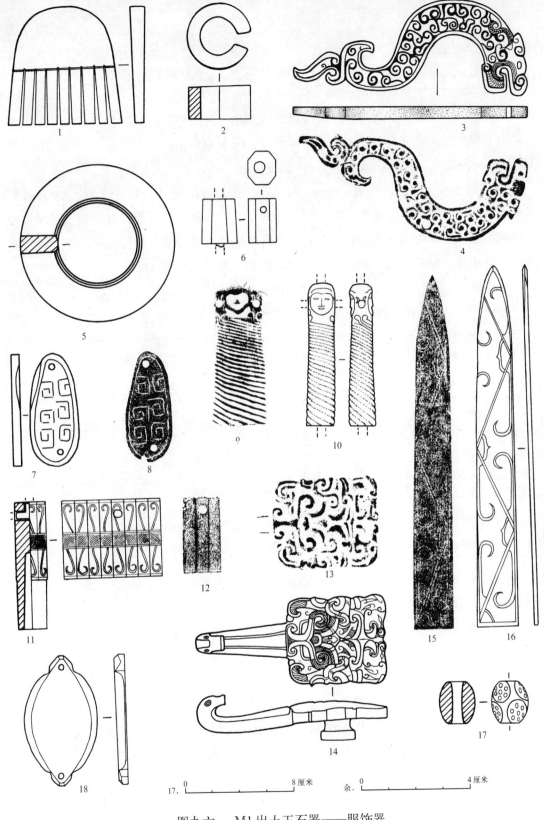

图九六　M1 出土玉石器——服饰器

1. 玉梳（内棺：6）　2. 玉玦（内棺：5）　3. 龙形玉佩（N：24）　4. 龙形玉佩拓片（N：24）
5. 玉环（N：32）　6. 棱柱形玉管（N：50）　7. 椭圆形玉片（S：90）　8. 椭圆形玉片拓片
9. 玉杆拓片（N：33）　10. 玉杆（N：33）　11. 玉管（N：31）　12. 玉管拓片（N：31）
13. 玉带钩拓片（内棺：3）　14. 玉带钩（内棺：3）　15. 玉圭拓片（内棺：7）
16. 玉圭（内棺：7）　17. 料珠（N：52）　18. 鱼形玉片（内棺：4）

鱼形玉片   2件。形制同。皆浅绿色。椭圆形，两面平，两端对称凿成鱼头形，其上各有一穿。正面边部打磨成斜边。通体磨光。标本M1内棺：4，通长4.7、宽2.7、厚0.7厘米（图九六，18；彩版三一，1；图版三五，4）。

椭圆形玉片   9件。皆出于南室，形制大体同（表一五）。玉质较差，制作粗糙。皆为小块薄玉片制成，灰褐色。椭圆形。两面平，一端稍尖，两端各有一穿。正面用单线阴刻雷纹。正面头端的一边有打磨痕。从器物的共存关系看，多与车伞同出，推测其为伞上的扣件。标本M1S：90，通长4、宽1.75、厚0.3厘米（图九六，7、8；彩版三一，2；图版三五，5）。

表一五：   M1出土椭圆形玉片尺寸统计表   单位：厘米

器号	平面形状	长	宽	厚	孔径	两孔间距	备 注
S：52	椭圆形	3.8	1.8	0.25	0.2	2.6	有磨痕，一面饰卷云纹
S：53	椭圆形	4.1	1.7	0.35	0.2	2.5	有磨痕，一面饰卷云纹
S：78	椭圆形	3.4	1.7	0.3	0.4	1.8	有磨痕，两面饰卷云纹
S：79－1	椭圆形	3.3	1.7	0.25	0.25	1.9	有磨痕，一面饰卷云纹
S：79－2	椭圆形	3.5	1.5	0.3	0.3	2.35	素面
S：80	椭圆形	4	1.8	0.35	0.3	2.7	有磨痕，一面饰卷云纹
S：86	椭圆形	3.3（残）	1.75	0.4	0.3		素面
S：89	椭圆形	3.6	1.7	0.25	0.3	2.1	有磨痕，两面饰卷云纹，两次加工。磨去一侧纹饰
S：90	椭圆形	4	1.75	0.3	0.25	2.8	有磨痕，一面饰卷云纹

料珠   1件（M1N：52）。器残。砂石质。复原为椭圆管状，中空，外壁弧，壁上用绿色绘圆圈纹，其内加绘圆点纹。直径1.35、高1.5厘米（图九六，17）。

2. 丧葬用器

4件。皆出于棺室。主要器类有玉环、玉鸡、玉猪和玉羊。

玉环   1件（M1中棺：8）。浅绿色。圆形。环截面呈八棱形。通体磨光。该环出土于内棺头挡外，出土时环上附有丝织物，可见其原应是用丝带捆扎于内棺棺挡之外中心处的。这一现象屡见于已发掘的楚墓中，或用环或用璧。这一葬制应是古文献中所见的"连璧"。直径7.5、孔径6、环边宽0.7、厚0.5厘米（图九七，1；彩版三二，1；图版三五，6）。

玉鸡   1件（M1内棺：14）。浅绿色，小薄片玉制成，仅凿出其外形。鸡作小头，凹背，条尾，双足。两面通体磨光。前胸及头端略残。高0.8、残长1.65厘米（图九七，4；彩版三二，2上；图版三五，7上）。

玉猪   1件（M1内棺：16）。浅绿色，小薄片玉制成。猪作侧立状，小头，弧背，垂腹，双足。尾残。通体磨光。高0.8、残长1.1（图九七，3；彩版三二，2下左；图版三五，7下右）。

玉羊 1件（M1内棺：15）。浅绿色，小薄片玉制成。羊作侧身站立状，小嘴，凹弧背，短尾，尖垂腹，两直立足。通体磨光。高0.65、残长1.45厘米（图九七，2；彩版三二，2下右；图版三五，7下左）。

上述玉鸡、玉猪和玉羊是在内棺的淤泥中淘洗出来的，形体皆极小。从器表看，未见穿孔，作为佩玉的可能性较小。我们推测可能为生肖属相葬于内棺的。如果这一推论不误的话，我国至少在战国时期就已有动物作生肖并随葬于墓葬中了，开创了自魏晋以降以生肖俑作随葬品的先河。

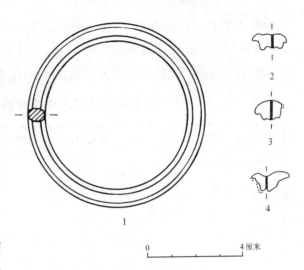

图九七 M1出土玉石器——丧葬用器

1. 玉环（中棺：8） 2. 玉羊（内棺：15）

3. 玉猪（内棺：16） 4. 玉鸡（内棺：14）

3. 工具

2件。皆出于北室。

卵石 2件。标本M1N：6，灰白色花岗岩，部分表面有褐晕。椭圆形，表面光滑。两端皆有捶击痕。通长11、宽9厘米（图九八，1；图版三六，1）。标本M1N：34，灰白色砂岩。表面风化粗糙，长条状。两端有多次捶击痕（图九八，2；图版三六，2）。

上述2件石工具极简易，应不是专为墓主而备的随葬品。但明显又有使用痕且又是随葬于椁内，应是下葬时随地所拾的卵石使用后而扔入椁内的。这一现象在江陵九店楚墓中也有发现。

（七）骨器

共39件。大多为车马器。主要器类有角质马镳、穿孔骨器、骨贝、鹿角和鹿角钩。

角质马镳 5件。皆出于南室，形制同，

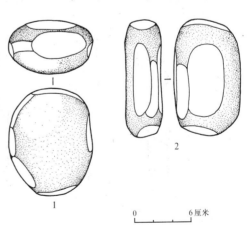

图九八 M1出土玉石器——工具

1、2. 卵石（N：6、34）

大小略有出入（表一六）。动物角制成，一端粗，一端尖，粗端截面近圆形，近中部有2个透穿的小孔。应为固定衔环的榫眼，出土时，榫已脱落无存。标本 M1S：85，通长20.6、孔径0.4、孔距3.3厘米（图九九，9；图版三六，3）。

表一六：　　　M1 出土角质马镳尺寸统计表　　　单位：厘米

器号	通长	截面长径	截面短径	侧面孔长×宽	备　注
S：58－1	20.8	2.2	1.8	1×0.4	通体有打磨刮削痕
S：58－2	21	1.9	1.4	1×0.4	通体有打磨刮削痕
S：67－1	19	2.4	1.8	1×0.4	通体有打磨刮削痕
S：67－2	22	2.2	1.7	1×0.4	通体有打磨刮削痕
S：85	20.6	1.4	1.2	0.4	通体有打磨刮削痕

穿孔骨器　6件（M1S：83）。由整段小圆直骨凿磨成，两端及中间粗，中间有两个对穿的小孔。通体磨光并髹黑漆。此器可能为角质马镳上固定衔环的骨榫。通长7.1、直径0.6、孔径0.25厘米（图九九，8；图版三六，4）。

骨贝　26件。形制大体相同，但大小有别（表一七）。皆由骨壁削成贝形，上端平，下端尖，正面削成龟背形，中间刻一条纵向的凹槽。槽的上下各凿一个透穿的小圆孔，部

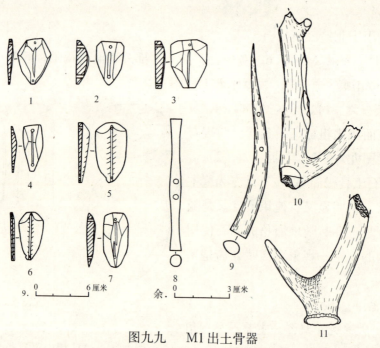

图九九　M1 出土骨器

1～7. 骨贝（S：91）　8. 穿孔骨器（S：83）　9. 角质马镳（S：85）
10. 鹿角钩（E：61）　11. 鹿角（E：30）

分槽内可见有丝线，从与车马器共存的现象看，可能为钉在素面车壁皮袋上的扣件(图九九，1~7；图版三六，6)。

表一七： M1 出土骨贝尺寸统计表 单位：厘米

编号	长×宽×厚	孔径	上下间孔距	刻槽宽	备注
S：91 – 1	2.5 × 1.7 × 0.4	0.1	1.8	0.15	
S：91 – 2	2.3 × 1.4 × 0.6	0.2	1.5	0.2	
S：91 – 3	2.5 × 1.9 × 0.25	0.1	1.9	0.15	正面平
S：91 – 4	3.1 × 1.5 × 0.4	0.15	2.4	0.15	刻槽两边有贝纹
S：91 – 5	2.6 × 1.5 × 0.3	0.1	2.1	0.15	刻槽两边有贝纹
S：91 – 6	2.9 × 1.4 × 0.4	0.15	2	0.2	
S：91 – 7	2.4 × 1 × 0.25	0.15	1.6	0.2	
S：91 – 8	2.5 × 1.6 × 0.4	0.15	1.6	0.15	
S：91 – 9	2.4 × 1.6 × 0.4	0.1	2	0.15	
S：91 – 10	2.6 × 1.2 × 0.3	0.2	2	0.1	
S：91 – 11	2.5 × 1.6 × 0.5	0.1	2	0.18	
S：91 – 12	2.7 × 1.3 × 0.3	0.15	1.9	0.15	
S：91 – 13	2.7 × 1.5 × 0.4	0.1	2.1	0.2	
S：91 – 14	2.6 × 1.4 × 0.3	0.1	1.8	0.15	
S：91 – 15	2.1 × 1.5 × 0.3	0.2	1.4	0.15	
S：91 – 16	2.8 × 1.5 × 0.5	0.15	1.9	0.1	
S：91 – 17	2.4 × 1.4 × 0.3	0.2	1.5	0.15	尖残
S：91 – 18	2.3 × 1.1 × 0.4	0.15	1.5	0.1	
S：91 – 19	2.3 × 1.3 × 0.3	0.2	1.5	0.15	
S：91 – 20	2.4 × 1 × 0.25	0.2	1.6	0.1	
S：91 – 21	2.4 × 1.1 × 0.25	0.2	1.5	0.1	
S：91 – 22	2.4 × 1.4 × 0.3	0.1	1.9	0.1	
S：91 – 23	2.1 × 1.1 × 0.25	0.2	1.4	0.1	
S：91 – 24	2.4 × 1 × 0.2	0.2	1.6	0.1	
S：91 – 25	2 × 0.9 × 0.1	0.2	1.5	0.1	
S：91 – 26	2.1 × 0.9 × 0.2	0.2	1.4	0.1	

　　鹿角　1件（M1E∶30）。仅存角根部，呈"Y"状，其角主杆已残断。可能为镇墓兽上附件，但镇墓兽已无存。残长14厘米（图九九，11）。

　　鹿角钩　1件（M1E∶61）。器残。鹿角制成，钩底钩主杆内侧有砍削痕。用途不详。残长19厘米（图九九，10；图版三七，1）。

　　（八）金器

　　金箔　4件。大多破碎，皆出土于南室的车马器中。可辨形状有圆形和方形，经比较，其形状和大小与南室所出的节约和铜相同，应为其上的脱落物。

　　（九）丝、麻、毛制品

　　7件。分别出于南室、北室和棺室，器类有组带、麻绳套、绳网、假发。

　　组带　3件。皆丝织品。标本M1中棺∶18，深黑色，出土于中棺，已卷成一团。应为内棺上的覆盖物脱落于中棺内，疑为棺上的荒帷。长80厘米（图一〇〇，1）。标本M1N∶42，深黑色，出土时已卷成一团，并与M1N∶27铜剑共存，疑为铜剑上的附属物。残长60厘米。

　　麻绳套　1件（M1S∶51）。由一段细麻绳打结而成，麻绳由两股拧成一根，其上

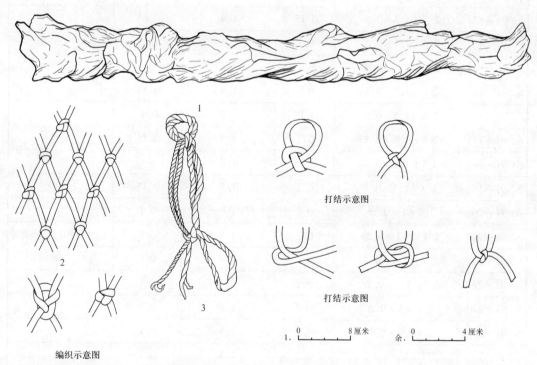

图一〇〇　M1出土丝、麻质品
1. 组带（中棺∶18）　2. 绳网（S∶109）　3. 绳套（S∶51）

端留一扣并打死结，下端绳的两头留一长扣也打死结。从出土位置看，可能为马镳上的小绳套（图一〇〇，3）。

绳网 1件（M1S：109）。已残，无法复原，从编织手法看，是用双股麻绳织成网状，绳网的交叉处由两根绳结成死结。该物与南室的浮雕车壁皮袋共出，可能为车壁皮袋木质框之间的编织物。绳径0.4厘米（图一〇〇，2）。

假发 2件。皆长发。标本M1N：30，长79厘米（图版三六，5）

（十）动物遗骸

皆出土于东室，部分已残断，从其形状看，只有肩胛骨、脊椎骨和肋骨。经鉴定为成年牛。可能原属盛装于礼器内的祭品（图版三七，2~4）。

（十一）植物遗骸

见于棺室和北室。只见花椒和粟米。

花椒 数量无法统计，皆散见于外棺和内棺之上，出土时，大多炭化，但其形态依稀可辨。

粟米 皆呈颗粒状。数量无法统计，皆散见于M1N：23号竹筒内，出土时全都炭化变黑。

叁 二号墓（M2）

M2位于M1南约24米。与M1和M3大致在一条直线上，是一座长方形土坑竖穴、带墓道、有封土的墓葬，墓道向东。发掘前，墓葬周边的封土已遭破坏，唯墓坑中部的封土保存稍好。封土上未种植作物，但长满杂草。墓葬周围为现代桃林。

在该墓封土的北面发现一个盗洞，距墓口以北125厘米才始见，因为封土以北的大部分土已被附近农民取平至现地表，直至铲平墓口时才发现。原盗洞应是由封土北端的上部打入的，但具体的起始点已不明。盗洞呈三角形，底边长132、两边分别宽107、80厘米，向下逐级放有台阶，台阶宽10厘米。盗洞接近墓口时，已达墓坑的东北角，并打破墓坑的东北角及台阶。依北壁斜向而下，并打破墓道的下部部分，直接打入头箱。盗洞内填灰褐和灰白土，土质松软。未见其他包含物。从其形制看，盗洞与M1的1号和2号盗洞完全相同，显而易见，M2的盗掘与M1的盗掘应是同时、同人所为（图版三八，2）。

一 墓葬形制

（一）封土、墓坑、填土

1. 封土

M2的封土全部覆盖了墓室和墓道，俯视大致呈圆形，剖面近半椭圆形，其东部呈缓坡状。现存直径约20米。封土顶部距现地表的相对高度为4.3米。封土的顶部现存一个平台，呈不规则椭圆形，最大径约7米。发掘过程中未见墓上建筑遗迹，可能为晚期人为所致。勘探和发掘显示，墓葬周围未见墓祭遗迹。

经解剖，封土可分二层。

第一层 表土层，厚30厘米。灰黄色土，质松软，包含物极少。

第二层 封土层，厚20～400厘米。土质土色单一，皆为灰白土并夹少许黄土，土质松软，未见夯层和夯窝（图一〇一）。

2. 墓坑

墓坑平面呈长方形，形制规整，东西长 6.65、南北宽 5.66 米。方向 95°。在墓坑开口下深 0.55 米处的四周设有一级台阶，四周的台阶面大致在一个平面上，但宽度略有区别，北部的台阶面宽 0.5～0.55 米，其余各面的台阶面宽皆为 0.5 米。台阶以下的四壁斜直至坑底。墓口至墓底的垂直深度为 5.5 米。墓底也为长方形，东西长 2.86、南北宽 1.3 米（彩版三三）。

在墓坑的东部有一长方形斜坡墓道，墓道开口东西长 9.8、东端入口处南北宽 1.8、西端南北宽 3.2、坡长 1.26 米，坡度约 28°。墓道底部距墓室底部深 1.58 米（图一〇二；图版三八，1）。

墓道的两壁及墓坑的台阶面和四壁皆平整光滑，显系经过多次加工，但加工工具痕不太清楚。由墓坑的四壁观察，其南部和西部坑壁的中段微向内鼓，当系外力的作用向内挤压所致，尤其是墓坑西壁底部近椁足端处向坑内挤压达 24 厘米，形成椁室凹入生土内的一种现状。

墓坑构筑在一个新石器时代的遗址上，坑口及墓道皆打破了遗址的文化层，其台阶正在文化层上，文化层厚 54 厘米。台阶以下全为生土。从文化层中所见的包含物看，其遗址的年代为屈家岭文化时期，与 M1 和 M2 所在地的文化层一样，应同属一个遗址。

3. 填土

墓道及墓坑上部皆填褐色五花土，坑内的五花土厚达 4.6 米。土质较硬，似经夯筑，但夯层和夯窝不明显。五花土以下至椁周围全为青膏泥。青膏泥既稀且黏，未见包含物。

由于该墓墓坑打破了屈家岭文化层，填土中包含有少量屈家岭文化时期的陶器残片，但未见与墓葬同时期的包含物。

（二）葬具

该墓葬具保存不好，绝大多数已朽，从残存的棺椁看，为一椁两棺结构（图一〇三）。

1. 椁

置于墓坑底部，其西端已被挤入坑壁内。椁盖板已朽无存。椁室平面为长方形，东西长 3.1、南北宽 1.18 米。残存的椁有墙板、挡板和底板。

墙板：残存 2 块，南北各 1 块，皆呈东西向侧立于椁底板上的两侧，北墙板残长 2.36、宽 0.53、厚 0.08 米。

挡板：残存 4 块，东西各 2 块。皆呈南北向侧立于底板的两端。东端挡板长 1.18、厚 0.08、自上而下依次宽 0.29、0.24 米。

底板：共 5 块。保存较好。皆为整块木板制成，厚 0.08 米，呈东西向平列于坑底。

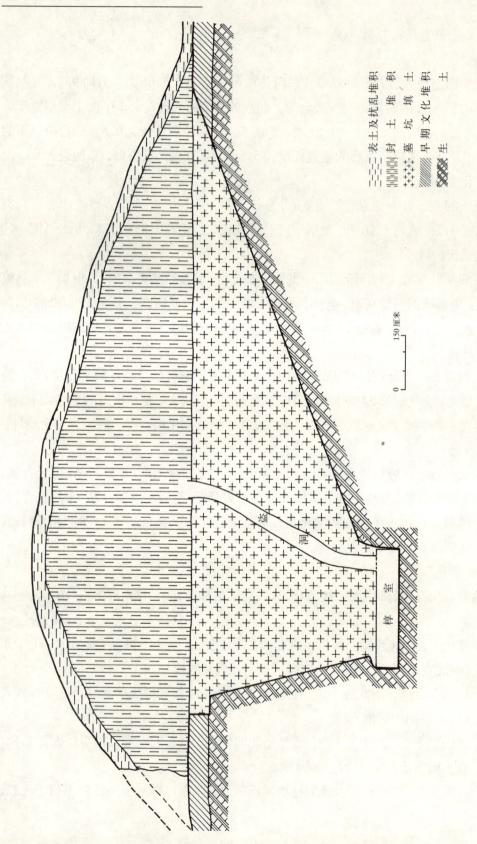

表土及扰乱堆积

封　　土

墓　坑　填　土

早期文化堆积

生　　土

0　　　150厘米

图一〇一　M2封土、墓坑纵剖面图

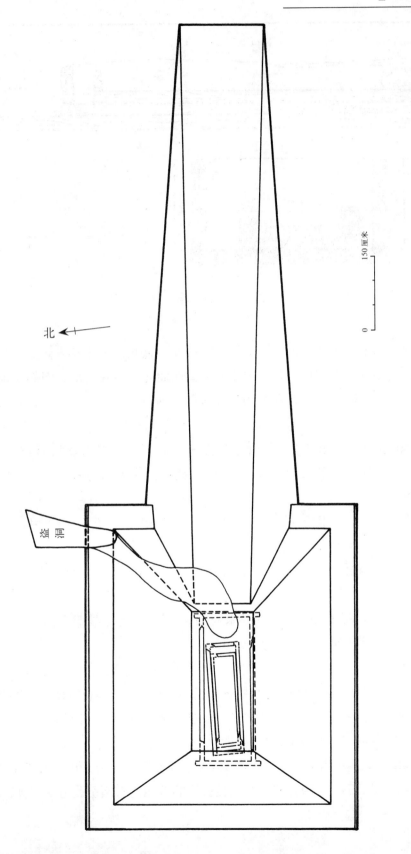

北

盗洞

0
150厘米

图一〇二 M2墓坑、棺、椁平面图

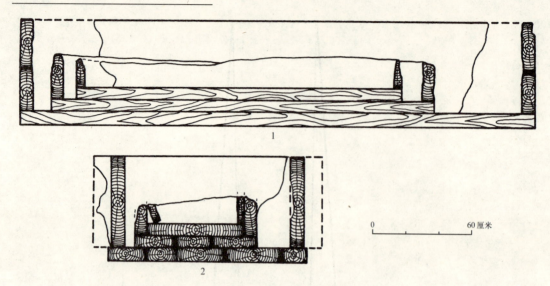

1

2

0　　　　　　　　60厘米

图一〇三　　M2棺、椁室纵、横剖面图

1. 纵剖面图　　2. 横剖面图

由北向南分别宽0.23、0.19、0.29、0.34、0.15米。底板下未见垫木。

椁室内未见隔板分室迹象，但棺置于椁内偏西北处，在其东部和南部就相应宽一些，自然形成了头箱和边箱，头箱宽50、边箱宽22厘米。

2. 外棺

外棺呈东西向置于椁底板上，外棺盖板已朽无存，棺身呈长方盒状，残存的棺身为平底方棺。棺身长2.28、宽0.73、厚0.07米。由墙板、挡板和底板组成。原挡板和墙板数量已不明。

墙板：由南、北墙板组成，皆残，厚7厘米。呈东西向分立于外棺底板上的两侧。北墙板残高22、南墙板残高18厘米。

挡板：由东、西挡板组成，皆残，厚7厘米。呈南北向分立于外棺底板上的两侧端。残高25厘米。

底板：共3块。保存较好，由3块整木板制成，厚7厘米。皆呈东西向平列于椁底板上。自北而南分别宽24、22、27厘米。

3. 内棺

内棺呈东西向置于外棺底板上，内棺盖板已朽无存，棺身呈长方盒状，残存的棺身为平底方棺。棺身长195、宽58、厚4厘米。东端挡板距外棺挡板12厘米。由墙板、挡板和底板组成。原挡板和墙板的数量已不明。

墙板：由南、北墙板组成，皆残，厚4厘米。呈东西向分立于内棺底板上的两侧。北墙板残高14、南墙板残高10厘米。在墙板底边的两端凿有两个长方形凹榫，凹榫长

10、宽4、深2、间距138厘米，凹榫与底板的连接已不清楚（图一〇四，1）。

挡板：由东、西挡板所组成，皆残，厚4厘米。呈南北向分立于内棺底板上的两侧端。残高18厘米。

底板：共1块。保存较好，由一块整木板制成，呈东西向平列于外棺的底板上。底板长195、宽58、厚7厘米。底板的两侧边各凿4个透穿的长方形卯眼。卯眼长10、宽2、间距42厘米。卯眼应为通榫榫眼，但与墙板的连接已不清楚（图一〇四，2）。

（三）葬式

该墓尸体已朽，仅残存部分头骨和肢骨。头骨位于棺的东端，肢骨位于西端，从骨头的残骸分布看，似为仰身直肢葬。另在棺内中部近北端处发现有小片的尚未完全腐烂的丝织品残块，应为尸体的衣衾包裹物，可见入葬时，尸体曾经过包裹（彩版三四，2）。

该墓骨骼保存极差，且很破碎，从保存的头骨碎片中看有枕骨和颞骨。枕骨的枕外隆凸显著，经湖北省文物考古研究所李天元先生鉴定，颞骨的乳突粗大，显示出男性特征。由此可知，该墓墓主为男性，但其死年和种属尚不清楚（见附录五）。

二　随葬器物的分布

该墓棺椁保存不好，出土时，椁内积满了青膏泥，经清理，一些漆木竹器大多腐烂，仅存漆皮。残存的随葬器物主要集中在木椁东部的头箱、南部的边箱和内棺内（彩版三

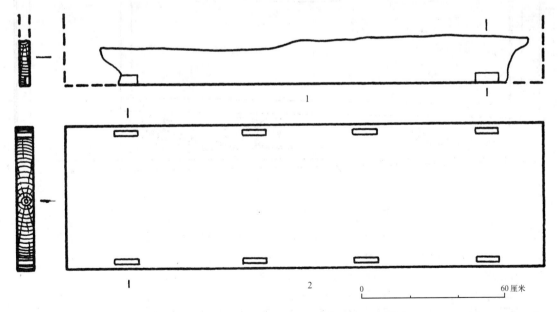

图一〇四　M2内棺底板、壁板平、剖面图

1. 墙板　2. 底板

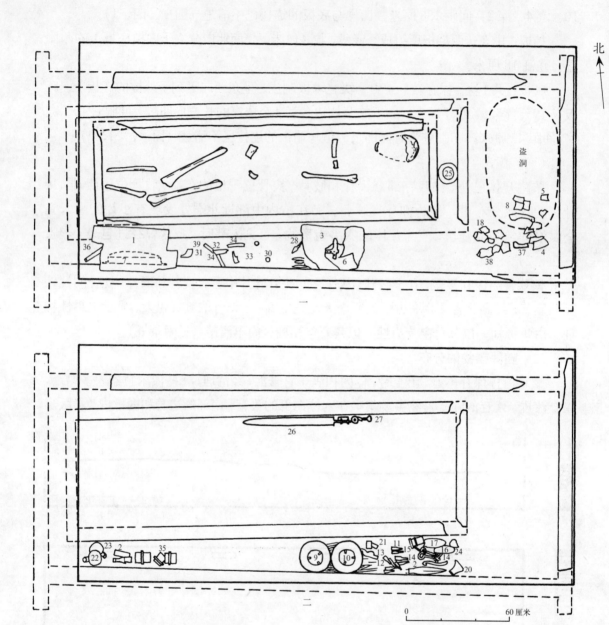

图一〇五　M2棺、椁室随葬品分布图

1．甲片　2．铜戟（带镈）　3．矢箙　4．陶壶　5．铜铃　6．铜戈（带镈）　7．铜盘

8、37．陶鼎　9、10．铜壶　11．木伞　12．三棱形铜镞（8件）　13．铜杖首

14．马衔　15．铜车軎　16、24．卵石　17．铜镜　18、38陶缶　19．铜带钩

20．铜钺　21．骨弓帽　22、23．铜匕　25．玉璧　26．铜玉首剑　27．铜削刀

28．扁棱形铜镞　29．三棱有翼铜镞（4件）　30．铜环（2件）　31．漆枕

32、39．铜夹刻刀　33．铜镰　34．骨马镳　35．铜伞箍　36．木豆

四，1）。

　　头箱盗扰严重，随葬品几乎被盗掘一空，仅在其南端发现少量的陶鼎足和陶缶残片，可见原头箱内主要随葬仿铜陶礼器。

　　椁南部的南室靠东端因近邻头箱，也被盗扰，近西端因其空间太小而未被盗扰，幸存的器物主要集中在此室。从随葬品的分布看，其底层主要放置长杆的兵器，如戈和矛等。戈和矛的头皆向东，其镈部位于西端，其上的中部和西端放置青铜礼器壶、盘和匕等。其间再插放一些小件的青铜兵器和工具。残甲大都见于南室西端的上部。

　　棺室内仅见一把青铜剑，出土时，位于棺中部的北边，剑柄向东，剑锋向西，应为入葬时随身所佩的青铜剑。

　　另在内棺头挡与外棺之间的正中部位出土一件玉璧，应为内棺头挡的棺饰之物，出土时已与内棺分离，散落于外棺的底板之上。这一现象也见于M1，并且多见于楚墓中，应为文献中所见的"连璧"（图一〇五）。

表一八：　　　　　　　M2 出土器物登记表

室别	质地	类别	器名	件数	器号
东室	陶器	礼器	鼎	2	8、37
			缶	2	18、38
			壶	1	4
	铜器	乐器	铃	1	5
南室	铜器	礼器	壶	2	9、10
			盘	1	7
			匕	2	22、23
		兵器	戟	1	2
			戈	1	6
			扁棱形镞	1	28
			三棱形镞	8	12
			三棱形有翼镞	4	29
			杖首	1	13
		车马器	单箍素面軎	2	15－1、15－2
			索杆状马衔	2	14－1、14－2
		工具	钺	1	20
			夹刻刀	2	32、39
			镰	1	33

续表

室别	质地	类别	器名	件数	器号
南室	铜器	生活用器	镜	1	17
			带钩	1	19
			环	2	30
	漆木器	生活用器	豆	1	36
			枕	1	31
		兵器	矢箙	1	3
		车马器	(含伞箍)	1	11、35
	皮革	兵器	甲	1	1
	玉石	工具	卵石	2	16、24
	骨器	车马器	马镳	1	34
		兵器	骨弓帽	2	21
外棺	玉石	丧葬用器	玉璧	1	25
内棺	铜器	兵器	玉首剑	1	26
		工具	削刀	1	27

三 随葬器物

共出52件。按质地可分为铜器、陶器、漆木器、皮革器、玉石器、骨器六大类。其中，铜器36件，陶器5件，漆木器4件，玉石器3件，皮革器1件，骨器3件（表一八）。

（一）铜器

36件。青铜器的合金成分主要为铜、锡、铅或铜、锡。根据器类的不同，其锡、铅的含量不尽相同。经中国科学技术大学理化测试中心X荧光分析室对M2所出的6个标本进行检测，大多数铜器的含锡量都在15%～27%之间，铅的含量皆较少，少数器物内还含有硫、银、氯等成分（见附录八）。所有铜器都采用分范铸造，或二范，或三范，或四范。带有附件的器物，如器物的耳、纽、足等都采用分铸后再与器身焊接，其焊接处的一端留有凸榫。绝大多数器物铸好后，器表的范缝痕都经过了打磨。部分器物的器表可见铸造时设垫的支钉。一些器物的器口和器底尚存留有铸砂。器物的器表多铸有纹饰。纹饰主要有三角纹、颗粒纹、变形龙纹、蟠螭纹、云雷纹、卷云纹等。少数铜器上有错金或错银纹饰。铜器大多为实用器，少数器物的器底可见有烟炱痕，个别器物的器身可见有使用破损后的重新浇补痕。所有铜器按用途可分为铜礼器、铜兵器、铜车马器、铜生活用器和铜工具五大类。

1．铜礼器

5件。由于头箱被盗，残存的铜礼器只有壶、盘、匕三类。

铜壶　2件。形同。标本M2：9，子口承盖，盖顶微隆，盖面外缘饰等距离3个"S"形扁纽。侈口，高束颈，溜肩，长弧腹，高圈足，腹上部饰对称的2个铺首衔环。合范铸造，盖底及圈足内塞满铸砂。浇口在器底的正中处，呈长条形。通高29.6、口径8.8、腹径17.2、足径10.4厘米（图一〇六，3；彩版三五，1；图版三九，1）。标本M2：10，出土时器腹已残（图版三九，2）。

铜盘　1件（M2：7）。宽平沿微上扬，折腹，腹壁内斜直，圜底，腹壁饰2个对称的鼻纽衔环。该器采用分铸法，鼻纽衔环先铸好后插入盘壁的范内再连铸。器内可见少许支钉。复原高12、复原口径48厘米（图一〇六，1；图版三九，3）。

铜匕　2件。形同。标本M2：22，匕身作铲形，圆口。匕尾带1根直立六棱形柄，柄中空。双范合铸。匕口宽11.6、柄长13.2厘米（图一〇六，2；彩版三五，2；图版三九，4、5）。

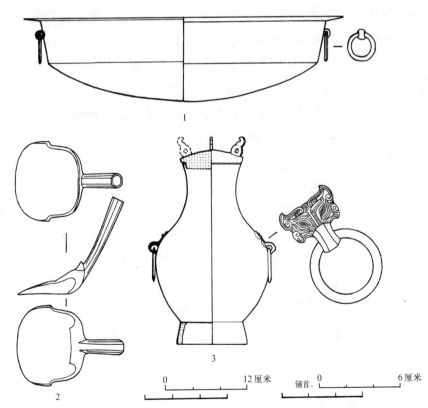

1

3

2

铺首 0　　　　　6厘米

0　　　　12厘米

图一〇六　M2出土铜器——礼器

1. 铜盘（M2：7） 2. 铜匕（M2：22）　3. 铜壶（M2：9）

2．铜兵器

17件。皆出于南室（边箱）。器类主要有戟、戈、玉首剑、杖首、箭镞等。

铜戟　1件（M2：2）。由矛、戈和镦联装而成，出土时柲已朽，矛头尖圆锋，中脊起凸棱，脊侧有血槽，圆骹，骹上有一带孔鼻纽。刺为1件窄戈，戈援上扬，尖锋下垂，戈下刃尾部铸成波浪形的4尖刃。长方形内，内尾残，内上有刃，栏侧3穿，内上1穿。镦作高杯形，中部饰一横"S"形棱，镦口作椭圆形，截面前扁后圆，镦下部作扁六棱形，其上通体错银，纹饰为变形凤纹和云纹。戈援长16、宽2.7、内残长6.2、宽2.6、胡长14.2、矛长21.2、镦长11.3厘米（图一〇七，7、10；图版四〇，1）。

铜戈　1件（M2：6）。由戈、镦和柲联装而成，出土时柲已朽，戈援平，微上扬，尖锋，戈援截面呈扁形，长方形内，内尾边下斜。栏侧2圆穿，内上1圆穿。镦作高杯形，中部饰一横"S"形宽棱。镦柄作纺锤形，截面呈扁六棱形。通体错银，纹饰为变形凤纹和云纹。出土时镦内残存有柲，柲为积竹，并有竹钉固定。戈援长12、宽2.4、内长6.6、宽3.3、胡长9、长11.3厘米（图一〇七，8；图版四一，4）。

铜玉首剑　1件（M2：26）。剑身修长，尖锋，中脊有棱，有从。剑身截面呈扁菱形。扁八棱形实茎，窄格。格与剑身分铸后由末端与剑身套合。格后部两边各带1个半圆形销，格插入剑尾后，两销正好卡住剑茎。首为整块圆形实心玉璧。玉为咖啡色。首与剑茎相连的一面微弧，中间雕凿一个半透的圆孔，圆孔外再雕凿一道同心圆，同心圆外对称向中心斜向凿有4个小孔，其中2个相对稍大的孔相通，另2个相对稍小的孔未通。玉首的另一面平，中部凿一凸起的圆面，其上阴刻云纹，环凸圆面的一周阴刻谷纹。由玉首内侧的小孔而知，剑茎外原应有木质的剑柄与玉首相连，出土时，木质剑柄已朽，玉首与剑身散落。剑通长59.2厘米（图一〇七，1、2、9；图版四〇，2）。

铜杖首　1件（M2：13）。整器作卧伏的凤鸟形，顾首，圆头，圆睛，尖嘴。嘴与身相连，作啄脊羽状。头顶冠，冠尾上翘，尾羽平。双翅下有对穿圆孔，鸟腹内空，呈椭圆形，其内原应插有木质或竹质的柲，出土时柲已腐。通体错银云纹。残长5.7、高3.5厘米（图一〇七，6；彩版三六，1；图版四〇，4）。

铜镞　13件。分扁棱形镞、三棱形镞和三棱形有翼镞三种。

扁棱形镞　1件（M2：28）。双刃，尖锋，中脊起棱，短铤，长圆尾。尾截面呈圆形。残长13厘米（图一〇七，5；图版四〇，3）。

三棱形镞　8件。形同。镞头较短，尖圆锋，长三棱形铤，铤尾一段内收变细。标本M2：12-1，通长47.5厘米（图一〇七，4；图版四〇，6）。

三棱形有翼镞　4件。形同。镞头较长，尖锋，翼尾较窄。长圆铤。出土时铤上残留有苇秆。苇秆外髹黑漆。标本M2：29-1，残长185厘米（图一〇七，3；图版四〇，

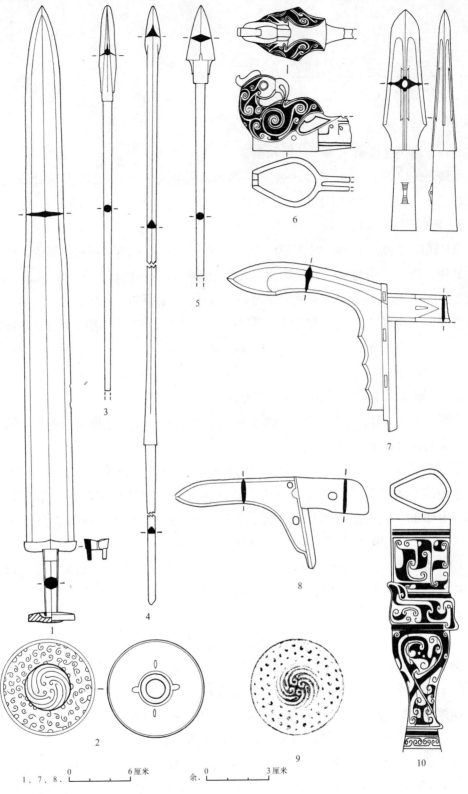

图一〇七　M2出土铜器——兵器

1. 玉首剑（M2：26）　2. 玉首（M2：26）　3. 三棱形有翼镞（M2：29-1）　4. 三棱形镞（M2：12-1）

5. 扁棱形镞（M2：28）　6. 铜杖首（M2：13）　7. 铜戟（M2：2）　8. 铜戈（M2：6）

9. 玉首拓片（M2：26）　10. 铜戟镈（M2：2）

5)。

3. 铜车马器

5件。器类主要有车軎、马衔和铜铃。

铜车軎　2件。形同,应为一套。圆筒形,末端顶平。近末端处饰一周宽凸棱。长方形辖孔。素面。出土时未见辖。标本M2:15-1,通高9、末端直径3.3厘米(图一〇八,3;图版四一,1)。

铜马衔　2件。形制相同,应为一套。由2节形制相同的铜杆相连而成,杆作绳索状,其中一端为一小圆环,另一端为一大椭圆形环,两小圆环相连。标本M2:14-1,通长22.4、大椭圆环长径5.4厘米(图一〇八,5;图版四一,5)。

铜铃　1件(M2:5)。椭圆形。上小下大,中空,平顶。素面。双范合铸,浇口在下侧部。高4.1厘米(图一〇八,4;图版四一,6)。

4. 铜生活用器

4件。器类只有镜、带钩和铜环三类。

铜镜　1件(M2:17)。黑色铜质。圆形,镜面平,镜背边缘微凸起。中间有一小鼻纽。素面。直径12厘米(图一〇九,1;图版四二,3)。

铜带钩　1件(M2:19)。钩头作鸟头形,钩身为一条龙形,作反向"S"形弯曲。正面的龙首似牛首,张耳,杏眼。口反衔其身,四肢作奔腾状,左前趾及后趾搭抓在身中部,右后腿盘抓尾部,使口、腿、尾与曲身相连。通体鎏金,部分已脱落。通长11.9厘米(图一〇九,3;图版四二,1)。

铜环　2件。形同。圆实环。素面。可能为漆盒上的附件。标本M2:30,直径2.8厘米(图一〇九,2;图版四二,4)。

5. 铜工具

5件。器类有削刀、镰、夹刻刀和钺四类。

铜削刀　1件(M2:27)。器残。宽弧背,薄弧刃。刃残。刀身截面呈三角形,柄末端有一扁圆环。柄上有两条细棱线。残长25.8厘米(图一一〇,1;图版四二,2)。

铜镰　1件(M2:33)。弧背,单面刃。刃微弧。锋残。短柄。柄上饰一条凸棱。残长3.3厘米(图一一〇,5;彩版三七,1;图版四二,5)。

铜夹刻刀　2件。形同。皆残。器表黑色。刀身为半弧形,正面宽平脊。锋和刃残。刀内残留有木质柄。标本M2:32,残长8.7厘米(图一一〇,4;图版四三,1)。标本M2:39,残长6.5厘米(图一一〇,3)。

铜钺　1件(M2:20)。靴形,单面斜弧刃。长方形銎,銎侧有一长方形穿。钺身正面的上部有一正方形穿。素面。长6.8、刃宽5.2厘米(图一一〇,2;彩版三七,2;

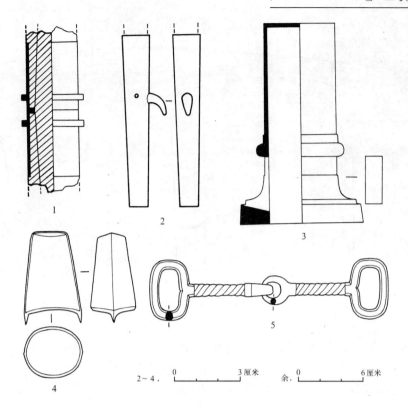

图一〇八   M2 出土铜器——车马器

1. 铜伞箍（M2：35）   2. 铜质盖弓帽（M2：11）   3. 铜车軎（M2：15-1）   4. 铜铃（M2：5）
5. 铜马衔（M2：14-1）

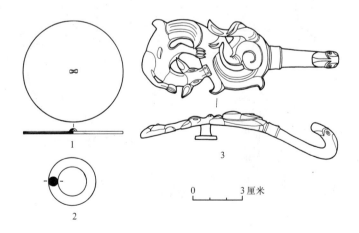

图一〇九   M2 出土铜器——生活用器

1. 铜镜（M2：17）   2. 铜环（M2：30）   3. 铜带钩（M2：19）

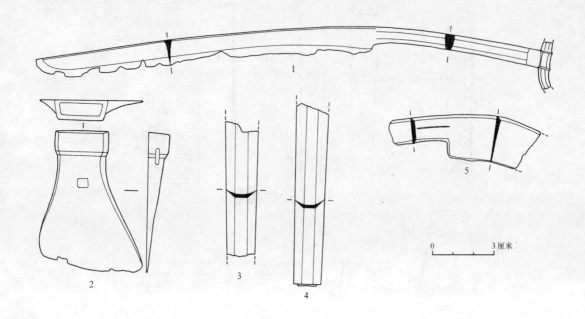

图一一〇　M2 出土铜器——工具

1. 铜削刀（M2：27）　2. 铜钺（M2：20）　3、4. 铜夹刻刀（M2：39、32）　5. 铜镰（M2：33）

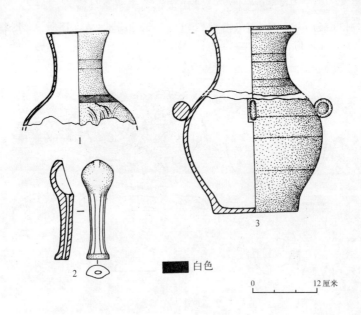

图一一一　M2 出土陶器

1. 陶壶（M2：4）　2. 陶鼎足（M2：8）　3. 陶缶（M2：18）

图版四三，3）。

（二）陶器

5件。皆见于头箱，由于头箱被盗，出土时大多为残片，经拼对，可见器形有5件，皆为仿铜陶礼器。从残片看，陶器皆轮制，火候较高，主要为泥质黑灰陶。个别陶器上可见有彩绘，纹饰为菱纹和卷云纹，但色彩已不清楚。陶器残片器类只见鼎（足）、缶、壶。

陶鼎足　2件。皆仅存足。标本 M2：8，泥质灰陶。高蹄足，足膝部饰兽面，足膝内空，足胫部正面削成五棱边，足内自上而下透穿一个圆孔。足高 18.2 厘米（图一一一，2）。标本 M2：37，泥质黑灰陶。高蹄足，足胫部削成四棱边，中脊起凸棱，足内自上而下透穿一个圆孔。残高 12.7 厘米。从残存的鼎足差别分析，原墓葬中至少随葬有2件陶鼎。

陶缶　2件。形同。标本 M2：18。泥质灰陶。子母口，高粗颈，溜肩，深弧腹，平底，假圈足。腹上部饰四个实心环纽。自颈至腹饰七周凹弦纹。高约34、复原口径14.6、腹径26、底径16厘米（图一一一，3）。

陶壶　1件（M2：4），泥质灰陶。器下部残，仅存腹上部。侈口，高颈，鼓腹。腹上部附贴铺首衔环，颈下部用白彩绘细密菱形纹，上腹绘卷云纹。复原口径12厘米（图一一一，1）。

（三）漆木器

4件。数量不多，大多残碎，经拼对，可辨器种按用途可分为车马兵器和生活用器两大类。

1．车马兵器

2件。其余都腐朽，经拼对，可看出器形的只有木伞和矢箙。

木伞　1件（M2：11）。出土时木质伞大多已朽，只见小段伞柄、木伞弓及附件铜伞箍和盖弓帽，整伞已无法复原。出土时，小段木伞柄上仍套有铜箍。铜箍共3件。标本 M2：35，为两节直筒形套合而成，中空。近一端有凸棱，近凸棱有口部内侧向内直角折。其套接的方法是，两节箍的内折口处相对，上下木伞柄的接口均插抵至内折口处。木伞柄的上、下接口处皆凿空一段，另削凿一节纺锤形的木榫插入其内连接上、下伞柄。箍长 12、直径 4.8 厘米（图一〇八，1；彩版三六，2；图版四一，2）。

铜质盖弓帽　23件。伴伞共出，皆圆筒形，中空。末端细，平头。近中部有一凸出并向外弯曲的钩，钩侧有1圆穿。出土时少数帽内残留有木伞弓，伞弓为木质，外髹黑漆。标本 M2：11，通长 7.8 厘米（图一〇八，2；图版四一，3）。

矢箙　1件（M2：3）。仅存少数部位的漆皮及前后壁板和挡板。经拼对，大体呈长方形，由箙座、前、后壁板、左、右挡板构成，前壁板短，后壁板长，座口凹弧。前、后壁板上用褐、黄两色绘卷云纹。复原高 72.4 厘米（图一一二，1）。

2. 生活用器

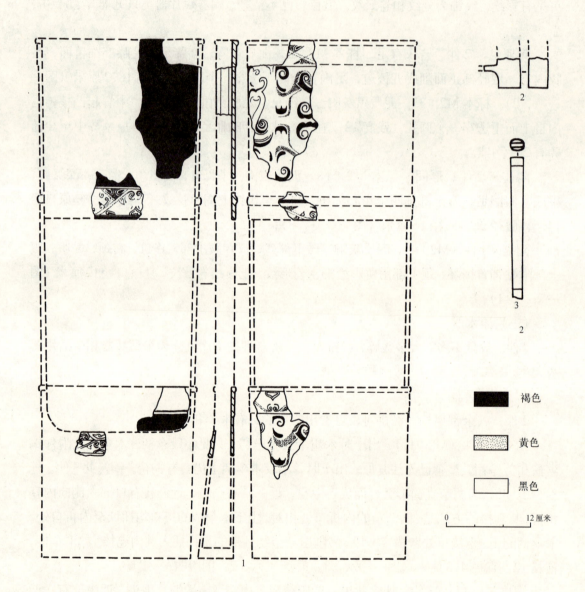

褐色

黄色

黑色

0　　　　　　　　　12厘米

图一一二　M2 出土漆木、竹器

1. 漆矢箙（M2：3）　2. 木枕（M2：31）　3. 木豆柄（M2：36）

2件。可辨器物只有木豆和枕。

木豆 1件（M2：36）。仅存豆柄。柄为细实心圆木削成，上下皆为长方形子榫，外髹黑漆。漆皮大多脱落。柄高20厘米（图一一二，3）。

木枕 1件（M2：31）。仅存座局部。残高4厘米（图一一二，2）。

（四）皮革器

人甲 1件（M2：1）。出土于南边箱西端，大多腐朽，无法复原，据残片观察可能为人甲的裙甲和身甲，甲片上皆钻有用以编连的穿孔。

（五）玉石器

3件。按用途可分为工具和丧葬用器两大类。

1. 工具

卵石 2件。皆天然卵石。标本M2：16，深灰色石英岩，其上有浅红色的花斑，不规则形长柱体。两端皆有多次捶击使用痕。长13厘米（图一一三，1；图版四三，2）。标本M2：24，灰色变质石英砂岩，长圆体，上端残。另一端有多次捶击使用痕。残长7.4厘米（图一一三，2；图版四三，4）。

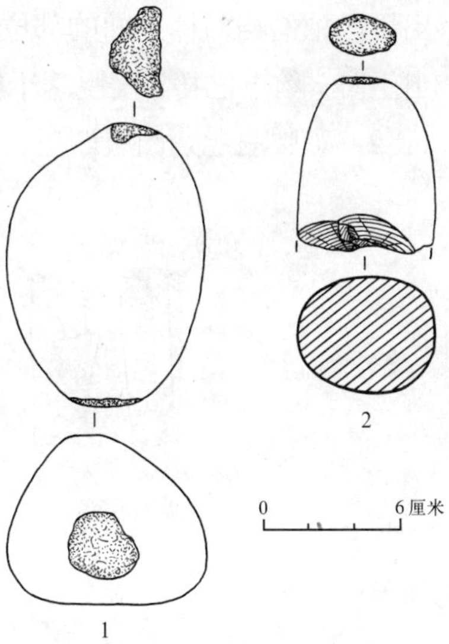

2. 丧葬用器

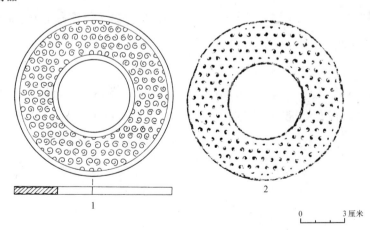

图一一三 M2出土玉石器——
工具

1. 卵石（M2：16）
2. 卵石（M2：24）

图一一四 M2出土玉石器——丧葬用器

1. 玉璧（M2：25） 2. 玉璧拓片（M2：25）

玉璧 1件（M2：25）。红褐色。圆形。肉小于好，两面平，均雕刻有谷纹。该璧出于内棺棺挡与椁之间的部位，应为内棺棺挡外的连璧遗物。这一现象在楚墓中屡见。出土时，丝带已朽，璧脱落于棺挡之外。直径10.9、好径4.9、厚0.5厘米（图一一四，1、2；彩版三七；图版四三，5）。

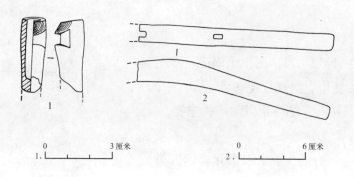

图一一五　M2出土骨器——车马器
1. 骨弓帽（M2：21）　2. 骨马镳（M2：34）

（六）骨器

2件。骨器皆先刮削，后打磨。少数骨器上有刀刻线纹。只残存车马器和兵器少量器种。

1. 车马器

骨马镳 1件（M2：34）。器残。弧形，中部透穿2个长方形孔，标本M2：34，残长17.6厘米（图一一五，2；图版四三，6）。

2. 兵器

骨弓帽 1件（M2：21）。深黑色。圆筒状。一端粗，一端稍细。中空，其上凿有一条凹槽。口部有刀刻细密的线纹。残长3.3厘米（图一一五，1）。

肆 三号墓（M3）

一 墓葬形制

M3位于M1的北端，距M1约60米。是已发掘的三座墓葬中唯一未被盗掘者。墓葬东向，与M1和M2大致在一条直线上。

此墓有封土，但现存封土的规模和高度比M1和M2都要小得多。墓葬四周现皆为水田，封土之上为旱地。由于历年耕作，封土四周已被耙平呈缓坡状，发掘前，封土之上种植有旱地作物。

（一）封土、墓坑、填土

1. 封土

M3的封土俯视呈圆形，剖面呈半椭圆形。现存封土堆的底面直径23米。封土顶距现地表的相对高度为2.2米，其最高点在墓坑顶部部位。

经发掘解剖，封土堆积比较单一，只可分二层。

第一层 耕土层。灰白夹褐土，厚20厘米。质松软，包含少许近现代陶瓷片。

第二层 封土。灰白色土为主，间夹少许灰黄、深灰色土。厚76厘米。质松软，包含物极少。发掘时，封土中可见很多蚁洞。未见夯层和夯窝，可知原封土未经夯筑（图一一六；彩版三八，1）。

2. 墓坑

墓坑平面呈长方形，方向80°。坑口东西长5.4、南北宽4.6米。坑底也呈长方形，东西长3.44、南北宽1.18~1.34米。坑口至坑底的垂直深度为4.84米（彩版三八，2）。

该墓在墓坑坑口下的四壁设有一级台阶，台阶面距墓口深0.6~0.63米。四面台阶面大致在一个平面上，但宽度略有区别。北部台阶面宽0.5~0.57、东部和南部的台阶面宽0.5、北部的台阶面宽0.4米。由于墓葬所在地是一处新石器时代文化遗址，其墓口打破了遗址的文化层，根据文化层中所见的包含物推定，遗址的年代为屈家岭文化时

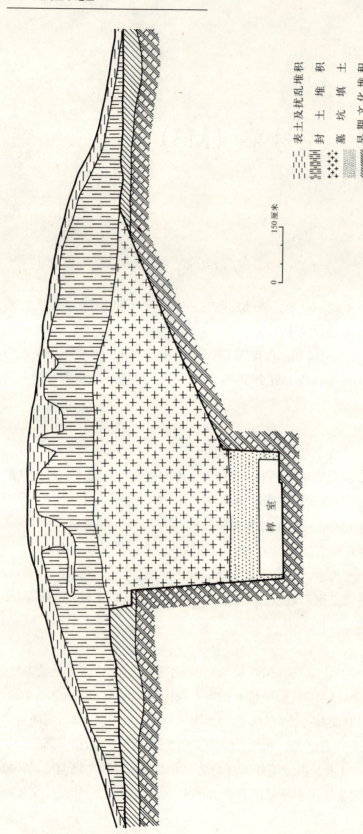

表土及扰乱堆积

封　土　堆　积

墓　坑　填　土

早期文化堆积

生　　　土

0　　　　150厘米

图一一六　M3封土、墓坑纵剖面图

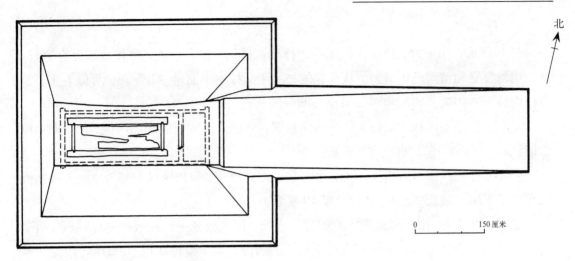

北

0　　　　　　　150 厘米

图一一七　M3 墓坑、棺、椁平面图

期。因此，台阶位于遗址的文化层上，台阶面全为熟土（图版四四，2）。

　　在墓口东端的正中部位有一长方形斜坡墓道，墓道口东西长 5.3、东端南北宽 1.7、西端南北宽 1.9 米；底部斜坡墓道长 7.2 米，坡度 32°。墓道底部距墓室底部 1.62 米（图版四四，1）。

　　该墓墓坑底部比较特殊，其底部掘有两个面，东部一块要明显地高出西部，形成一个台面。其高出台面宽 86、高于西部 10 厘米。由此，椁室也作为两个单元来组构，其高出的一块作为一个独立的头箱。由墓坑东北角和西南角推定，可能是原墓坑掘好及棺椁都形成后，考虑到随葬品较多，原作椁室并不能完全容纳随葬品，为了扩大空间，只能在原掘墓坑的基础上，在墓道处向东再扩展一段，以增加墓坑的空间加作椁室。这一推论与椁室的结构及坑底的高出台面是相符合的（图一一七）。

　　墓坑的四壁、墓道的壁面及台阶面都平整光滑，显系反复加工过，但加工工具痕不十分清楚。

　　3．填土

　　墓坑内的填土可分两层。

　　第一层　墓道及墓坑坑口以下 4 米为五花土（由红、黄、黑等色土掺和而成）。土质较松软，下部含较多水分，其内未见包含物，也未见夯层和夯窝。

　　第二层　4 米五花土以下及椁的周围填青灰色膏泥，质稀且黏。未见任何包含物。

　　（二）葬具

　　葬具置于墓坑底部，方向 80°。由于地下水位高，葬具保存不好，绝大多数已朽，从残存的葬具看，为一棺一椁。棺椁比较简陋。

1. 椁

残损严重，出土时，椁盖板已无存，椁墙板已朽，仅存痕迹，唯椁底板保存完好，部分用材数量和结构已不清楚。从残存的椁室看，椁室平面呈"Ⅱ"形。可以看出，整个椁由墙板、挡板、底板和隔板组成（图一一八）。

墙板：分南墙板和北墙板，呈东西向放置，分别立于底板的南北两侧，出土时，椁墙板已朽，仅存痕迹，痕迹宽6厘米。

挡板：分东挡板和西挡板，呈南北向立于椁底板上。东挡板仅剩部分木屑，西挡板仅存底部半块。残长92、残高22、厚10厘米。

底板：共4块。由于该墓墓室有扩筑的现象，椁底板分主椁底板和附椁底板，两个椁底板不在一个平面上。主椁底板位于墓坑的西部，低于附椁底板10厘米，由三块整木板呈东西向平列，长267、厚10、由北向南分别宽38、38、40厘米。附椁底板位于墓坑东部，紧贴主椁底板东端，且高于主椁底板10厘米。由一块整木板呈东西向平置于坑底，长92、宽67、厚10厘米。可明显看出是临时加接的。底板下皆未见垫木。

隔板：已残，呈南北向侧立于附椁底板之上。残长50、厚10厘米。

综合椁板残木及朽痕判定，原主椁应为一个独立的单元，棺头挡与隔板之间宽约26厘米，应是原椁的头箱，但其空间有限。可能因为随葬品摆放不下，另加设一个附椁，

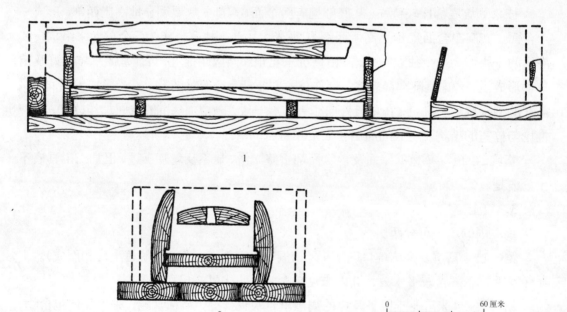

1

2

0　　　　　　　　　　60厘米

图一一八　M3棺、椁室纵、横剖面图

1. 纵剖面图　2. 横剖面图

形成一个比原头箱要大的单独的头箱，这样看起来就是两个头箱。事实上，原棺头挡与隔板之间本身就放置有器物，这一推论是符合实际的，但遗憾的是，主椁与附椁之间的墙板及其隔板与墙板的拼连已无法复原。

主椁室内未见隔板分割，但棺头挡及棺南侧的空隙处摆放有随葬品，可视为原椁的头箱和边箱。

2. 棺

棺的上部大多已朽，下部保存稍好。可看出是悬底弧棺。出土时，棺呈东西向置于主椁的底板之上。棺长210、宽68厘米。棺身由盖板、墙板、挡板、底板和垫木组成（图版四五，1）。

盖板：1块。已残朽。出土时，棺盖已塌陷于棺内，残存盖板的盖面弧，底面平，应是一块半圆木制成。残长167、残宽46、厚10厘米。

墙板：2块。分南墙板和北墙板，形制同，皆为弧形木制成。呈东西向立于椁底板上。残长210、残宽55、厚10厘米。墙板底部距底边10厘米处凿一道浅槽，以容纳棺底板的两侧边，形成悬底。浅槽宽10、深2厘米。

挡板：2块。分东挡板和西挡板。残存的挡板形制同。为整木板制成。呈南北向立于棺的两端。挡板残高47、宽50、厚10厘米。在距挡板10厘米高处也横向凿一道浅槽，以容纳棺底板的两端。

垫木：2根。置于棺底板下的两端。间距88厘米。垫木长74、宽6、厚10厘米。

在棺内底板上的北部偏中处发现一块残存的竹席，为"人"字纹编织，可能作为包裹尸体之用。

（三）葬式

该墓尸体已朽，人骨保存极差，仅残存头骨细小碎片及不全的上下肢骨。其头骨位于棺的东部，肢骨位于棺的西端，从残存的骨头看，似应为仰身直肢葬。

由于该墓骨骼残碎，可用于鉴定的标本极少，只有左侧髋骨保存基本完整。经湖北省文物考古研究所李天元先生鉴定，其髋骨的整个形态较纤小，显示出女性特征。由此可知，该墓墓主为女性，但其死亡年龄和种属尚不清楚（见附录三）。

二　随葬器物的分布

该墓共出随葬品53件。由于该墓棺椁保存不好，出土时，棺椁内积满了水和淤泥。经清理，尚存的随葬品大多按原样摆放，但一些不易保存的器物，如兵器的柄、漆木器、竹筒等大多腐朽，有些只可见其形而无法整体揭取。其中，漆木器腐朽最甚，绝大多数都只存碎漆皮，原墓葬中所随葬的漆木器的种类和数量已不清楚。

随葬品主要摆放在四个地方，即主头箱、棺头挡与隔板之间、棺南侧和棺内。

主头箱即后来扩加的一个附椁，高于主椁室，位于椁的最东端。随葬品主要集中存放于此箱。出土时，不同质地的器物塞满了此箱，可明显看出器物是分层叠置。其中，箱底主要放置大件成套的青铜鼎、铜壶等，上层放置铜盘和漆棋局，铜盘位于北端，漆棋局位于南端，皆平置。其间再插放青铜剑、铜匕、铜匜和小件漆木器及兵器等（图版四五，2）。

棺头挡与隔板间，即原椁的头箱，此区域空间较小，只随葬车马器的伞、兵器的木弓和漆器等。漆木器大多腐朽。

内棺南侧与椁墙板之间的距离较窄，作为边箱用，主要放置长柄的戈和矛，戈和矛的头皆向东，戈和矛的镦部位于西端。其积竹柲皆已残朽。此次出土的有铭"楚王孙渔矛"即出自于此室。

棺内只随葬有少量兵器，在棺内中部南侧出土一把青铜剑，剑锋朝西，显为随身所佩铜剑。在棺内足部的右侧放置8根铜镞，镞杆已残（图一一九）。

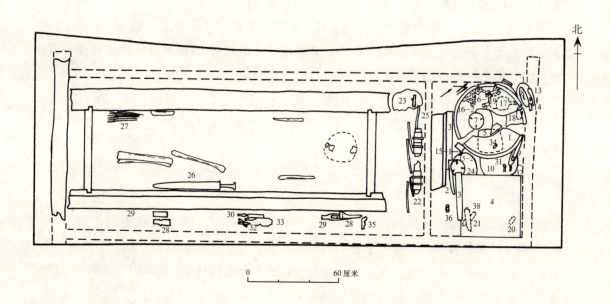

图一一九　M3棺、椁室随葬品分布图

1. 铜盘　2. 铜削刀　3、26. 铜剑　4. 漆棋局　5. 漆剑盒　6. 平头铜镞（4枚）　7、24. 铜壶　8. 铜镜　9. 铜匜　10、12. 铜鼎　11. 漆盉　13、36. 铜带钩　14. 玉管　15-1、15-2. 铜车軎　16-1、16-2. 马衔　17、19. 铜匕　18. 漆扇柄　20、34. 骨马镳帽　21、38. 铜夹刻刀　22. 木伞　23. 漆盒　25. 木弓　27. 三棱窄翼镞（8枚）　28. 铜戈（带镦）　29. 铜矛（带镦）　30. 宽翼镞（2枚）　31、37. 木俑　32. 菱尖镞（4枚）　33. 三棱窄翼镞　35. 铜杖首

表一九：　　　　　　　　　　　　　**M3出土器物登记表**

室别	质地	类别	器名	件数	器号
东 室	铜 器	礼 器	鼎	2	10、12
			壶	2	7、24
			盘	1	1
			匜	1	9
			匕	2	17、19
		生活 用器	镜	1	8
			带钩	2	13、36
		兵 器	剑	1	3
			平头镞	4	6
		车马 器	单箍素面軎	2	15－1、15－2
			索杆状马衔	2	16－1、16－2
		工 具	削刀	1	2
			夹刻刀	2	21、38
	漆 木 器	生活 用器	奁	1	11
			盒	1	23
			扁柄	1	18
		兵 器	剑盒	1	5
			弓	1	25
		车马器	伞	1	22
		娱乐器	棋局	1	4
		丧葬用器	俑	2	31、37
	玉石	装饰品	管	1	14
	骨器	车马器	马镳帽	2	20、34
南 室	铜 器	礼 器	戈	1	28
			矛	1	29
			三棱宽翼镞	2	30
			菱尖镞	4	32
			杖首	1	35

续表

室别	质地	类别	器名	件数	器号
棺室	铜器	兵器	剑	1	26
			三棱窄翼镞	8	27、33

三 随葬器物

共出53件。所有随葬器物按质地可分为铜器、漆木器、玉石器、骨器四大类。其中铜器41件，漆木器9件，玉石器1件，骨器2件。另有少量植物遗骸（表一九）。

（一）铜器

41件。青铜器的合金成分主要为铜、锡、铅，少数为铜锡合金。根据器类的不同，其锡、铅的含量不尽相同。经中国科学技术大学理化测试中心X荧光分析室对M3所出的七个标本进行检测，大多数铜器的含锡量都在15%～17%左右，少数在10%以下（见附录八）。所有器物都采用分范铸造，或二范，或三范，或四范。带有附件的器物，如器物的耳、纽、足等都采用分铸后再与器身焊接，其焊接处的一端留有凸榫。绝大多数器物铸好后，器表的范缝痕都经过了打磨。部分器物的器表可见铸造时设垫的支钉。一些器物的器口和器底尚存留有铸砂。器物的器表多铸有纹饰。纹饰主要有三角纹、颗粒纹、变形龙纹、蟠螭纹、云雷纹、卷云纹等。少数铜器的表面还有错金或错银的纹饰。铜器大多为实用器，少数器物的器底可见有烟炱痕，个别器物的器身可见有使用破损后的重新浇补痕。所有铜器按用途可分为铜礼器、铜兵器、铜车马器、铜生活用器和铜工具五大类。

1. 铜礼器

8件。皆出于头箱。器类主要有鼎、壶、盘、匜、匕。

铜鼎（铁足）　2件。形同。皆铁足铜身。弧形盖。盖外圈饰3个小菱形尖纽，子母口内敛。直腹。圜底。鼎口外附2个长方形内弧立耳。底附3只兽蹄铁质足，足截面呈六棱形。耳及足内塞满铸砂。盖顶中央饰1个小鼻纽，盖面饰2周凸棱，腹上部饰1周凸棱，足膝部饰兽面纹。器表可见铸缝，鼎身为4范合铸而成，其中鼎腹3块，鼎底1块，浇口在器底。耳及足分铸后与鼎身合铸，盖内可见较多铸造时使用的支钉。出土时，鼎内盛装有猪肩胛骨和猪肋骨。标本M3：12，通高27.2、口径22、腹径26厘米（图一二〇，1；图版四六，1）。

铜壶　2件。形同。隆顶形盖，盖顶饰3个"S"形纽。口微侈，长颈微内束，溜肩，上腹鼓，平底，高圈足。肩上附2个对称的铺首衔环。盖面饰变形蟠虺纹，壶颈部饰三角纹，三角纹内再加饰卷云纹。自肩至腹下部饰3组凹弦纹，每组2周，将壶腹分为4个单元格，每个单元格内饰2排变形蟠虺纹，圈足上部饰一周连续的"S"纹。铺首衔环上饰卷云纹。全器采用分铸法铸造。铺首衔环先铸好后再插入器身的范内浇注。由于铺首与器身附贴不严，铺首与器身结合处可见遗漏的铜液痕。器身为2范合成，浇口在器底正中部位，为长条形。器底及盖内塞满铸砂。标本M3:7，通高33、口径9.2、圈足径13.2、腹径19.6厘米（图一二〇，5；图一二一；彩版三九，1；图版四六，3）。标本M3:24，与前述相同，只是纹饰不太清楚（图版四六，4）。

铜盘　1件（M3:1）。斜折沿，内斜直壁，折腹，圜底，腹壁外侧附2个对称的鼻纽衔环。薄胎。素面。全器采用分铸法，鼻纽衔环铸好后插入器身的范内再连铸。由于器壁较薄，纽钉插入器壁内后，可见有凸乳。盘身为3范拼合，盘内多处可见铸造时设垫的支钉。复原高10、复原口径43厘米（图一二〇，2；图版四六，2）。

铜匜　1件（M3:9）。俯视呈椭圆形，口外一侧附凹形流，流上翘。弧腹内收，底近平。薄胎。素面。通高9.8、椭圆长径20、宽径14.4厘米（图一二〇，4；图版四六，5）。

铜匕　2件。形同。匕身作铲形，圆弧口，凹底。匕尾部正中近口处带一直柄，柄截面呈六棱形。柄上粗下细，正面有1个长方形穿。出土时柄内尚残留有木质柄。柄前端砍削成尖锥形。标本M3:17，匕口宽10.4、铜柄长9.5厘米（图一二〇，3；图版四六，6）。标本M3:19，形制与前述相同（图版四七，1）。

2. 铜兵器

23件。主要出南室（边箱）和棺室。器类主要有剑、矛、戈、杖首和箭镞。

铜剑　2件。标本M3:3，剑身修长。垂锷尖锋，中脊起棱，宽格，有从。椭圆形实茎。茎中部饰两个圆箍。小喇叭形首。出土时剑身外套木鞘。鞘已残，仅存下部。鞘为两块长条形木板合成，内空凿成扁菱形。鞘外用丝带缠绕，靠鞘口处的一段有脊。鞘外髹黑漆。剑通长69.2、鞘残长25.6厘米（图一二二，1；图版四七，2）。标本M3:26，垂锷尖锋，中脊起棱，窄格，有从。柱状实茎。茎中部稍细。环状柄茎近首处透空1.1厘米。剑通长55.2、柄径3.8厘米（图一二二，3；图版五一，1）。

铜矛　1件（M3:29）。由矛、镦和柲组合而成。出土时柲已朽，仅存铜质矛和镦。矛为尖锋，宽叶，中脊起棱，截面呈三棱形，椭圆形骹，骹上有一穿，骹口作凹形。脊两边自上而下各错金一列对称的蟠螭纹。叶两边各错金鸟篆铭文3个。铭文为"楚王孙渔之用"六个字。镦为圆筒形，上有一穿。平底。出土时镦内残存有积竹柲。矛长27.3、叶宽4.5、镦长8.4、镦直径2.5厘米（图一二二，4、9；彩版四〇，1、2；图版四七，4、5）。此矛的铭文和花纹与20世纪50年代在江陵长湖边上所出土的"楚王孙渔戟"完全相同，所见"渔"应是同一人。

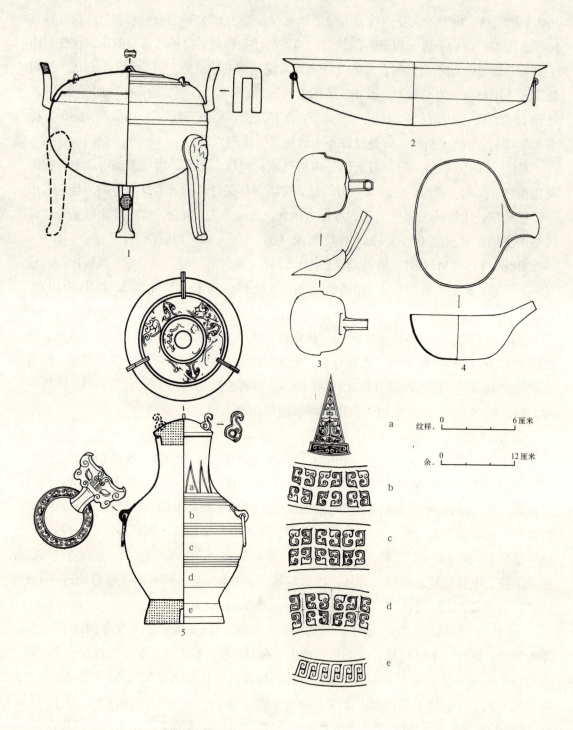

a　纹样.　0 ————————— 6厘米

余.　0 ————————— 12厘米

图一二〇　M3 出土铜器——礼器

1. 铜鼎（M3:12）　2. 铜盘（M3:1）　3. 铜匕（M3:17）　4. 铜匜（M3:9）　5. 铜壶（M3:7）

图一二一　M3出土铜器——铜壶纹样拓片（M3∶7）

1.盖顶纹样　2.颈部纹样　3.肩部纹样　4.腹部纹样　5.足部纹样　6.铺首纹样

铜戈　1件（M3∶28）。由戈、镡和柲组合而成。出土时柲已朽，仅存铜质戈和镡。戈援微扬，有脊，长方形内，内尾圆弧。栏侧三穿，内上一穿。镡作杯形，中部饰一宽凸棱，口部作前方后圆的椭圆形。柄部呈上粗下细的纺锤形。通体错金对称的卷云纹。戈援长11.6、援宽2.5、内长7.2、内宽3.4、胡长11、镡长10.3厘米（图一二二，2、5；彩版三九，2；彩版四一，1；图版四七，3、6）。

铜杖首　1件（M3∶35）。仅存杖首。首作鸟头形，顾首，尖嘴，圆眼。支翅末端上翘，长平尾。通体错金羽毛和云纹。杖首长6.6、高2.5厘米（图一二二，11；图版四九，1）。

铜镞　18件。可分为平头箭镞、菱尖箭镞、三棱窄翼箭镞和三棱宽翼箭镞四种。

平头镞　4件。形同。圆筒形。平头。中空。素面。标本M3∶6-1，通长3.2、直径0.6厘米（图一二二，7；图版四八，2）。

菱尖镞　4件。形同。圆筒形。中空。顶端铸成四面尖。出土时筒内残存有苇秆。标本M3∶32-1，镞头长3、直径0.7厘米（图一二二，6；图版四八，1）。

三棱宽翼镞　2件。形同。3短棱刃，尖锋。苇秆插入镞头内。出土时苇秆已无存。标本M3∶30-1，镞头长4.7厘米（图一二二，8；图版四八，3）。

三棱窄翼镞　8件。形同。三棱刃。尖锋，长圆铤。铤末端渐细。铤外有苇秆，苇秆外髹黑漆。标本M3∶27-1，残长27.4厘米（图一二二，10；图版四八，4）。

3．铜车马器

4件。只有铜车軎和铜马衔。

铜车軎　2件。形同，应为一套。圆筒形身，中部饰一凸箍，末端平，中部有透穿圆孔，辖首铸倒兽面纹。标本M3∶15-1，通高8.8、末端径3.4厘米（图一二三，3、4；图版四八，5）。

铜马衔　2件。形同。由2节相同的索状铜杆相连，每节一端为小圆环，一端为大椭圆环，中间相连的2个小圆环内有明显的磨损痕，原应为实用器。标本M3∶16，通长2.6、椭圆环长径5.1厘米（图一二三，2；图版四八，6）。

4．铜工具

3件。器类只有削刀和夹刻刀。

削刀　1件（M3∶2）。长条形，微弧，厚背，钝圆锋。长柄，柄背平。截面近椭圆形，柄末端铸连一固定的椭圆形环。刃上部铸有一条凤鸟纹和卷云带。通长29.5、刃宽0.5、柄长8.4厘米（图一二四，1；图版五〇，4）。

夹刻刀　2件。形制大体相同。皆由刻刀和木柄组成。刻刀为凹形，尖锋，头部为双面刃。中脊和两边起棱。内凹的一面附一段圆木柄。木柄与刀身原应是通过丝带捆

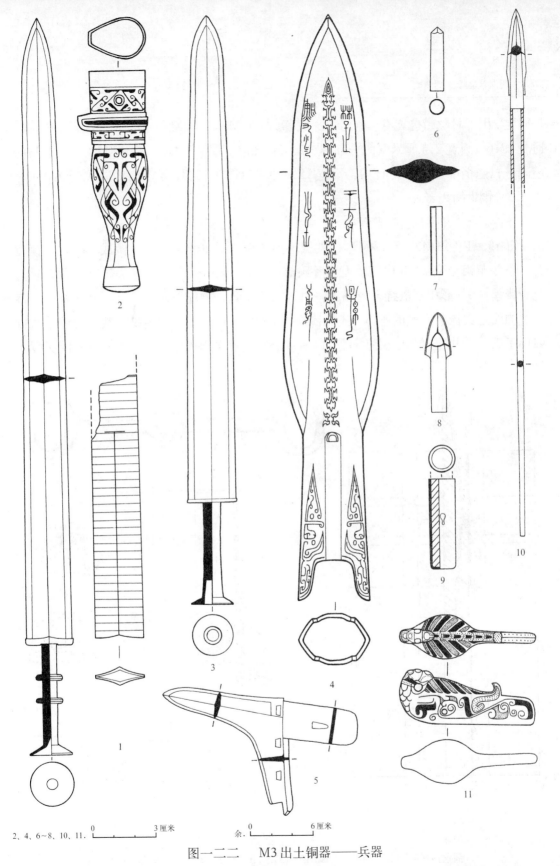

图一二二　　M3 出土铜器——兵器

1. 铜剑带鞘（M3：3）　2. 铜戈镦（M3：28）　3. 铜剑（M3：26）　4. 铜矛（M3：29）　5. 铜戈（M3：28）
6. 菱尖镞（M3：32-1）　7. 平头镞（M3：6-1）　8. 宽翼镞（M3：30-1）　9. 铜矛镦（M3：29）
10. 三棱窄翼镞（M3：27-1）　11. 铜杖首（M3：35）

2、4、6~8、10、11.　0 ⊢――――――⊣ 3厘米　　　余.　0 ⊢――――――⊣ 6厘米

扎固定。出土时丝带已无存。柄与刀身散落。标本M3∶21，刀身尾部铸一阳文"王"字。通长22.6、刃宽2.4厘米（图一二四，2、3；图版五〇，3右）。标本M3∶38，形与前述同，只是稍小些。通长15.9、刃宽15.9厘米（图一二四，4；图版五〇，3左）。

5. 铜生活用器

3件。器类有铜镜和铜带钩。

铜镜　1件（M3∶8）。圆形，夹层。小环纽，圆纽座，纽座外做成三叶纹，镜背有六条夔龙相互缠绕。其中三夔龙呈等距离向内口衔纽座，另三夔龙头向外，口衔镜缘。龙身皆呈"S"形相互盘绕，龙昂首张目，头部有角，橄榄形眼，卷尾。四肢伸张，每一龙的四足或抓另一龙的躯体，或抓镜缘。镜背的三叶、龙身和镜缘上共对称镶十八枚圆形玉石。其中，三叶上各镶一颗，口衔镜纽的三夔龙前肢各一颗，口衔镜缘的三夔龙

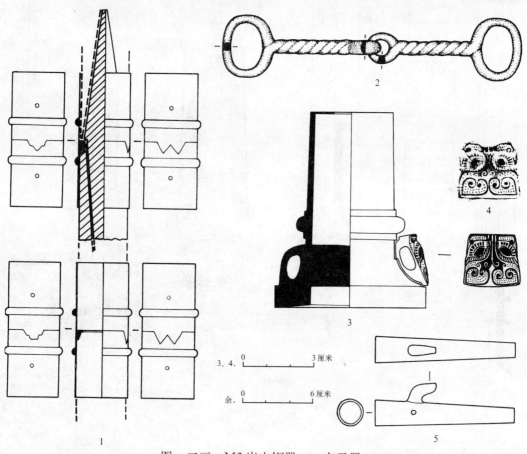

图一二三　M3出土铜器——车马器

1. 铜伞箍（M3∶22-1）　2. 铜马衔（M2∶16）　3. 铜车軎（M3∶15-1）
4. 铜辖拓片（M3∶15-1）　5. 铜盖弓帽（M3∶22-2）

右肢各一颗,镜缘上共镶六颗。镜背表面满髹黑漆,镜缘用褐漆彩绘三角菱纹和卷云纹。直径22.4厘米(图一二五;图版四九,3)。

铜带钩 2件。一件完整,一件残。标本M3:13,完整。钩作"S"形,钩首为鸟头形向内弯曲,凸眼,圆喙,宽腹,平尾。腹上饰对称的四凸乳钉。钩腹中镶嵌一块长方形玉石,玉表面打磨光滑,玉表面部分泛红。钩背正中铸一圆形凸纽。通体错金卷云纹、羽纹和点纹。通长11.2厘米(图一二六,1;彩版四二;图版五〇,5、6)。标本M3:36,器残。钩身无存。仅存椭圆形纽(图一二六,2)。

(二)漆木竹器

9件。数量不多,仅见少量的生活用器、兵器、娱乐用器和丧葬用器。从清理现场看,头箱和边箱内散见有大量的漆皮以及木器腐朽的残渣,可以推想,原应随葬有大量的漆木器。只因保存不好,绝大多数漆木器已腐烂而无法复原。残存的漆木器按用途可分为生活用器、兵器、娱乐器具。

1.生活用器

3件。残存的只有漆盒和漆扇柄。

漆盒 1件(M3:23)。仅存残器盖。盖顶中微隆,顶中央附一小薄饼形铜纽,纽中鼻纽衔一圆环。盖内外髹黑漆,器外用红、黑两色漆绘云纹(图一二七,1)。

漆奁 1件(M3:11)。全器残甚。仅存残片底可辨识。

漆扇柄 1件(M3:18)。长

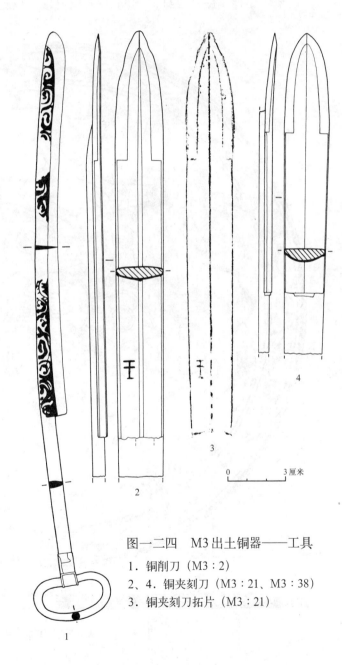

图一二四 M3出土铜器——工具

1. 铜削刀 (M3:2)
2、4. 铜夹刻刀 (M3:21、M3:38)
3. 铜夹刻刀拓片 (M3:21)

椭圆形，上宽下窄，外髹黑漆，柄两面的黑漆地上用红、褐两色加绘卷云纹。残长132厘米（图一二七，2；彩版四三，1；图版五〇，2）。

2. 兵器

5件。只见伞、木弓和剑盒。

伞　1件（M3：22）。出土时木伞已残，仅见其盖弓。盖弓内的木质已朽，仅见

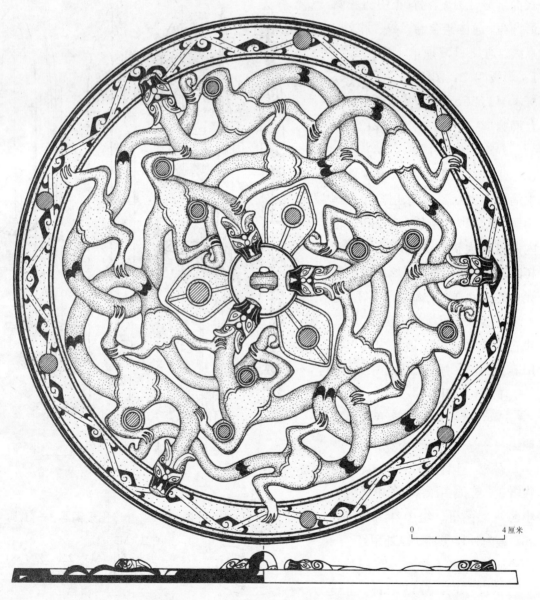

图一二五　M3出土铜器——生活用器

铜镜（M3：8）

外部的漆皮，从漆皮的形状看，盖弓近盖斗处为方形，末端为圆形。室内清理中，只见连接伞柄的铜箍和铜盖弓帽。其余形制不明。

伞箍　2件。形同。皆圆筒形，中空。每件伞箍由两小节相同的铜箍相连。相连处铸成三角形卡口套合。每小节外饰一宽凸棱。其上另有一穿。出土时一件箍内还残留

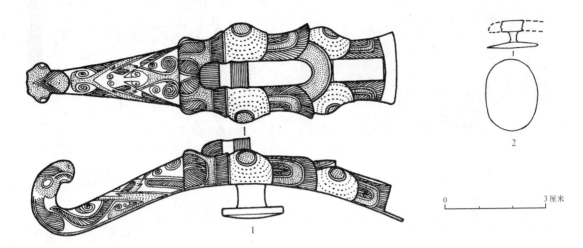

图一二六　M3出土铜器——生活用器
1. 铜带钩（M3∶13）　2. 铜带钩（M3∶36）

有一段木质的伞柄。铜箍正套合在上下木柄的结合处。标本M3∶22-1，箍长11、直径4.4厘米（图一二三，1；图版五〇，1）。

盖弓帽　12件。圆锥形。上端外侧铸一向外的弯钩。钩侧的帽上有1穿。标本M3∶22-2，通长5.8厘米（图一二三，5；图版四九，2）。

木弓　1件（M3∶25）。弓两末端残，中间为马鞍形，中部厚，两端渐薄。截面呈椭圆形。外髹黑漆。弓身残长80厘米（图一二八）。

剑盒　1件（M3∶5）。只存漆皮，无法复原。其形制和结构不明。

3. 娱乐用器

只有1件棋局。

棋局　1件（M3∶4），出土于M3头箱的最上层。整木制成，近方形，正面平，背面外缘四周削成45°切角，底面四角各透穿两个方形曲折榫眼。原器应有四足，但出土时未见，可能是入葬时受椁室空间的限制而有意识地将其撤掉。原器应是一个方形四足案，出土时只见案面，通体髹黑漆。正面绘图案，图案由"╋"、"＋"、"□"、"×"、"◎"形组成，所有线条皆用红漆绘画，线段粗细相等。正面用红漆将案面的四角用"⌐"线等分为四个区域，中部形成一个空"╋"形的道，正中画一个正方形的方块，"╋"正中

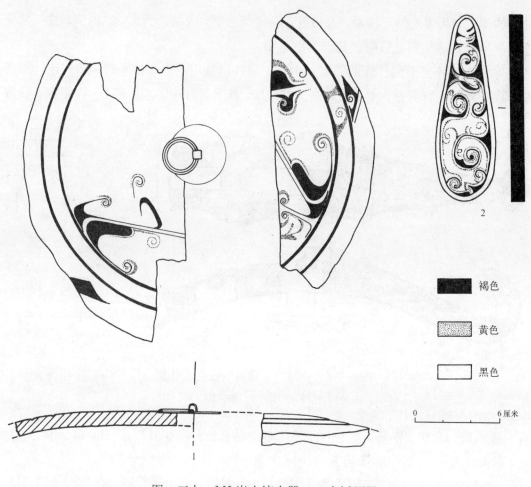

图一二七　M3出土漆木器——生活用器

1. 漆盒（M3∶23）　2. 漆扇柄（M3∶18）

加画十字交叉线，四角的对角画"×"线，"十"字线和对角"×"线皆不穿越正中的方块线。各边自外向内画平行线六条，其中最外边为压边画，由外向内形成大小相套的六个正方框，中部的正方框内用双线画圆，每个方框的线和中间的圆线在途经十字道处都不相连，形成十字道压住方框和中间圆的透视关系。除中部的方框外，由外向内形成五栏，除第三栏稍宽外，其余四栏间距都大致相等。每一栏内和中间圆内及"十"字交叉线、对角"×"线上都用毛笔朱漆书写文字。文字书写方向不一，由每一边看，由外向内的第一、二栏为正书，第四、五、六栏为倒书，"十"字线上的文字则依线走向倒书，对角"×"线上的文字除位于四角的文字为正书外，余皆依线走向倒书。其中，"十"字线和对角"×"线上的文字属一字一组的为压线书写，两字一组的在线左右各书写一字。部分压线书写的文字直笔画还借用了直线作该字的某一笔。整个案面原共书写184

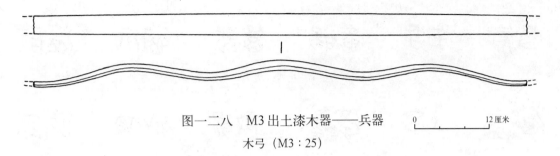

图一二八 M3 出土漆木器——兵器

木弓（M3：25）

0 ⊢⊣⊢⊣⊢⊣ 12厘米

个文字。每个"⌐"单元内各41个字，其中的一角正在透榫处残损，在第二栏的对角"×"线上残缺一字，实有文字183字。整面文字书写排列有序，或一字一组，或两字一组。每一个单元内的字数相等且排列都极为对称。为了叙述方便，将案面上按大小相套的六个正方框之间的空距所形成的栏、"十"字线、对角"×"线和中圆圈内的文字予以介绍。

1. 方框内的文字

方框之间共分五栏，文字主要横向书写在框与框之间的栏内，栏内无论是正书还是倒书的文字且都是紧邻上线书写。其中第一、第二栏文字皆朝外（正书），第三、四、五、六栏文字朝内（倒书）。由于第二栏与第三栏间距较大，且无文字（对角"×"线上的文字除外），整个图式也可视作外框二栏，内框三栏。五栏文字分别是：

第一栏，分24组，每边6组，自左向右旋转读分别是：

"棠（常）"、"杏挈"、"傟（逸）甶（陈）"、"恝（烈）悠"、"冘念"、"訏溢"、"穅（康）缅"、"困土"、"鱻（鲜）忕"、"肻（怨）箴"、"肙肝"、"襄（让）敛（夺）"、"慮（虑）科"、"尋（得）惛（闻）"、余（徐）忽（忍）"、"速勒（解）"、"恭歼"、"息毁"、"怀（倍）劻"、"恻念"、"㢡（弱）懶（豫）"、"狐刚"、"行训（顺）"、"虐桑"。

第二栏，分16组，每边4组，自左向右旋转读分别是：

"民毗"、"民凶"、"民綹（憟）"、"民瞀（憍）"、"民阳（启）"、"民窨（喻）"、"民舾（惛）"、"民悃"、"民窮（穷）"、"民鈘"、"民恭（倦）"、"民患"、"民恻"、"民勅（厉）"、"民童"、"民柔"。

第三栏，分16组，每边4组，自左向右旋转读分别是：

"纪"、"纏（興）"、"吁惪（惠）"、"绔"、"陒（闭）"、"樊"、"智罞（疏）"、"阳（启）"、"训（顺）"、"椏（权）"、"恭訢（慎）"、"逆"、"绔"、"苯"、"圣裕"、"经"。

第四栏，分8组，每边2组，自左向右旋转读分别是：

"毅民"、"吾（五）弨（弱）"、"民盍"、"厽（三）弲（强）"、"人善"、"吾（五）弲（强）"、"迅薝（谦）"、"厽（三）弨（弱）"。

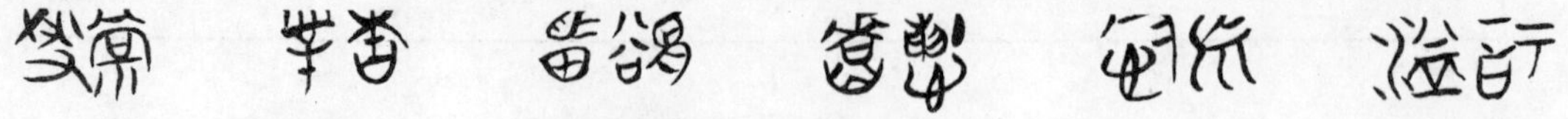

方框第一栏A边文字

方框第一栏B边文字

方框第一栏C边文字

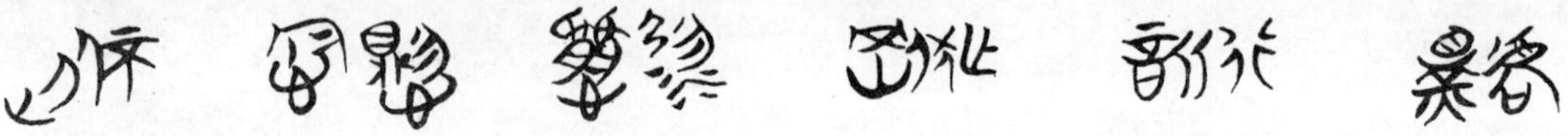

方框第一栏D边文字

方框第二栏A边文字 　　　　　　　　　　　方框第二栏B边文字

方框第二栏C边文字 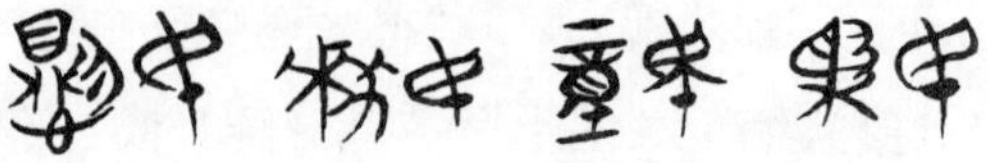　　　　　　　　　　　方框第二栏D边文字

方框第三栏A边文字 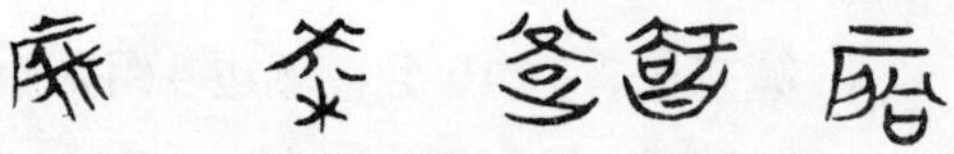　　　　　　　　　　　方框第三栏B边文字

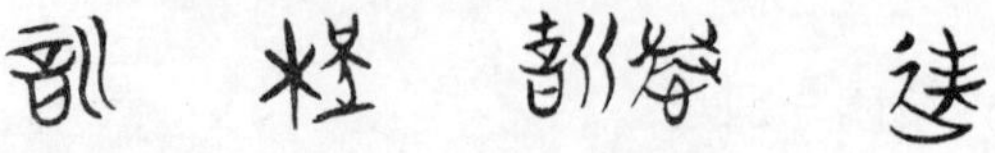

方框第三栏C边文字 　　　　　　　　　　　方框第三栏D边文字

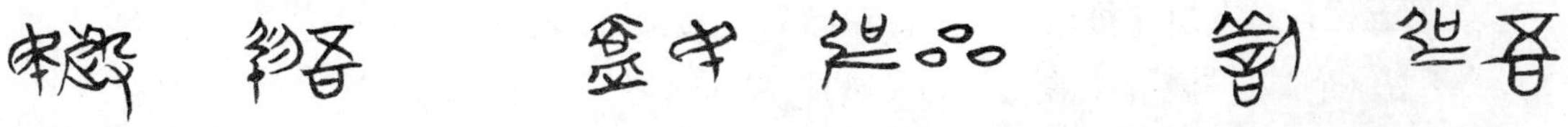

方框第四栏 A 边文字　　　　　　　方框第四栏 B 边文字　　　　　　方框第四栏 C 边文字

方框第四栏 D 边文字　　　　　方框第五栏 A 边文字　　　方框第五栏 B 边文字　方框第五栏 C 边文字

方框第五栏 D 边文字　　　　　　　　　中间圆圈内的文字

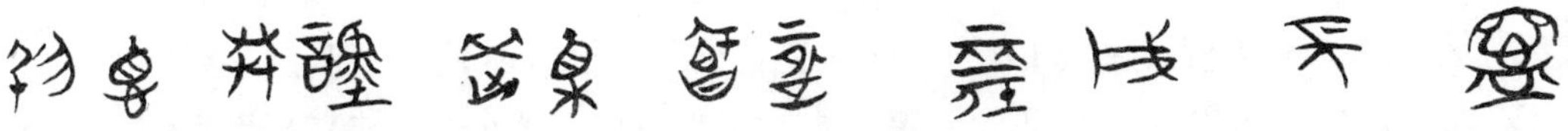

十字线上第一栏文字　　　　　　　　　　十字线上第二栏文字

十字线上第三栏文字　　　　　　　　× 形线上第二栏文字（第三字缺）

× 形线上第一栏文字　　　　　　　　　　× 形线上第四栏文字

× 形线上第三栏文字　　　　　　　　× 形线上第五栏文字

× 形线上第六栏文字

图一二九　漆棋局文字摹本

第五栏，分8组，每边2组，自左向右旋转读分别是：

"型（刑）"、"灋"、"信"、"共（典）"、"羕（祥）"、"裳（常）"、"义"、"恻"。

2．"十"形内"十"字线上的文字

"十"字线上的文字可分四组。由外向内可分三栏，旋转读分别是：

第一栏，有4组，分别是"悳（德）弓（弱）"、"謈（默）共（恭）"、"植（德）刚"、"堊（恒）智"。

第二栏，有4组，分别是"坪（平）"、"戌（成）"、"长"、"宁"。

第三栏，有4组，分别是"齐毂"、"取（取）聅（察）"、"事杏"、"导（得）音"。

3．对角"×"线上的文字

对角"×"线上的文字由外向内可分六栏，四角的文字正书，其余倒书，旋转读分别是：

第一栏，有4组，皆位于四角，分别是"肰口"、"澰牝"、"义彔"、"汏籏"。

第二栏，有4组（缺失1组），分别是"果"、"忨（愿）"、"利"。

第三栏，有4组，分别是"几鼻（鬼）"、"几天"、"吾嬰（奚）"、"几人"。

第四栏，有4组，分别是"安"、"脅（协）"、"童"、"和"。

第五栏，有4组，分别是"縗（衰）"、"卒（卒）"、"几"、"鼠"。

第六栏，有4组，分别是"悳（德）"、"水"、"时"、"宅"。

4．中间圆圈内的文字

中间"◎"形内的文字有一栏，分4组，各组文字皆沿圆周边分布，每组文字两个，所经对角"×"线处，线段的左右各书写一字，旋转读分别是：

"曶悳（德）"、"亚（恶）散（美）"、"悳（德）屯（纯）"、"民甬"。

棋局出土时，在其上伴出两块小木方块，其四面皆刨平抛光，但皆未髹漆，两块木方块大小相同，边长2.2、厚0.5厘米。其大小不仅正好与棋局中部所画的小正方形相等，而且还与中部的十字道、外框两栏和内框两栏的宽度相等（图版五一，5）。通过伴出分析，可以确认这两块小木方块应是棋局的配套使用物，并且原应是放在棋局正中所画的小方框内的。

棋局上少数文字现还不能确切隶定，其含义尚待进一步研究。但值得注意的是，全篇文字中有很多相对的词组，如"刑"与"德"、"强"与"弱"、"刚"与"柔"等。有些双音复合词也可与出土文献和传世文献中的相关词例相比证。如"民愄"见于郭店楚简。郭店楚简《尊德义》："教以懽（权）谋，则民淫愄远礼亡新（亲）仁。""民愄"当与《尊德义》中的"民淫愄"同义。如"民惓"，见之于上博楚简，上博楚简《孔子诗论》："民之又（有）惓也，上下之不合者，其甬（用）心也（将）可（何）女（如）？"

另外，有些词组顺读和逆读皆可成词，如"民甬（用）"可读为"甬（用）民"，"恶美"可读为"美恶"，"德屯（纯）"可读为"屯（纯）德"，"恒智"可读为"智恒"，并在相关的文献中找到依据。由此而观之，可能整幅文字原本存在着顺读和逆读的两种读法。

这件棋局是迄今已知最早的图文相间的实物，限于资料，对于其性质、用途和名称还不十分清楚。秦汉墓中常出有用于占卜的式盘和博局，但经比较，它们之间都存在着很大的差别。从伴出的两枚小木方块及所有栏宽与小木方块的宽度相当看，可能为用于行棋的棋局。当然，文中也不乏一些占测之词，如"顺"、"逆"、"强"、"弱"、"果"、"和"、"宁"、"利"、"安"等。1993年在江苏连云港尹湾6号汉墓出土的9号木牍背面上部绘有一博局图，下部附有五栏占测文字①。这表明，博局不仅可供游戏，亦可用来占测人事吉凶。因此，这件棋局也可能兼有行棋与占测功用，图上的文字可能全部或部分作为行棋所到位置的占验之辞或占测事项，我们暂称之为棋局。棋局长39.4、宽38.8、厚1.7厘米（图一二九；图一三○；图一三一；图一三二，彩版四四；图版五一，5）。

4. 丧葬用器

木俑 2件。器形皆较小，用整节小圆木雕凿而成，均作站立状，通体髹黑漆。标本M3：31，平顶，顶上雕刻有帻，发紧贴于帻内，耳、鼻、眉均凸起。深衣，腰束带。双手合抱于胸前。从发式看，此件应为男俑。通高3.9厘米（图一三一，1）。标本M3：37，平顶，耳、鼻眉均凸起，柳眉杏眼，小嘴，头顶雕刻有帻，发从帻中部呈钩状凸出。博袖，腰束带。双手合抱于胸前。从发式看，此件应为女俑。通高3.3厘米（图一三三，2；彩版四三，2；图版五一，2）。

（三）玉石器

数量极少，仅见1件玉管。

玉管 1件（M3：14）。浅黄色，经鉴定为天青玉。圆台形管，管外壁阴刻卷云纹。管上部直径1.4、下部直径1.6、孔径0.6～0.7厘米（图一三四，1、2；图版五一，3）。

（四）骨器

马镳骨帽 2件。圆筒形。为截取的一段动物骨骼制成，上端细，下端粗，中空，表面打磨后用黑漆绘对称的"S"纹，其间再等距离加绘七星点纹。木镳已朽。标本M3：34，通长2.8、上径1.1、下径1.4厘米（图一三五；图版五一，6）。

（五）植物遗骸

桃核 4枚。皆出自于头箱M3：10铜鼎内。保存较好，核表面的自然凹痕分明（图一三六；图版五一，4）。

---

① 连云港市博物馆等：《尹湾汉墓简牍》，中华书局，1997年。

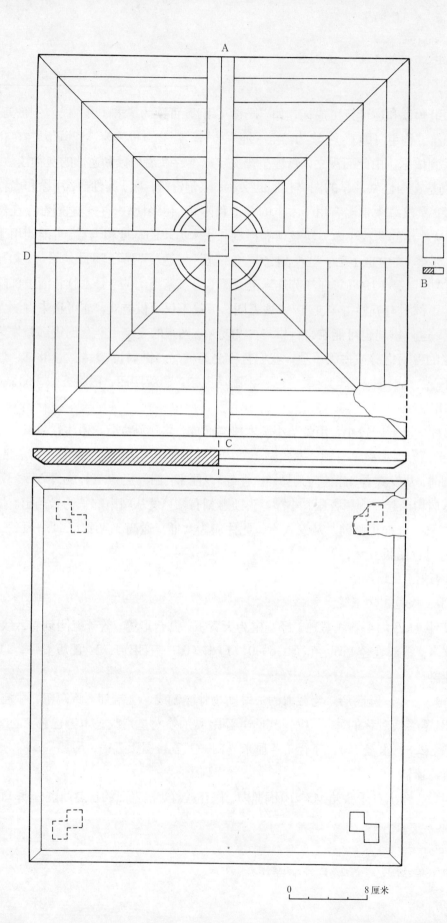

图一三〇　M3 出土漆木器——娱乐器具

漆棋局 (M3 : 4)

0   8厘米

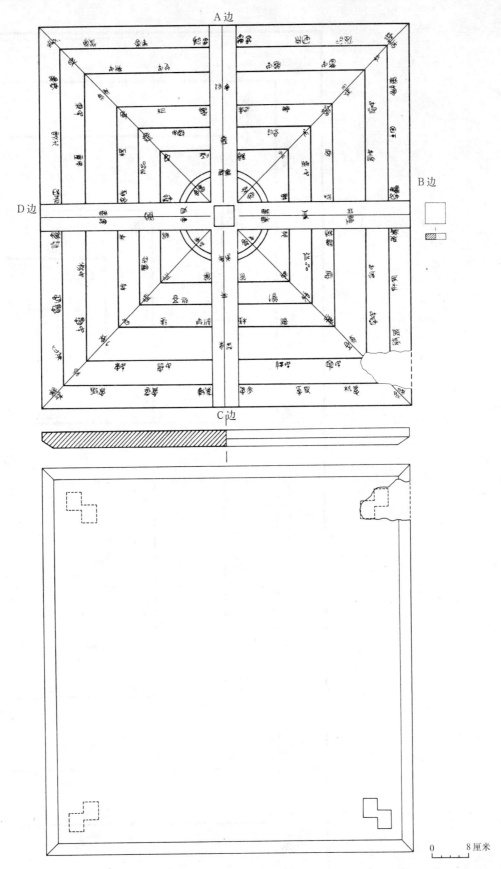

图一三一　漆棋局（M3：4）

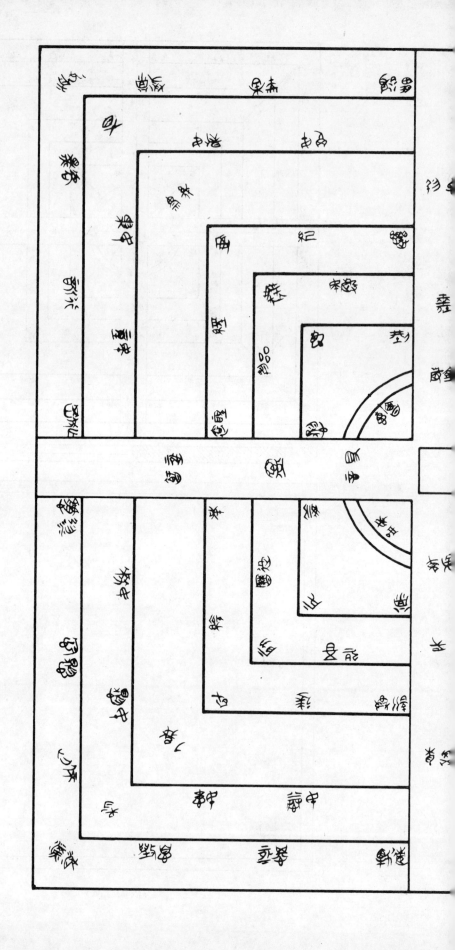

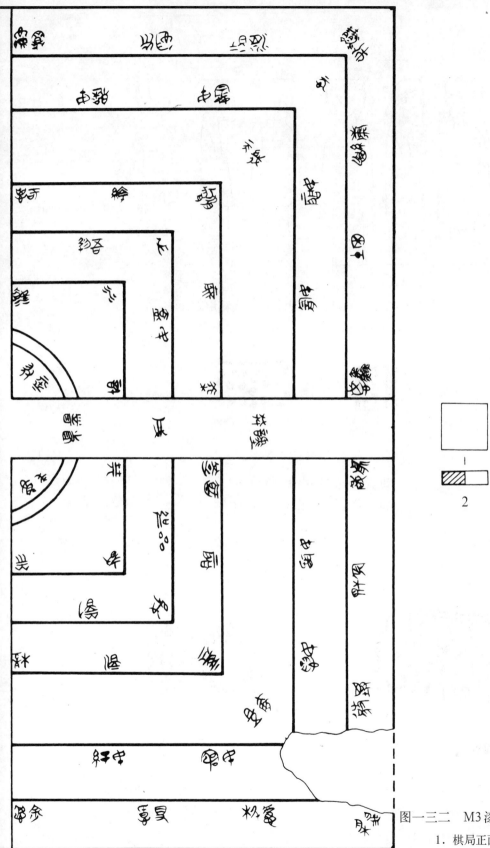

图一三二　M3漆棋局文字分布图

1. 棋局正面　2. 棋子

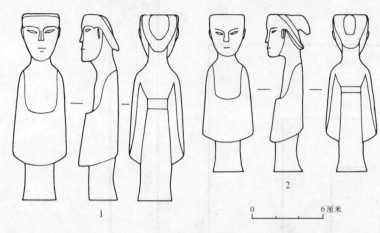

图一三三　M3出土漆木器——丧葬用器

1.木男俑（M3：31）　2.木女俑（M3：37）

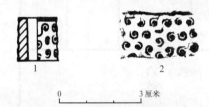

图一三四　M3出土玉石器

1.玉管（M3：14）　2.玉管纹样拓片（M3：14）

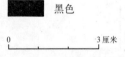

图一三五　M3出土骨器

马镳骨帽（M3：34）

图一三六　M3出土植物遗骸

桃核（M3：10铜鼎内出）

伍　结语

左冢楚墓位于荆门市境内，南距楚都纪南城遗址仅31公里，南与已发掘的包山楚墓墓地相距约13公里，属纪南城城北的楚墓区之一。墓葬分布在一南北走向的岗地上，经实地调查和勘探可知，墓地周围的地势皆属西岗河西岸的高地，其地势随岁月的变迁未有大的变化，应基本保持了原地貌。三座墓葬基本呈直线，间隔有序地排列在岗地的岗脊上。勘探也表明，墓葬的周围未见其他墓葬和遗迹，可以确定，左冢墓地应由三座墓葬构成，所揭示的应是一处完整的楚国墓地。尽管有两座墓葬被盗，但通过发掘仍出土了一批有价值的楚文物，对探讨左冢楚墓各墓的年代、墓主身份及墓地性质等具有重要的学术价值。

一　各墓的年代

左冢楚墓各墓皆未发现有明确记录墓葬下葬年代的文字材料，但通过历年发现的楚墓材料所建立的楚墓年代学的框架，可大致判定其相对年代为战国中期，各墓的具体年代还可通过遗物作进一步的比较研究。

一号墓是左冢墓地中最大的一座墓葬，也是被盗最为严重的一座墓葬，青铜礼器几乎被盗掘一空，这无疑给断定墓葬本身的确切年代带来困难，我们只能通过残存的礼器和其他遗物与有确切年代的其他楚墓作相应的比较研究。

一号墓未发现陶礼器，由于墓葬被盗，是原本身就未随葬陶礼器，还是陶礼器全部被盗已不得而知。从其他已被盗掘的墓葬看，如果随葬有陶器，一般或多或少还应有陶器残片发现，但在一号墓内未见一片陶器残片，由此推断，一号墓内原未随葬陶礼器的可能性要大些。在东室残存有较多的铜礼器残片，从残存的器物口沿看，部分器物的器形较大，且大部分铜器的残片上都有金属器的砸痕，可以推定，由于受椁室盗洞口的限制，大件的铜礼器都是在椁内砸碎后盗出的。对铜器残片加以拼对可知，器形有壶和铜鼎的铁足等。结合东室尚未被盗走的小件铜器看，东室原主要应随葬铜礼器，残存的主要器类有鼎、缶、盒、勺等。综合该墓其他各室出土的少量盥洗器，可供对比的主要青铜器器类只有鼎、盥缶、盘、匜和盏等。

一号墓所出的鼎只残存铁足，根据历年所发掘的楚墓材料可知，应为铜鼎的铁足，但铜鼎的口及腹的形制皆不清楚。从个体及形制的差别判定，这些鼎足应属三件个体，也就是说，一号墓原至少随葬有3件铁足铜鼎。铁足铜鼎在已发掘的战国中期楚墓中不罕见，如包山二号楚墓和望山二号楚墓皆有发现。综合目前已发掘的楚墓材料，铁足铜鼎最早只见于战国中期的楚墓，因此，可将其看作是战国中期及其以后的典型器，一号墓随葬有铁足铜鼎，说明其年代不会早于战国中期。

铜盥缶在已发掘的战国楚墓中数量较少，一般只见于规格较高的楚墓中。一号墓中出土的盥缶形制大体类同于战国早期的曾侯乙墓的盥缶[①]，除其下腹稍高外，其提链和纹饰要比曾侯乙墓所见的盥缶要逊色得多，可见其明显要晚于曾侯乙墓的盥缶。

一号墓所见的盘和匜分别与江陵九店东周楚墓乙组墓（M620）出土的Ⅲ式盘和Ⅱ式匜相同，所出的铜盏也与九店东周乙组墓（M250）出土的铜盏相近，九店东周楚墓乙组墓的M620和M250的分期皆为三期五段，时限约当在战国中期晚段[②]。

一号墓所出的其他器物不仅在器类，而且在器形上也与已见于报道的一些楚墓所出的遗物相同或相近，如兵器中的铜戈、铜矛、矢箙、车壁皮袋等，尤其是戈和矛的镦与包山二号楚墓如出一辙。除此之外，一些漆木器（如豆和盒等）的制法、形制乃至花纹大都也与包山二号楚墓及望山二号楚墓相同。

通过上述比较可知，一号墓所出的遗物大多与江陵九店东周楚墓中的三期五段、望山二号楚墓和包山二号楚墓所出的遗物相同和相近，因此其相对年代应大体与上述墓葬相当。望山二号楚墓的年代约为战国中期晚段[③]，包山二号楚墓具有明确的纪年，为公元前316年[④]，由此可知，左冢一号楚墓的年代应在战国中期偏晚的积年内。

一号墓年代的推定还可通过墓葬内出土的一件三晋纪年铜戈再作参证。在该墓的南室出土了一件木柲铜戈，戈头上的铭文为"廿（二十）三（四）年自命（令）州□（逃？）右库帀（工师）萛（邯郸）奚冶瞽"，根据铭文的辞例可确认为是一件三晋兵器。值得注意的是，铭文中所见人名与"六年郑令戈"相同[⑤]，可推知其应是一件韩国兵器，而韩王

① 湖北省博物馆：《曾侯乙墓》，文物出版社，1986年。
② 湖北省文物考古研究所：《江陵九店东周墓》，文物出版社，1995年。
③ 湖北省文物考古研究所：《江陵望山沙冢楚墓》，文物出版社，1996年。
④ 湖北省荆沙铁路考古队：《包山楚墓》，文物出版社，1991年。
⑤ 郝本性：《新郑"郑韩故城"发现一批铜兵器》，《文物》1972年第10期。

在位超过二十四年的只有韩昭侯和韩桓惠王。韩昭侯二十四年为公元前339年，韩桓惠王二十四年为公元前249年，韩桓惠王二十四年已是白起拔郢以后，时已至战国晚期，与墓中出土文物不符，因而此戈的铸造年代只能是韩昭侯二十四年，由此可知，左冢一号楚墓的年代上限不会早于公元前339年，其下限也不会晚于公元前278年，经与已发掘的楚墓比较，其年代应在公元前330～前300年之间为宜。

二号墓内虽然也没有确切的纪年文字，但所出器物的形制具有明确的时代特征。尽管已被盗，墓葬内仍可见部分铜礼器和仿铜陶礼器残片。首先，从铜礼器看，其所出铜壶与九店东周乙组墓三期五段M25出土的Ⅱa式铜壶相近，其所出的盘和匜也与九店M620所出的Ⅲ式盘和M250所出的Ⅱ式匜相同，铜匕与九店M294所出的Ⅱ式勺完全相同。其次，从陶器看，其所见鼎足中部皆为圆穿，这一具有明显时代特征的制法，只见于战国中晚期的陶鼎足。残存的壶口为侈口，束颈，颈外并施以彩绘，综合目前楚墓的分期材料，彩绘陶壶的年代始见于战国中期。从铜礼器和仿铜陶礼器的诸多形制看，其年代不会早于战国中期晚段。

三号墓的铁足铜鼎与九店东周墓M229所出的A型Ⅰb式铁足铜鼎相似，所出铜壶的形制与九店东周墓M250所出的Ⅲ式铜壶相同，其所出铜盘和铜匜也与九店M620所出的Ⅲ式盘和Ⅱ式匜相同，故其年代也应相当。值得一提的是，三号墓内出土了一件有铭铜矛，其铭文为"楚王孙渔之用"，过去有学者曾提出"王孙渔"即春秋时的楚国将领司马子鱼[①]，但墓中文物皆为战国中晚期楚墓所常见的一些器物，故三号墓的年代不可能早到春秋时期，"王孙渔"也可能不是春秋时的楚国将领司马子鱼。

通过上述比较可知，左冢三座楚墓的年代已比较清楚，三座墓葬的年代大体相当，都属战国中期晚段。不过从器物形制上看，三座墓葬的相对年代还可进一步细化。一号墓所出遗物大多与包山二号楚墓相同，其年代应与包山二号楚墓的年代更为接近，二号墓所出的铜器和残存的陶器明显具有稍晚时期的风格，如彩绘陶壶的纹饰可下接战国晚期的作风，故三座墓葬中，一号墓似为最早，二号墓其次，三号墓最晚，但总的年代在战国中期晚段似当大体不误。

---

① 石志廉：《楚王孙𬭚（渔）铜戈》，《文物》1963年第3期。

二 各墓的等级及墓主身份

左冢楚墓的三座墓葬，各墓的排列位置、封土堆的大小都有区别，各墓的墓坑规模、棺椁的大小以及随葬品的多少也都存在着明显的差异，说明三座墓葬的主人应属不同的社会阶层，三座墓葬的主人生前存在爵序等级高低的不同。

有关楚国的爵序文献记载不是很清楚，但通过礼书所记载的"周制"以及已发掘的有明确文字记载的楚国高、中等级的墓葬可以肯定，楚墓墓葬规模的大小、随葬品的组合的多寡、棺椁层数差别是探讨墓主生前地位和揭示其身份的可靠依据。左冢楚墓各墓尽管没有出土明确反映其生前等级和身份的文字材料，但我们仍可以通过与已被学术界公认的具有明确身份的其他楚墓作比较，可大致看出墓主生前所处的等级和具有的身份。

目前已发掘的具有明确等级和身份的楚墓有天星观一号墓、包山二号墓、望山一号墓和河南平夜君成墓以及虽未明确记载但等级身份可靠的藤店一号墓。可将上述墓葬的封土、墓坑的规模、棺椁的层数、椁室的分室和铜礼器的组合等主要指数同左冢各墓作一比较，见下表。

墓名	封土 底径×高（米）	墓坑 长×宽（米）	棺椁层数	外椁分室	铜礼器组合
天星观 M1	70（复原底径）×7.1	十五级台阶，41.2×37.2	二椁二棺	七室	残存升鼎、大鼎足（被盗）
包山 M2	54×5.8	十四级台阶，34.4×31.9	二椁三棺	五室	鼎簠壶缶一套 鼎敦壶缶一套
望山 M1	18×2.8	五级台阶，16.1×13.6	一椁二棺	三室	鼎敦壶缶一套
藤店 M1	残	五级台阶，11×9.6	一椁二棺	三室	鼎豆壶缶一套
左冢 M1	50×7.7	八级台阶，18.3×15.9	一椁三棺	五室	鼎缶（不全，被盗）
左冢 M2	20×4.3（残）	一级台阶，6.65×5.66	一椁二棺	三室	鼎壶（不全，被盗）
左冢 M3	23×2.2（残）	一级台阶，5.4×4.6	一椁一棺	三室	鼎壶

左冢一号墓是左冢楚墓中最大的一座墓，通过上表可知，左冢一号墓反映等级和身份的各项指标都不及天星观一号楚墓，其等级和身份自然不能同天星观一号墓的墓主相提并论。与包山二号楚墓相比，墓葬的封土和椁室的分室数量接近或等同于包山二号墓，但墓坑的规模和棺椁的层数不及包山二号楚墓，可见其身份和地位也应低于包山二号墓的墓主。但与望山一号墓和藤店一号墓相比，又明显高于这两座墓的墓主。可知，左冢一号墓的墓主的等级和身份应低于天星观一号楚墓和包山二号楚墓，高于望山一号楚墓和藤店一号楚墓。

天星观一号楚墓所出的竹简记载，其墓主人名"番勶"，身份为楚国的封君，其爵位为上卿[1]。包山二号墓的墓主，据其同墓所出的竹简记载墓主为"邵佗"，位居左尹，主管楚国的司法，其等级为上大夫[2]。望山一号墓的墓主据同墓所出的竹简记载为邵固，其爵位不明，但属楚王亲近的侍者无疑，因为同墓所出竹简多见"未有爵位"、"出入侍王"的记载，应为楚王室成员，报告推断为下大夫[3]，根据其葬制，其身份可能更接近于元士，与藤店一号墓墓主几乎属同一等级[4]。如果按上述墓主人的等级排定，左冢一号楚墓墓主的等级和身份应介于包山二号楚墓和望山一号楚墓及藤店一号楚墓之间，应为大夫，考虑到包山二号楚墓的墓主为上大夫，将左冢一号楚墓的墓主视为下大夫当更为适宜。

棺椁制度是反映各等级差异的标志之一，有关各等级所使用棺椁的数量，礼书皆有明确的规定。《礼记·檀弓》载："天子之棺四重。"郑玄注："诸公三重，诸侯再重，大夫一重，士不重。"《荀子·礼论》和《庄子·杂篇·天下》亦载："天子棺椁七重，诸侯五重，大夫三重，士再重。"上述的几处记载略有出入，礼书所载的棺椁之数则应是偏重于椁而言，而子书所记则应包括了棺椁的总数。从目前所发掘的楚墓看，大夫应使用一椁三棺。左冢一号楚墓使用了一椁三棺，正符合大夫的葬制。不过从目前所见材料看，棺椁之数与礼书所载对比大多不能完全契合，使用棺椁之数可能还受时代的变化和经济条件的制约。

随葬器物的组合也是判定墓主生前等级和地位的标志之一，尤其是编钟、编磬最能体现墓主显赫的地位。目前所见楚国上卿之制的墓葬，如天星观一号楚墓[5]、河南平舆

① 荆州博物馆：《江陵天星观 1 号楚墓》，《考古学报》1982 年第 1 期。
② 湖北省荆沙铁路考古队：《包山楚墓》，文物出版社，1991 年。
③ 湖北省文物考古研究所：《江陵望山沙塚楚墓》，文物出版社，1996 年。
④ 荆州地区博物馆：《藤店一号墓发掘简报》，《文物》1973 年第 9 期。
⑤ 荆州博物馆：《江陵天星观 1 号楚墓》，《考古学报》1982 年第 1 期。

平夜君成墓①都发现有编钟。但包山二号楚墓的墓主虽官居左尹，也未随葬编钟、编磬。左冢一号楚墓未出编钟，虽然墓葬被盗，组合不全，但其等级明显低于包山二号楚墓，可以推知，左冢一号楚墓原也应未随葬编钟、编磬。

左冢二号和三号楚墓与上表中的其他墓葬相比，悬殊过大，明显不能作为一个等级来讨论。如果与同一墓地的左冢一号楚墓相比，其墓葬的规模、棺椁的多少、随葬品的组合也都明显低于后者。显见其等级应低于大夫，应属士一级的墓葬。

不过，左冢二、三号墓有自身的葬制差异。其中二号墓使用了一椁两棺，而三号墓只使用了一椁一棺。二号墓使用了仿铜陶礼器，而三号墓无仿铜陶礼器。从使用的棺椁层数看，二号墓的等级略高于三号墓。但两座墓葬又有相同之处，即皆有封土、墓坑，皆设一级台阶，主要铜礼器的组合都只有鼎和壶，都只随葬一把伞和代表一辆车的2件车害。这些又说明两座墓应划归在一个大的等级内，即都属于士这一阶层。在楚国，有无车马，应是区别士与庶人的主要标志之一。拥有车马的数量，不仅是显示等级的标志，也是拥有财富多少的象征。《晏子春秋·内篇谏上》："有车之家，是一国之权臣也。"《国语·晋语》："秦后来仕，其车千乘，楚公子干来仕，其车五乘。"《左传·襄公二十二年》："楚观起有宠于令尹子南，未益禄，而有马数十乘，楚人患之，王将讨焉。"这些都说明车马与财富和地位息息相关。

通过上述比较可知，左冢一号墓墓主的等级最高，属下大夫，二、三号墓的墓主的等级相当，但皆低于一号墓，属士。

左冢3座楚墓的人骨经鉴定为两男一女，其中一、二号墓为男性，三号墓为女性（见附录五）。由于3座楚墓中皆未出可确证其身份的文字材料，故而对各墓墓主的身份只能作大致的推定。

一号墓当地相传为春秋时期左伯桃之墓，故称之为"左冢"，左伯桃为春秋时期燕国人，与羊角哀为友，羊角哀也为燕人（一说为楚人）。他们听说楚王善待贤士，遂结伴入楚，时值雨雪粮少，左伯桃将自己的衣粮全部送给羊角哀，令其入楚，后左伯桃冻死于林中。羊角哀出行仕楚，据说官至大夫，显名当世。后念旧友左伯桃，遂辞官启树发左伯桃之尸，将其安葬，自己则自尽于左伯桃的墓侧。左伯桃与羊角哀皆不见于正史，上述传说的真实性已不可考。一号墓中未见与左伯桃有关的文字材料和遗物，依当地传说将一号墓墓主视为左伯桃之墓，还缺乏证据。

二号楚墓北邻一号墓，如按当地传说，则其墓主当为左伯桃的故交羊角哀。但二号墓内也未见可证其墓主为羊角哀的文字材料，依传说羊角哀官至大夫，但二号墓的葬制

---

① 河南省文物考古研究所：《新蔡葛陵楚墓》，大象出版社，2003年。

与葬具的规模与其等级不符，故其墓主为羊角哀亦无证据。

三号墓出土了一件有铭铜矛，矛铭为"楚王孙渔之用"，与50年代在湖北江陵长湖边上的一座墓内所见的一件铜戟铭完全相同①，应为一人之物。过去有学者考证，楚王孙渔为《左传·昭公十七年》所载的楚司马子鱼，江陵长湖边出有铭"楚王孙渔"戟之墓的墓主可能为春秋晚期的楚司马子鱼②。由于伴出遗物的年代大多为属战国时期，此说未必可信。三号墓再次发现"楚王孙渔"矛，进一步说明"王孙渔"与春秋时期楚司马子鱼无涉。近年来，学界对"渔"的释读有不同看法（见附录七）。可能"王孙渔"当是战国时期的另一人，三号墓的墓主当与楚王孙有关。

三　左冢楚墓所反映的楚国墓地形态

左冢楚墓尽管只有三座墓葬，但三座墓葬都有封土，都有东向的墓道，且都排列于岗脊的同一南北纵轴线上，其中一号墓最大，居于中心，两座小墓大致等距离排列于左右，显系定穴安葬，平面布局显示其应是一处经过规划的完整的墓地。

有关楚国的墓地形态过去不太清楚，通过对纪南城周围拍马山、葛陂寺、雨台山、九店等墓地发掘，皆可见一处处排列密集的楚墓区，学者多推定这些密集的楚墓区，应是文献中所载的"公墓"或"邦墓"。这种推论的出发点无疑是正确的，但这些大的墓地中是否还存在着一个个独立的小单元，即其是否是由若干个小的有血缘关系的家族墓地所构成的一个大的墓地，还是一个需进一步探讨的课题。

包山楚墓地的全面发掘，揭示出了一处以邵沱为中心的完整的楚国家族墓地。其墓地形态所体现的是不同辈分的定穴安葬、夫妻异穴合葬且夫妻和父子不同制等。由墓葬的等级而论，包山楚墓地应是目前所发掘的较为清楚的一处楚国家族墓地。综合已发掘的楚墓材料，目前所见最早的楚公族墓地当首推春秋中晚期的河南淅川下寺楚墓地③，河南信阳长台关楚墓④、江陵天星观楚墓⑤也可视为楚国的公族墓地，这些墓葬都属楚国的高中级贵族，说明楚国的高中级贵族都有自己的私茔。

有关楚国贵族的墓地的情况，包山楚简上的记载已约略可见。第155号简：

　　□□南陵公吕脁、襄陵之行仆宐于鄾郢，足命虇（葬）王士，足虇（葬）王士

---

① 陈上岷：《江陵发现战国木椁墓》，《文物参考资料》1959年第2期。

② 石志廉：《楚王孙虆(渔)铜戈》，《文物》1963年第3期。

③ 河南省文物研究所：《淅川下寺春秋楚墓》，文物出版社，1981年。

④ 河南省文物研究所：《信阳楚墓》，文物出版社，1986年。

⑤ 荆州博物馆：《江陵天星观1号楚墓》，《考古学报》1982年第1期。

之宅。

> 仆命伹煖足，若足命，鄂少司城龚頡为故，煖足为仆。方鄂左司马竞庆为大司城□客，
> 且政（征）五连之邑于薨（葬）王士，不以告仆。"

其中"足薨（葬）王士之宅"的"宅"是指葬地，"且政（征）五连之邑于薨（葬）王
士"是指征用五连之邑的地方作为安葬王士的墓地，从简文看，五连之邑似当在鄂郢的
辖地内。可以看出，在楚国等级相当的人死后应辟有集中的葬地，其中在集中的葬地内
可能有若干独立的小单元，这一个个独立的小单元就是私茔。因为简文中的"征"可能
是指先由官府征用，而后再由单一个体家庭出资购置成私茔。已发掘的江陵九店和江陵
雨台山墓地可能就是类同于五连之邑的葬地。

第 91 号简记：

> 九月戊申之日，倍大戏六令周霞之人周雁讼付与之关人周璪、周敛，谓葬于其
> 土。璪、敛与雁成，唯周縣之妻葬焉。

这是一则有关私茔的纠纷案例，从"唯周縣之妻葬焉"一语可知，"葬于其土"的"土"
恐非私有耕地，应是一块荒芜的葬地，将其理解为私有葬地可能更准确些。这一纠纷双
方最终在法律规定的期限内得到解决，句中的"成"可训为"平"，即双方的纠纷得到
解决。所涉葬地可能最终属于周縣的家族墓地。由此可见，楚国的家族墓地既较为普遍，
也受法律的保护。

前文已述，左冢一号楚墓的等级属大夫，其等级和身份属中等贵族，按考古材料所
揭示的信息，左冢楚墓具有私茔的等级和条件。可以将其视为一处以一号墓为中心的楚
国家族墓地。为了揭示墓主人之间是否存在血缘关系，我们曾将各墓的人骨标本提取，
分别约请中国地质大学和复旦大学的学者进行了 DNA 检测，虽终因人骨保存太差而未
有结果，但这并不影响我们对左冢墓地性质的讨论。

与包山楚墓地相比，左冢楚墓尽管墓葬数量少，但具有明显的相似之处，即都是以
主墓为中心，呈南北纵轴线遵循尊卑有序、定穴安葬的原则，高低级差明显，各墓互无
打破关系等。说明墓主人生前应是有关联的，所体现的也应是一种有血缘关系的"生相
迫、死相近"[①]的葬法。

经对左冢三座楚墓人骨的鉴定，左冢一、二号墓的墓主皆为男性，三号墓为女性。
按其排列顺序，一号墓居中，二号墓位于一号墓之南，三号墓则居于一号墓之北。三座
墓葬的墓道皆向东，头部也都向东。从方位看，二号墓正好位于一号墓的右侧。一、二
号两座墓的排列具有昭穆关系，墓主可能是不同辈分的且具有血缘关系的两代人。三号

---

① 《周礼·地官·大司徒》郑玄注。

墓墓主的骨骼经鉴定为女性墓，位于一号墓的左侧，可能为一号墓墓主人之妻，属夫妻异穴并列合葬。如果这一推论不误的话，左冢墓地应是以一处夫妻异穴合葬加父子异穴合葬的家族墓地，应是严格地按昭穆关系排列的。

昭穆制度是宗法制度在埋葬制度上的具体反映。据《周礼》记载，古代的墓地分为"公墓"和"邦墓"，由"冢人"专门负责按族别和昭穆设计排列墓葬的次序和位置，这就是"先王之葬居中，以昭穆为左右"的葬制。这一葬法随时代的更替而相沿不衰，并在家族墓地中广为盛行，后世又将其称为"贯鱼葬"。《地理新书》卷十三："凡葬有八法，步地亦有八焉……八曰昭穆，亦名贯鱼。入先茔内葬者，即左昭右穆，如贯鱼之形。"

楚国在埋葬制度上是否存在昭穆制度，过去不太清楚，以往所发掘的大多为集中的小型墓区，一些大的楚公族墓地并未全面揭露，还没有更多的材料来探讨这一问题。包山楚国家族墓地发掘后，基本上确认了在楚国的高中级贵族的家族墓地中存在着按昭穆关系排列穴茔的制度。其实，有关先秦的族葬墓以血缘关系为纽带，按昭穆为左右，以尊卑处其前后的葬法早就在已发掘的姬周墓地中清楚地揭示出来，如浚县辛村[①]、上村岭虢国墓地[②]等，但这些都属典型的姬周文化系统。楚文化作为周文化的一个组成部分，尽管有其自身的文化传统和特点，但在葬制上，尤其是楚国高中级贵族墓地以昭穆体现血缘关系的葬法传承周礼应无疑问，也从一个侧面证明楚人的礼制大多遵循周礼。

左冢楚墓不仅具有昭穆的排列关系，而且各墓之间的等级差别明显，这一点与包山楚国家族墓地也完全相同。一号墓处于正中位置，从墓葬的规模看，其封土直径长达50、高至7.7米，这是二、三号墓所不能相比的。从墓坑的规模看，一号墓墓坑的长宽分别为18.3×15.9米，二、三号墓的长宽则分别为6.65×5.66、5.4×4.6米，一号墓的大小是二号墓的七倍，是三号墓的十一倍。一号墓设置了八级台阶，而二、三号墓皆只有一级台阶，这也是二、三号墓所不能相比的。从棺椁的数量和分室看，一号墓椁分五室，使用了一椁三棺之制，而二、三号墓皆只分三室，分别使用了一椁二棺和一椁一棺之制，三者的区别明显。从随葬品看，一号墓不仅数量多，而且应随葬有成组的青铜礼器，二、三号墓的随葬品不仅数量少，而且组合单一，更为重要的是，一号墓随葬有青铜盥缶，而二、三号墓皆不见青铜盥缶。从目前所发掘的比较集中的楚墓材料看，青铜盥缶也可看作是表明等级身份的标志性器物之一，如江陵九店所发掘的596座楚墓[③]及雨台山所发掘的558座楚墓[④]中概皆未见有青铜盥缶。上述种种现象说明，在左冢楚墓

---

① 郭宝钧：《浚县辛村》，科学出版社，1964年。
② 中国科学院考古研究所：《上村岭虢国墓地》，科学出版社，1959年。
③ 湖北省文物考古研究所：《江陵九店东周墓》，科学出版社，1995年。
④ 湖北省荆州地区博物馆：《江陵雨台山楚墓》，文物出版社，1984年。

地中, 一号墓规模最大并处于最尊贵的位置, 其他两墓处于从属的位置。这一墓地排列的格局, 应是事先经过定穴规划而后安葬的, 所反映的无疑是同一家族内夫妻、父子在葬制上的差异。

四　左冢楚墓所揭示的楚文化因素

左冢楚墓是近年来在楚故都纪南城周围发掘的中型楚墓地之一。尽管墓地规模不大, 且大多被盗掘, 但仍出土了各类质地的文物557件, 各墓葬的形制、结构及出土遗物都比较明显地揭示出浓郁的楚文化特质。

（一）墓葬形制与结构所揭示的楚文化特征

左冢楚墓地的三座墓皆为土坑竖穴木椁墓。三座墓葬中, 一号墓为一椁三棺, 二号墓为一椁二棺, 三号墓为一椁一棺。除一号墓椁分五室外, 余皆为三室。三座墓葬的棺椁葬制应反映了楚国中下等贵族大夫和士两个等级墓葬的差异。其墓葬形制和棺椁结构的特征是: 墓坑的分布排列按南北纵向定位排列, 各墓互无打破关系且间距大体相等; 墓坑的营建根据等级的差别而设数量不等的台阶, 墓坑都带有长方形的斜坡墓道, 且都设于墓坑的东端, 墓坑的四壁都经过精细的加工, 部分壁面加工工具痕极为清楚; 墓坑之上都有大小不等的封土, 封土既覆盖墓坑, 也覆盖墓道; 葬具皆为木棺椁的结构, 木椁的墙板和挡板一般都为方木垒砌, 并用半肩榫连接, 外棺和内棺皆采用奇数木板并用透榫、燕尾榫连接, 外棺的盖板一般用锡攀钉加固; 椁室都被分为奇数室, 等级越高, 所使用的棺椁层数就越多, 相应地所分隔的室就越多; 五室以上的多室墓的棺室一般位于椁室的正中部位, 多重棺内的敛尸之棺一般流行平底方棺, 一棺一椁墓则使用悬底弧棺。

（二）墓葬葬俗所揭示的楚文化特征

左冢三座楚墓的棺椁虽不同程度的腐朽和坍塌, 但大部分还是得以保存, 通过发掘清理和室内复原, 仍可清楚地看出在葬俗上的共有特点。

三座墓葬不论大小, 方向一致, 且皆东向; 根据其平面布局, 应属同一家族内夫妻、父子的异穴合葬墓地, 在葬俗上, 从属墓葬明显比主墓低一等; 三座墓葬不一定都随葬仿铜陶礼器, 但必定都随葬一套或一套以上的青铜礼器, 青铜礼器以鼎、壶、盘、匜和匕为主, 可明显地看出士类墓葬所使用的青铜礼器为偶数; 三座墓葬皆未随葬日用陶器; 所有随葬品皆是按用途的区别而陈放于不同的室, 青铜和漆木类的礼器和仿铜陶礼器一般陈放于头箱, 车马兵器类一般随葬于南室（边箱）, 生活用器类大多陈放于其他室；平底方棺的头端棺挡之外皆用丝织物缚有玉璧；无论是内棺，还是外棺内，在葬前都曾撒有为数众多的花椒；棺内大多残留有尚未腐朽的丝织品，说明在敛尸时，尸体都进行过包裹和捆扎；三座墓葬棺内死者的腰部都各随葬有一柄青铜剑，剑柄皆朝头部。三座墓葬未见江陵楚墓所常见的镇墓兽和虎座飞鸟等具有宗教信仰性质的遗物。

（三）随葬品的组合、形制、制法和纹饰所揭示的楚文化特征

左冢三座楚墓所存文物有陶、铜（含少数铅锡器）、铁、玉石、漆木、竹编、丝织、毛发和皮革等类。青铜礼器的组合，主要为鼎、盥缶、壶、盘、匜、盉、匕和勺等，或鼎（铁足）、壶、盘、匜、匕等。后者一般为两套。漆木器类生活用器的组合为案、几、俎、盒、豆、盘、耳杯、奁、梳、箅等。车马兵器类的组合主要为剑、戈、殳、戟、矛、盾、弓、车軎、衔镳、伞等。所有这些器类的形制和制法都为过去已掘楚墓所常见。从铜器的铸造技术看，主要为分范铸造，铸造时，范内普遍设垫有支钉，铸缝绝大多数都经打磨，铜器的附件大多是分铸后再与主器焊接的；漆木器生活用器大多为整木制成，采用了斫制、挖制和雕凿等不同的工艺。部分铜器和漆木器上饰有纹饰，纹饰的母题主要为动物纹和几何纹，少数为植物纹。动物纹有龙纹、凤纹、虎纹、蛇纹、蟾鱼纹、鳞纹等。几何纹饰主要有卷云纹、三角纹、圆圈纹、点纹、绹纹等，在这些纹饰中，龙纹、凤纹、虎纹和卷云纹占主导地位。

上述主要特点，在过去业已发掘的战国中晚期的同类楚墓中都有可比之处，说明左冢楚墓具有浓郁的楚文化特征，同时也反映出博大精深的楚文化在战国中晚期已植根于楚国的各个阶层。

除了与已发掘的同期楚墓有诸多的共性特征外，左冢楚墓地也存在着自身特点，主要表现在：

1. 封土的直径和高度与墓坑之比悬殊过大。左冢三座楚墓皆为冢墓，其中，一号墓的封土直径为50米，高达7.7米，而墓坑只为18.3×15.9米，封土直径与墓坑的长宽之比为1：0.36×0.3米。二号墓的封土直径为20米，封土直径与墓坑的长宽之比为1：0.33×0.28米。三号墓的封土直径为23米，封土直径与墓坑的长宽之比为1：0.23×0.2米。将这些比值同已发掘的其他楚墓相比，可看出它们之间存在着很大的差异。如包山M2封土的直径和高度分别为54×5.8米，墓坑的长宽分别为34.4×31.9米[①]，其封土直径与墓坑的比值为1：0.63×0.59米。又如望山M1封土的直径和高度分别为18×2.8米，墓坑的长宽分别为16.1×13.6米[②]，其封土直径与墓坑的比值为1：0.89

① 湖北省荆沙铁路考古队：《包山楚墓》，文物出版社，1991年。
② 湖北省文物考古研究所：《江陵望山沙塚楚墓》，文物出版社，1996年。

× 0.75 米。已发掘的更高等级的天星观 M1 的封土的直径和高度分别为 70 × 7.1 米，墓坑的长宽分别为 41.2 × 37.2 米[①]，其封土直径与墓坑的比值也为 1 : 0.59 × 0.53 米。由上列数据可以看出，左冢楚墓地的三座楚墓的封土都过大，而墓坑都显过小。过去人们大多据《周礼》所记的"以爵等为丘封之度与其树数"为依据，将楚墓封土的大小作为探讨墓主人等级和身份的标志之一，由左冢楚墓所显示个案特征而论，似乎存在着不可回避的格扞。有鉴于此，有关楚墓的等级和身份的标志还有待于进一步考察。

2. 椁室大多存在拼接的现象。左冢三座楚墓中有两座楚墓的椁室都存在拼接的现象，其中一号墓除椁盖板为长整方木外，椁的墙板、挡板和底板皆为两段拼接而成，尤其是椁底板的拼接，相应两段所刻的序号都相同，并在其首块凿刻"北西"二字以标出该块在墓圹中所应放置的具体方位，说明整个椁室在入圹之前就曾作过拼对。这种拼接的现象不是临时所为。三号墓的椁室是在椁的头端再延长，加设一个附头箱，平面可看出为两个头箱，中间用一块薄木板隔开，主要随葬品放置在加设的头箱内。由所加设的头箱的底板观察，其底面与原椁的底面形成一个生土台面，说明其是在墓坑形成之后再拼接的，这一拼接现象显为临时所为。左冢楚椁室的拼接现象，尽管在江陵九店楚墓中可以见到，如九店乙组 D 型 M262 和乙组 D 型 M744 都是拼接头箱[②]，但左冢一号墓为大夫等级的墓葬，在已发掘的楚墓中较为罕见。棺椁制度作为礼制的一个部分，其使用有着严格的规定[③]，这种有意识的拼接，似有悖于儒家的厚葬之礼，这一现象究竟是所谓的"礼崩乐坏"，还是受墨家"节葬"思潮的影响，抑或是出于自身经济条件的制约，也是需要我们深入探讨的课题。

3. 女性墓内所随葬的车马兵器不仅数量多，而且品类齐全。左冢三号墓墓主经鉴定为女性，但在其墓葬内随葬有大量车马兵器，种类有剑、戈、矛、箭镞、伞、车軎、马衔等。尤其值得注意的是，在死者的腰部还有一把青铜佩剑。这一现象与其他楚墓地形成较大的反差。如在江陵九店东周墓地，不论等级高下，大多随葬兵器，尤以铜剑为多，但女性一般不佩剑。如九店 M711、M712 为夫妻异穴合葬墓，M711 的人骨经鉴定为男性，其墓内葬有铜剑，而 M712 的人骨经鉴定为女性，其墓内就无铜剑[④]。

4. 棺外随葬品所反映出的特殊葬俗。在左冢三座楚墓中，只有一号墓棺椁保存较为完整，由随葬品基本上可看出下葬时的陈设状况。在一号墓的中棺内散见有 49 枚铜

---

① 荆州博物馆：《江陵天星观 1 号楚墓》，《考古学报》1982 年第 1 期。

② 湖北省文物考古研究所：《江陵九店东周墓》，科学出版社，1995 年。

③ 《庄子·杂篇》："古之葬礼，贵贱有仪，上下有等。天子棺椁七重，诸侯五重，大夫三重，士再重。"又《荀子·礼论》："君子贱野而羞瘠，故天子棺椁十（七）重，诸侯五重，大夫三重，士再重。"

④ 湖北省文物考古研究所：《江陵九店东周墓》，科学出版社，1995 年。

鱼和 7 件铜核，显然应为文献所见饰棺中的"鱼跃拂池"①。值得注意的是，在中棺的底板上还发现有一件木弓和一枚铜镞，可以推断其原应是放在内棺之上而脱落的，这一特殊的葬俗在过去的楚墓中少见，应是反映了特定的宗教信仰和意识。

五 左冢楚墓发掘的主要收获

左冢楚墓地的科学发掘，不仅丰富了楚墓的年代学序列，而且对深入研究楚文化提供了一批重要的实物资料。三座墓葬中尽管有两座墓葬被盗，且所获遗物不算太多，但仍出土了一批极具研究价值的楚文物，尤其是带文字的楚文物，对楚史和楚文化的研究有重要的参考价值，本次发掘的主要收获有如下几点。

（一）完整地揭示出了左冢楚墓地葬制与葬俗的特点。左冢三座墓葬都是具有明显楚文化特点的楚国中等贵族冢墓，三座墓葬的封土上都没有陵寝建筑，尤其是 M1 的规格较高，冢墓也比较大，但附近没有陪葬车马坑的现象。所有封土未经夯筑，墓坑依等级的不同而设数量不等的台阶。椁室分隔成奇数室，且椁室都有拼接的现象，尤其是 M1 的椁底板拼接较多，上面都依次凿刻有编号，其中最北一块的西端刻有"北西"二字，其所刻的序号为第一，可知原椁底板是在坑上部做好后，在坑底以西北端为起始点安装拼接的。内棺靠头部的棺挡外大多附有玉璧或玉环，头皆向东，死者的腰部都佩戴有青铜剑。

（二）丰富了楚墓年代学的序列。左冢三座楚墓虽没有确切的下葬纪年，但通过与已发掘的纪年楚墓及已建立的楚墓年代序列比较，可以推定其为战国中期偏晚的墓葬，根据出土文物判定，三座墓葬的年代大体相当，与江陵望山二号楚墓的年代相近，约为战国中期或稍晚。可以参证的是，M1 出土了一件纪年铜戈，根据铭文辞例，可以确证其应为一件三晋兵器，所记年代为二十四年，铭文所见人名与"六年郑令戈"相同②。可推知应是一件韩国兵器。而韩王在位超过二十四年的只有韩昭侯和韩桓惠王，韩昭侯二十四年为公元前 339 年，韩桓惠王二十四年为公元前 249 年。韩桓惠王二十四年已是秦将白起拔郢以后，其时已届战国晚期，与墓中出土文物不符，因而此戈的年代只可能是韩昭侯二十四年，因此，左冢楚墓的年代上限不会早于公元前 339 年，其下限也不会晚于公元前 278 年，经与已发掘的楚墓比较，其年代大体应在公元前 330 年至前 300 年之间。

---

① 《礼记·丧大记》："大夫画帷，二池，不振容；画荒，火三列，黻三列，素锦褚；纁纽二，玄纽二，齐三采，三贝；黻翣二，画翣二，皆戴绥；鱼跃拂池。"

② 郝本性：《新郑"郑韩故城"发现一批铜兵器》，《文物》1972 年第 10 期。

（三）为探讨楚国家族墓地提供了又一新实例。左冢楚墓在平面布局上大体呈南北直线排列，大墓居中并稍靠前，左右各一陪冢，间隔大致相近，显系定穴安葬的一处楚国家族墓地。经初步鉴定，M1、M2为男性，M3为女性，将其作为一个完整的墓地看待，M1与M2极有可能为父子关系，M1与M3可能为夫妻关系。其排列次第与已发掘的包山楚墓相似，所反映的应是同一家族内按昭穆制度排列的固有葬法。

（四）为我们提供了战国中晚期楚国礼制变化的新材料。左冢三座楚墓的墓坑、棺椁的数量和规模都有区别，反映了他们生前存在着等级差异。从随葬品上看，除M2随葬有陶器外，M1和M3都未随葬有陶器。以礼器组合而言，又并不十分严格。M1和M2虽被盗，其完整组合无以判定，而未被盗掘的M3属元士，仅使用了一套铜礼器，其组合仅为鼎、壶和盘，不出楚墓所常见的敦和簠，也不出仿铜陶礼器，作为一个完整墓地的墓葬而言，这一现象值得注意。不过作为低级贵族使用偶数的鼎制仍较明显。

（五）为探讨楚国的物质文化提供了一批新实物。左冢楚墓出土文物虽不多，但仍获得了一批前所未见的新实物，如M3出土的一件棋局极为罕见，棋局作方形，从其底部的榫眼看，原器应为一方形案，随葬时四足已被有意识地卸下。棋局面朱绘有图案，图案由"十"、"+"、"□"、"×"、"◎"形组成，其内用朱色分组书写有文字，每组一字或二字，共184字（其中一角残损一字，故实存183字）。文字的书写方向不一，既有正书，也有倒书的，值得注意的是，部分文字为压线书写，压线书写的文字直笔与线重叠时，径直借线作该笔的笔画。与之伴出的还有两块未经髹漆的小木方块，其大小不仅正好与棋局面正中所绘的"□"形同大，而且与方框之间的栏宽及"十"之间的距离相等，可确认应为其附属物，但对其如何使用不太清楚。棋局面图案线条和文字都极为规整和对称，无论按图案线将其如何分割，其所相对应的区域所使用的字数都相等。经比较，与已出土的六博和式盘都不相类，故将其暂定为兼有娱乐与占卜功用的棋局。该物是迄今已知最早的图文相间的楚实物，对深入探讨楚国的物质文化是一件不可多得的珍品。

（六）使我们对先秦度量有了更为准确的认识。在M1的北室出土的一件木尺，保存完好，木尺出土时用丝织品包裹，作方柱形，长23.3厘米，其四面打磨光滑。更为重要的是，木尺的四面和两个对棱边上不仅凿刻有刻度，而且在四面上的分段刻度间还墨书有文字，但遗憾的是，出土时文字大多脱落，残存可辨识的只有"竺"、"淫（经）"、"忉（始）"、"光"、"诰"、"毁"、"飢（殷）"、"会"等少数几个字。先秦古尺存世不多，其质地有骨尺、铜尺、木尺等，战国古尺则更少，且多为传世品或盗掘出土，经科学发掘出土的战国尺仅见甘肃天水放马滩战国秦墓出土的一件长90.5厘米的大尺，但刻度不太精确，寸间距约2.4厘米①。盗掘出土有：传出河南省洛阳市金村古墓的战国铜尺，长23.09厘米（1931年前后被盗，南京大学历史系文物室藏）；国家博物馆所藏战国镂刻骨尺，长23.05厘米（1934年叶恭绰在上海购得）；中国历史博物馆藏战国花卉云气纹铜尺，长22.52厘米；安徽寿县朱家集李三孤堆大墓出土有两件铜矩尺，皆长23、宽2.7、厚2.6厘米，其上无刻度（1930年代盗掘出土）②。另外，李三孤堆大墓还出土了两件"王"字铜衡杆，其长度均为23.1厘米，正合一尺③。左冢M3所出土的这件木尺，对于我们研究战国时代的尺度有着非常重要的意义。过去人们对先秦的尺度把握还不太确切，根据左冢M1出土的这件木尺实物，可以确知，战国时代的一尺合今23厘米左右，而战国楚尺一尺的长度就是23厘米或略长一点。

（七）为横向研究楚国有铭铜器提供了可资参证的实物。有铭楚铜器发现较多，左冢M3又新出土了一件带错金铭文的铜矛。矛脊上错金双蟠相对的花纹，矛上的铭文皆错金鸟篆，分列于两端的矛叶上，每边三字，共六字，铭文为："楚王孙渔之用"。渔字从水、从鱼、从舟、从又。值得注意的是，铜矛上铭文的字体、辞例、字数和花纹与50年代在湖北江陵长湖边上发掘的一座楚墓中所出的一件楚王孙渔戟完全一样，经比较，这两件有铭铜兵器应属同一主人。过去有学者考证，铭文所见的楚王孙渔是春秋时楚国将领司马子鱼，并推测江陵长湖边上出楚王孙渔戟的墓就是司马子鱼之墓④。实际上，出这两件有铭铜兵器的墓葬都是战国墓葬，与楚国司马子鱼存年的下限相距约二百余年，左冢M3这件司马子鱼矛的再次发现，为我们提出了将二者联系起来对王孙渔其人其名再探讨的新课题。

（八）丰富了楚文字学的资料。左冢三座楚墓虽未出竹简，但在一号墓和三号墓的一些器物和葬具上或多或少地发现了部分文字，总计约二百余字。文字书写类别有铸造、凿刻、漆书、墨书和错金五大类。除M1出土的一件铜戈上的文字属三晋文字外，其余文字的书体属典型的楚文字。尽管文字的数量不多，但有些字属首次发现，丰富了已见诸报道的楚文字字库。更为重要的是M3出土的一件棋局，其上不仅绘有不同的图案，而且在图案间分组书写有不同的文字。有些文字还待进一步隶定，但值得注意的是，整幅文字中出现了很多相对的实词。如"刑"与"德"、"强"与"弱"、"刚"与"柔"、"逆"

---

① 田建、何双全：《甘肃天水放马滩战国秦墓群的发掘》，《文物》1989年第2期；丘光明：《中国历代度量衡考》，科学出版社，1992年。

② 李三孤堆大墓铜矩尺数据承安徽省博物馆刘和惠先生以书信见告，谨致谢忱。

③ 丘光明：《中国历代度量衡考》，科学出版社，1992年，参看国家计量局主编《中国古代度量衡图集》，文物出版社，1984年。

④ 石志廉：《"楚王孙渔(鱼)"铜戈》，《文物》1963年第3期。

与"顺"等。有些双音复合词组还可与出土文献和传世文献中的相关词例相比证。如"民悃"见之于荆门郭店楚简。郭店楚简《尊德义》："教以懽（权）谋，则民淫悃远礼亡新（亲）仁"。① "民悃"当与《尊德义》中的"民淫悃"同义，似为"民淫悃"的减省。又如"民惓"，见之于上博楚简，上博楚简《孔子诗论》："民之又（有）惓也，上下之不合者，其甬（用）心也（将）可（何）女（如）？" ② "民惓"也可看作是"民之有惓"的减省。又如"民甬（用）"和"民恻（则）"分别见于传世文献。《尚书·洪范》："人用侧颇僻，民用僭忒"。《国语·周语上》："民用莫不震动，恪恭于农，修其疆畔，日服其镈，不解于时，财用不乏，民用和同。"《国语·周语下》："且绝民用以实王府，犹塞川原而为潢污也，其竭也无日矣。若民离而财匮，灾至而备亡，王其若之何？"《周书·君牙》："无忝祖考，弘敷五典，式和民则。"《国语·周语下》："类之民则，则非仁也。方之时动，则非顺也。咨之前训，则非正也。观之诗书，与民之宪言，则皆亡王之为也。上下议之，无所比度，王其图之！夫事大不从象，小不从文。上非天刑，下非地德，中非民则，方非时动而作之者，必不节矣。"类似的词例还有很多，除了见之于已有的文献外，还有一些战国至秦汉间常见的术数类词语，如"坪"、"宁"、"戌（成）"、"长"等。

另一个不可忽视的现象的是，一些双音复合词组，顺读和逆读皆可成词。如"恒智"可读为"智恒"，上博楚简《孔子诗论》第十三简即有"……可得，不攻不可能，不亦智恒乎？" ③又如"恶美"可读为"美恶"。《墨子·号令》："积木，各以长短、大小、恶美形相从。"《左传·昭公十七年》："子产曰：'行不远。不能救蔡也。蔡小而不顺，楚大而不德，天将弃蔡以壅楚，盈而罚之。蔡必亡矣，且丧君而能守者，鲜矣。三年，王其有咎乎！美恶周必复，王恶周矣。'"《国语·鲁语上》："里革曰：'君之过也。……行而从之，美恶皆君之由，民何能为焉。'"《国语·越语下》："美恶皆成，以养其生。"《荀子·儒效》："通财货，相美恶，辩贵贱，君子不如贾人。"类似的词语还有很多，如"植（德）刚"可读为"刚植（德）"、"德屯（纯）"可读为"屯（纯）德"、"德弱"可读为"弱德"、"民用"可读为"用民"等。由此而观之，棋局文字可能原本就存在着顺读和逆读的两种读法。

---

① 荆门市博物馆：《郭店楚墓竹简》，文物出版社，1998年。
② 上海博物馆：《上海博物馆藏战国楚竹书》（一），上海古籍出版社，2001年。
③ 上海博物馆：《上海博物馆藏战国楚竹书》（一），上海古籍出版社，2001年。

左冢一号楚墓的丝织品

荆州博物馆　彭浩

　　左冢一号墓残留有部分丝织品，大多附着于其他物品之上，面积很小，腐朽较甚，颜色多呈深褐色，原有花纹已不可辨识。可供检测、鉴定的标本共13件，有绢、锦、绦、组四种组织结构的织物（附表），现分述如下。

　　（一）绢　5件。平纹织物，经、纬线的组织点是一上一下。经线密度为44～90根／厘米，纬线密度为16～50根／厘米。经纬线条干均匀，多数绢的经线比纬线略粗，皆加S向弱拈。绢物表面平整，无明显的疵点。因遭污染，大多数严重褪色和变色。现存颜色有深黄、褐、褐红等色。标本1（M1N：45-1），暗黄色，经线加S向弱拈，纬线未加拈，结构均匀、紧密。部分经线因外力挤压而断裂（彩版四五，1、2）。

　　（二）锦　5件。其中有三色锦2件，二色锦3件。二色锦是用两根颜色不同的丝线配成一付，其中一根用作表经（或称花纹经），另一根则用作里经（或称地纹经）。三色锦是三根颜色不同的丝线配成一副，其中一根用作表经，另两根用作里经。用作表经的经线组织点多作三上一下，即每根经线的组织点跨过三根纬线，然后转入相邻的纬线之下。用作里经的经线组织点多作三下一上。表、里经线换线时则采用二上二下的组织点。三色锦可以表现三种颜色的花纹，二色锦只能表现两种颜色。以上两类锦都有一根经线的颜色与纬线相同。使锦面底色一致。二色锦与三色锦的正面表现花纹。三色锦的反面呈现错乱的颜色，二色锦的反面则呈现与正面不同的另一种颜色的花纹。

　　1．三色锦　2件。残片甚小，且严重褪色，不能辨识原有花纹，局部因外力拉扯呈现组织稀疏。经线密度150～156根／厘米，纬经密度38～46根／厘米（彩版四五，标本3正、背面）。

　　2．二色锦　3件。经纬密度96×40根～120×32根／平方厘米。标本8，表面花纹不清楚，痛面可见深黄色挂经的浮线（彩版四六）。这种挂经是为显示花纹的某一小的局部颜色而设置的，此时它们从织物背面转入正面，织入花纹的某一局部，以显示与原有花纹不同的另一种色彩，避免了花纹色彩的单调。在不织造时，挂经转入织物的背面，以长浮线过渡至下一处花纹。由于挂经与二色锦的两色经线在织造时的运动方式明显不同，须使用另外一个经轴，织机上便同时装有两个经轴。

（三）绦　是一种带状织物，幅面较窄。左冢 M1 出土的绦有两种，幅宽与织法不尽相同。标本 2（M1S：8 甲片上附着），灰黄色，宽 1.7 厘米，残长 5.5 厘米。经密 12根／厘米，纬密 16 根／厘米。经纬线较粗，投影宽度分别为 0.28 和 0.25 毫米，皆加 S向弱拈。平纹，经纬线作一上一下交织。组织稀疏，表面可见小孔隙。边系纬线折返形成，估计原应用于穿系甲片（彩版四六）。标本 5（M1S：8）平纹底，经纬线一上一下交织，经纬密度 22×16 根／平方厘米。经纬线投影宽度分别为 0.4 和 0.55 毫米。经线加 Z 向弱拈。幅宽 4.6 厘米，残长 11 厘米。花纹用另色纬线织出，每个织点均在织物正面横越两根经线，然后转入地组织的背面继续织造（彩版四六）。在某一局部花纹织完之后，花纬在织物背面以浮线移往他处，花纬较粗，投影宽度 0.28 毫米，纬线起花绦在江陵马山一号楚墓中曾有发现，织造方法大致相同，此类绦多用作高档衣、袍的领、裾饰物。

（四）组　是以两组经线（无纬线）按一定角度交叉编织的网孔状编织物。标本7（M1S：43 木饼上附着物），为褐红色，两组经线一粗一细。较粗的一组经线投影宽度 0.18 毫米，较细的一组为 0.16 毫米。经线均未加拈，较为松散。两组经线编织时的交角在 70°～80°之间。考虑到实物因受外力的影响，原编织角度似当在 90°左右。编织密度约每厘米 10 根经线（彩版四六）。

附表：　　　　左冢一号楚墓丝织品测量数据表

标本编号	名　　称	经密（根/厘米）	经线投影宽度（毫米）	纬密（根/厘米）	纬线投影宽度（毫米）
1	深黄色绢	80	0.1	35	0.12
6	褐色绢	50	0.21	16	0.09
9	褐红色绢	90	0.09	50	0.05
10	褐色绢	44	0.1	26	0.22
11	褐色绢	54	0.1	36	0.12
3	三色锦	156	0.18	46	0.09
4	三色锦	150	0.13	38	0.08
8	二色锦	96	0.08	40	0.08

续表

标本编号	名　称	经密（根/厘米）	经线投影宽度（毫米）	纬密（根/厘米）	纬线投影宽度（毫米）
12	二色锦	120	0.16	32	0.19
13	二色锦	100	0.17	38	0.12
2	平纹绦	12	0.28	16	0.25
5	纬线起花绦 花纬	22	0.4	16	0.55 0.28
7	组	≈10	①0.18 ②0.16		

左冢一号楚墓出土玉石器的鉴定报告

中国地质大学　赵令湖

序号	出土位置	器号	器名	数量	出土状况	鉴定结果
1	北室	1	卵石片	1	残	石英岩（玉髓）
2	北室	6	卵石	1	完整	石英岩
3	北室	24	龙形玉佩饰	1	完整	石英岩（玉质较好）
4	北室	29	削刀玉璧首	1	完整	天青玉
5	北室	31	玉管	1	完整	天青玉（一般）
6	北室	32	玉环	1	完整	天青玉（泛黄）
7	北室	33	玉杆	1	完整	天青玉（泛黄）
8	北室	34	卵石	1	完整	花岗岩
9	北室	50	棱柱形玉管	1	完整	天青玉
10	北室	52	料珠	1	残	石英岩（朽，有翠绿色染透层）
11	南室	52	玉饰	1	完整	石英岩
12	南室	53	玉饰	1	完整	石英岩
13	南室	78	玉饰	1	完整	石英岩
14	南室	79	玉饰	1	完整	石英岩
15	南室	80	玉饰	1	完整	石英岩
16	南室	86	玉饰	1	完整	石英岩
17	南室	99	玉饰	1	完整	石英岩
18	南室	90	椭圆形玉片	1	完整	石英岩
19	内棺	3	玉带钩	1	完整	天青玉（含地质条带）
20	内棺	4	鱼形玉片	1	完整	天青玉（含少量磁铁矿）
21	内棺	5	玉玦	2	完整	天青玉

续表

序号	出土位置	器号	器名	数量	出土状况	鉴定结果
22	内棺	6	玉梳	1	完整	天青玉
23	内棺	7	玉圭	1	残	天青玉
24	内棺	15	玉鸡	1	完整	天青玉
25	内棺	16	玉羊	1	残	天青玉
26	内棺	17	玉猪	1	完整	天青玉
27	中棺	8	玉环	1	完整	天青玉（优）

左冢二号楚墓出土玉石器的鉴定报告

中国地质大学　赵令湖

序号	出土位置	器号	器名	数量	出土状况	鉴定结果
1	边箱东端	16	卵石	1	完整	石英岩
2	边箱东南角	24	卵石	1	完整	变质石英砂岩
3	东端内外棺间	25	玉璧	1	完整	玉（石英岩，红褐色）
4	北侧棺椁间	26	铜剑玉首	1	完整	玉（石英岩，红褐色）

左冢三号楚墓出土玉器的鉴定报告

中国地质大学　赵令湖

序号	出土位置	器号	器名	数量	出土状况	鉴定结果
1	头箱东北角	14	玉管	1	完整	天青玉（含少量绿泥石）

附录五

左冢楚墓人骨研究

湖北省文物考古研究所　李天元

左冢楚墓3座墓中，墓主人的骨骼有不同程度的保存，其中以1号墓保存最为完整。2号墓和3号墓的骨骼都很残破。本文的研究内容以1号墓人骨为主，涉及2号墓和3号墓的有关材料就一并叙述。

（一）人骨的保存状况

发掘时，墓中有很深的积水。文物和人骨都浸泡在积水中或是包裹在潮湿的淤泥中。人骨清理到室内后，自然风干。M1头骨皮有小面积脱落，M2和M3长骨骨干有皲裂现象，但不影响形态观察和测量。

M1可供观察和测量的材料有：头骨（完整，牙齿全部损毁），下颌骨（完整，仅存左下第二前臼齿、第一和第二臼齿），脊椎骨22件（略残），肩胛骨2件（左侧残），锁骨2件（完整），肱骨2件（完整，左侧取做DNA样品），尺骨2件（完整，左侧取做DNA样品），桡骨2件（完整），胸骨1件（残），髋骨2件（基本完整），骶骨1件（略残），股骨2件（完整），髌骨2件（基本完整），胫骨2件（完整），腓骨2件（完整），跟骨2件（完整），距骨2件（完整），肋骨15件（均为残段），另有腕骨、掌骨、指骨和跗骨、距骨、趾骨若干。

M2仅有1件右侧胫骨是完整的，其余均为残段或残块。有头骨碎片11块（包括枕骨大部和颞骨大部分），肱骨1件（右侧近端），尺骨2件（左侧近端和远端），桡骨1件（左侧远端），髋骨1件（右侧髋臼），股骨（左、右侧股骨头和远端滑车共4件，骨干碎片5件），胫骨3件（左侧近端和远端，右侧完整）。

M3 仅有右侧髌骨 1 件和左侧跟骨、距骨 2 件基本完整,其余均为碎片或碎块。有头骨碎片 15 块(看不出任何特征),左、右侧桡骨近端 2 件,尺骨残段 1 件,左、右侧股骨头 2 件,左、右侧胫骨近端 2 件、远端 2 件,腓骨残段 4 件。

(二) 性别的判别和年龄的认定

M1 的骨骼材料基本保存完整。观察头骨和下颌骨,眉弓发育,枕外隆凸显著,下颌角明显外翻。骨盆部,坐骨大切迹较窄而深,骶骨弯曲度明显。股骨嵴粗硕,颈体角较大。显示出一系列的男性特征。将头骨、下颌骨、寰椎、肩胛骨、髋骨等材料有关项目的测量数据代入学者们研究的性别判别回归方程,计算结果基本上与形态观察的结论吻合。其中髋骨用坐骨大切迹的两组方程来检验,左侧都显示出异趋性,可能与髋骨的不对称有直接关系。髌骨也有异趋性存在,可能与回归方程的推算有关。性别判别的检验结果列于表 1。综合形态观察和回归方程检验,M1 的墓主人应为男性。

表一: 　　　　　　　　**M1 墓主人性别检测结果**

材料	判　别　公　式	计算结果*	临界值	结论
头骨＋下颌骨①	Y1＝(g－op)＋2.6139×(ba－b)＋0.9959×(zy－zy)＋2.3642×(id－gn)＋2.0552×(下颌支高)	881.91044	850.9039	♂
	Y2＝(g－op)＋0.7850×(zy－zy)＋0.4040×下颌角间宽＋1.9808×下颌支高	432.30148	428.1524	♂
下颌骨②	Y3＝下颌角间宽＋2.2354×下颌联合高＋2.9493×下颌支高＋1.6730×下颌支最小宽	411.71037	398.6323	♂
	Y4＝0.1333×髁间宽＋0.1174×左下颌体高(M)＋0.2564×左下颌切迹深－22.6109	1.97544	♂＞0＞♀	♂
寰椎③	Y＝全宽＋2.21098×矢径	175.21057	172.9102	♂

①　吴汝康、吴新智、张振标:《人体测量方法》,科学出版社,1984 年。
②　邵象清:《人体测量手册》,上海辞书出版社,1985 年。
③　任光金:《寰椎的测量、相关与性别判别分析》,《人类学学报》第 5 卷第 2 期。

续表

材料	判 别 公 式	计算结果 *	临界值	结论
肩胛骨[1]	Y1 = 肩胛冈长 + 2.2853 × 肩关节盂长	228.49744	180.4363	♂
	Y2 = 形态宽 + 5.4659 × 肩关节盂长	367.68883	330.9832	♂
	Y3 = 肩胛宽 + 0.6539 × 肩胛冈长	191.26884	180.4363	♂
	Y4 = 1.7816 × 肩胛宽 + 1.8249 × 肩关节盂长 − 形态宽	111.47434	91.4860	♂
	Y5 = 37.4303 × 肩胛冈长 + 84.8120 × 肩关节盂长	8523.1564	7544.7472	♂
髋骨[2]	Y = 0.003794∠A + 0.005679∠C	0.5949（左）	♂ > 0.6376	♀
		0.6726（右）	0.6376 > ♀	♂

观察 M1 的颅顶骨缝，冠状缝和矢状缝基本完全愈合，可见平滑的细线。人字缝也已经愈合，可见微波型弯曲的骨缝。上、下颌骨的牙齿多被损毁，仅见下颌骨左侧保留有 2 枚臼齿：下第一臼齿和下第二臼齿。牙齿磨蚀程度很深，齿冠开始磨耗，齿质完全暴露。磨蚀程度达到 5 级[3]。骨盆保存完好，观察耻骨联合面的形态变化。耻骨联合面已经明显向下凹陷，出现波状起伏。背侧缘明显向后扩展。腹侧缘出现中断现象。形态变化达到第 8~9 期（35~44 岁）[4]。耻骨联合面的变化与颅顶骨缝的愈合情况基本吻合。臼齿的磨蚀程度显得年老，可能与生前的生活习惯、口腔疾病等有关系。综合颅顶骨缝的愈合情况、耻骨联合面的形态变化和下颌骨臼齿的磨蚀程度，M1 的墓主人大约 42 岁（40~45）。

M2 的骨骼材料很破碎，保存的头骨碎片中有枕骨和颞骨。枕骨的枕外隆凸显著，颞骨的乳突粗大，显示出男性特征。M3 的骨骼材料更破碎，唯有左侧髋骨保存基本完整。髋骨的整个形态较纤小，显示出女性特征。运用 5 组髋骨的性别判别回归方程来检验，其中 3 组（髋骨最大高、最大宽、外关节面宽）判别为女性；另外 2 组（髋骨厚和内关节面宽）则判别为男性。（如前所述，这可能和回归方程的判别准确率有关。）结论：M2 为男性。M3 为女性。二者皆为成年个体。

[1] 任光金：《肩胛骨性别的判别分析》，《人类学学报》第 6 卷第 2 期。
[2] 王子轩、丁士海、单涛：《髋骨性别分级判别分析法》，《人类学学报》第 19 卷第 1 期。吴新智、邵兴周、王衡：《中国汉族髋骨的性别差异和判断》，《人类学学报》第 1 卷第 2 期。孙尚辉、欧永章：《国人坐骨大切迹的测量与性别判别分析》，《人类学学报》第 5 卷第 4 期。
[3] 吴汝康、吴新智、张振标：《人体测量方法》，科学出版社，1984 年。
[4] 邵象清：《人体测量手册》，上海辞书出版社，1985 年。

（三）颅骨的形态观察

颅形为楔形。颅骨最大宽在后 1/3 的部位。眉弓发育程度为 2 级，达眶上缘的 1/2。眉间凸度中等。眶形为斜方形。鼻根点凹陷明显（2 级）。梨状孔呈梨形。梨状孔下缘为锐型。鼻前棘为中等。犬齿窝深。颧骨上颌骨下缘转角处欠圆钝。这一系列特征都属于蒙古人种的形态特征。形态观察的结果见表二。

表二： **M1 头骨非测量性特征观察**

观察项目		形态特征	观察项目	形态特征
颅 形		楔形	鼻 前 棘	中等
眉 弓		等于眶上缘 1/2	犬 齿 窝	深
眉间凸度		中等	鼻根点凹陷	1 级
鼻颌缝和额和缝		曲折上凸	翼 区	H 型
			乳 突	中等
额中缝		无	颧骨上颌骨下缘	转角处欠圆钝
颅顶缝	前囟段	愈合	颧骨缘结节	弱
	顶段	愈合	腭形	抛物线形
	顶孔段	愈合	腭圆枕	嵴状
	后段	微波	内侧门齿	断失
矢状脊		无	外侧门齿	断失
枕外隆凸		显著	颏形	方形
眶型		斜方形	颏孔	左右各 1
梨状孔		梨形	下颌角区	略外翻
梨状孔下缘		锐型	下颌圆枕	突起呈嵴状

根据测量数据计算出指数（附表三）可对头骨的形态特征进行分类，分类情况列于表三。

M1 颅骨的颅型为圆颅型（8:1）、高颅型（17:1）、正颅型（17:8）；狭额（9:8）和特狭的面（48:45），偏高的中眶型；狭的鼻型；面突为中颌型（72）；深的犬齿窝，均属于蒙古人种的特征。

表三： **M1 头骨形态特征分类**

指数项目	类型	指数项目	类型
颅型（颅指数）	圆颅型	眶型（眶指数Ⅰ）	中眶型
颅型（颅长高指数）	高颅型	鼻型（鼻指数）	狭鼻型
颅型（颅宽高指数）	正颅型	颌型（上颌齿槽指数）	短颌型
颅型（颅宽耳高指数）	阔颅型	颌型（面部突度指数）	中颌型
面型（全面指数）	特狭面型	颌型（总面角）	中颌型
上面型（上面指数）	狭上面型	颌型（齿槽面角）	突颌型
额型（额宽指数）	狭额型	下颌型（下颌骨指数）	长狭下颌型

（四）颅骨形态特征的比较研究

在对左冢楚墓人骨进行测量分析的基础上（附表一），我们选择了两种方法进行比较。一种是与左冢楚墓时代相近的历史时期的人骨材料，有曾侯乙墓（湖北随州）[①]、九店楚墓（湖北江陵）[②]、沙冢2号墓（湖北江陵）[③]、包山楚墓（湖北荆门）[④]、殷墟中小墓组（河南郑州）[⑤]、西北岗祭祀坑组（河南郑州）[⑥]6个组的材料；选择了颅长（1，g-op）、颅宽（8，eu-eu）、颅高（17，ba-b）颅指数（8：1）、颅长高指数（17：1）、颅宽高指数（17：8）、颅基底长（5，ba-n）、最小额宽（9，ft-ft）、颧宽（45，zy-zy）、上面高（48，n-sd）、眶宽（52，mf-ek）、眶高（52）、鼻宽（54）、鼻高（55，n-ns）、上面指数（48：45）、总面角（72，n-prFH）、眶指数（52：51）、鼻指数（54：55）、额宽指数（9：8）19个项目进行比较。前4个组都只有1例。我们还是将其测量数据看作是一个组的平均值来计算组间差异均方根的值。比较结果见表四。

① 莫楚屏、李天元：《曾侯乙墓人骨研究》，《曾侯乙墓》，文物出版社，1989年。杨茂有、刘武、邵凤久：《下颌骨的性别判别分析研究》，《人类学学报》第7卷第4期。

② 李天元：《江陵九店楚墓人骨观测》，《江陵九店东周墓》，科学出版社，1995年。

③ 李天元：《望山楚墓人骨研究》，《江陵望山沙冢楚墓》，文物出版社，1996年。

④ 韩康信、李天元：《包山楚墓人骨鉴定》，《包山楚墓》，文物出版社，1991年。

⑤ 韩康信、潘其风：《殷墟祭祀坑人头骨的种系》，《安阳殷墟头骨研究》，文物出版社，1985年。

⑥ 韩康信、潘其风：《安阳殷墟中小墓人骨的研究》，《安阳殷墟头骨研究》，文物出版社，1985年。

表四： M1 与历史时期墓葬人骨的比较（男性） 单位：毫米（长度）、度（角度）、%（指数）

马丁号	组别 项目	左冢 M1	曾侯 乙墓	九店 楚墓	沙冢 M1	包山 楚墓	殷墟中 小墓组	西北岗 祭祀坑	同种系 标准差 δ
1	颅长（g－op）	175.2	183.3	176.0	168.0	193.0	184.49	181.58	5.73
8	颅宽（eu－eu）	145.2	130.0	136.5	134.2	138.0	140.51	141.64	4.76
17	颅高（ba－b）	138.2	139.5	135.0	133.4	145.35	139.47	139.88	5.69
8:1	颅指数	82.88	70.96	77.56	79.88	71.55	76.46	76.67	2.67
17:1	颅长高指数	78.88	76.14	76.70	79.40	75.30	75.40	76.31	2.94
17:8	颅宽高指数	95.18	107.3	98.90	99.40	105.35	98.47	99.99	4.30
5	颅基底长（ba－n）	101.2	106.5	97.6	95.5	109.1	102.28	101.62	3.94
9	最小额宽（ft－ft）	93.7	86.6	90.7	85.0	98.4	91.03	91.76	4.05
45	颧宽（zy－zy）	127.8	133.6	127.0	124.5	143.4	135.42	136.18	4.57
48	上面高（n－sd）	75.0	74.0	71.2	72.0	80.2	74.00	72.36	4.15
51	眶宽（mf－ek）*	39.4	45.8	36.7	38.7	45.8	42.77	41.32	1.67
52	眶高*	33.0	37.2	33.5	31.3	37.5	33.82	33.00	1.19
54	鼻宽	24.2	26.9	27.3	24.5	27.9	27.27	27.04	1.77
55	鼻高（n－ns）	54.5	58.1	53.1	53.5	60.5	53.79	52.84	2.92
48:45	上面指数	58.82	55.38	56.06	58.06	55.91	54.64	53.14	3.30
72	总面角（n－prFH）	81.0		88.0	86.0	84.5	83.90	84.06	3.24
52:51	眶指数（mf－ek）	83.76	81.22	91.28	80.88	78.95	78.68	80.11	5.05
54:55	鼻指数	44.65	46.29	51.41	45.79	46.00	51.04	51.45	3.82
9:8	额宽指数	64.53	64.53	66.45	63.34	71.30	64.50	66.01	3.29
	组间差异均方根值		1.95	1.22	1.07	2.19	1.22	1.11	

* 取两侧平均值。

从表四的比较看，就单项而言，颅长较小，与九店的数据很接近；颅宽大于所有的比较组，因而颅指数也大于所有的比较组；颅基底长小于所有的比较组；额最小宽大于所有比较组，额宽指数却与大多数比较组接近，只有包山楚墓的指数很大；颧宽比较小，因而上面指数就大于所有比较组，与沙冢1号墓比较接近；鼻宽和鼻指数小于所有比较组。计算组间差均方根的值，差异最小的是沙冢1号墓，其次是西北岗祭祀坑、九店东周墓和殷墟中小墓组；与包山楚墓的差距最大。

现代资料中，我们选取了华北、华南、北亚、东北亚、东亚和南亚6个组[①]；选择了颅长（1，g-op）、颅宽（8，eu-eu）、颅高（17，ba-b）、颅指数（8：1）、颅长宽指数（17：1）、颅宽高指数（17：8）、颅基底长（5，ba-n）、最小额宽（9，ft-ft）、额倾角（32，m-nFH）、颧宽（45，zy-zy）、上面高（48，n-sd）、垂直颅面指数（48：17）、上面指数（48：45）、总面角（72，n-prFH）、眶指数（52：51）、鼻指数（ss：

① 引述比较数据参见尚虹、韩康信、王守功：《山东鲁中南地区周—汉代人骨研究》，《人类学学报》第21卷第1期。

sc)、鼻根指数（9∶8）17 个项目进行比较。比较结果见表五。

表五： 　　　　M1 与现代蒙古人种的比较（男）　　　单位：毫米（长度）、度（角度）、%（指数）

马丁号	项目 \ 组别	左冢	华北	华南	北亚	东北亚	东亚	南亚
1	颅长（g-op）	175.2	176.3—180.8	175.6—180.7	174.9—192.7	180.7—192.4	175.0—182.2	169.9—181.3
8	颅宽（eu-eu）	145.2	137.7—144.0	137.6—141.6	144.4—151.5	134.3—142.6	137.6—143.9	137.9—143.9
17	颅高（ba-b）	138.2	132.3—140.2	136.4—139.4	127.1—132.4	132.9—141.3	135.3—140.2	134.4—137.8
8:1	颅指数	82.88	77.1—80.9	76.9—79.7	75.4—85.9	69.8—79.0	76.9—81.5	76.9—83.3
17:1	颅长高指数	78.88	74.2—78.7	75—78.2	67.4—73.5	74.3—80.1	74.3—80.1	76.5—79.5
17:8	颅宽高指数	95.18	92.2—100.0	96.9—100.0	85.2—91.7	94.4—100.3	94.4—100.3	95.0—101.3
9	最小额宽（ft-ft）	93.7	89.4—95.0	89.0—93.7	90.6—95.8	94.2—96.6	89.0—93.7	89.7—95.4
32	额倾角(m-nFH)	84.0	83.3—86.4	85.0—89.0	77.3—85.1	77.0—79.0	83.3—86.9	84.2—87.0
45	颧宽（zy-zy）	127.8	130.6—135.8	131.6—136.7	138.2—144.0	137.9—144.8	131.3—136.0	131.5—136.3
48	上面高（n-sd）	75.0	71.6—76.2	68.7—73.8	72.1—77.6	74.0—79.4	70.2—76.6	66.1—76.5
48:17	垂直颅面指数	54.27	51.8—56.0	49.5—53.6	55.8—59.2	53.0—68.4	52.0—54.9	48.0—52.2
48:45	上面指数	58.82	54.3—56.8	51.4—55.7	51.4—55.0	51.3—56.6	51.7—56.8	49.9—53.3
72	面角(n-prFH)	81.0	80.6—86.0	81.7—87.4	85.3—88.1	80.6—86.5	80.6—86.5	81.1—84.2
77	鼻颧角(fmo-n-fmo)	142.0	145.1—146.1	145.0—146.1	147.0—151.4	149.0—152.0	145.0—146.6	142.1—146.0
52:51	眶指数（mf-ek）	83.77*	80.7—85.0	81.2—84.9	79.3—85.7	81.4—84.9	80.7—85.0	78.2—86.8
54:55	鼻指数	44.65	45.2—50.1	48.2—54.4	42.6—47.6	42.6—47.6	45.2—50.2	50.3—55.5
SS:SC	鼻根指数	34.72	27.0—37.2	31.7—37.7	26.9—38.5	34.7—42.5	31.0—35.0	26.1—36.1

　* 取两侧平均值。

从表五的比较结果看，超出比较范围的有 4 项：颅宽和上面指数大于所有比较组；颧宽和鼻颧角小于所有比较组，鼻颧角与南亚组最小值接近。落入各组变异范围的是：华北组 10 项，华南组 4 项，北亚组 8 项，东北亚组 9 项，东亚组 10 项，南亚组 8 项，另有 2 项（鼻颧角和总面角）与南亚组最小值非常接近。

综合分析左冢 1 号墓人颅骨的主要形态特征表现为圆的颅型，高而狭的面型和特狭的上面性，偏高的中眶型，典型的狭鼻型。这些都是亚洲蒙古人种华北类型所具备的特征。

（五）长骨的测量和身高的推算

长骨的测量数据见附表二。按长骨的指数分类型列于表六。

表六： 　　　　　　　　长骨指数分型

指数项目	指数值	类　　型
桡肱指数	79.14	长桡型
股骨扁平指数	81.60	扁型

续表

指数项目	指数值	类　型
胫骨指数	69.18	中胫型
胫股指数	77.54	短胫型

根据形态观察和比较研究，M1华北类型的男性个体。我们便采用吴汝康等学者介绍根据长骨测量数据推算华北男性身高的公式来推算其身高。计算结果列于表7。

表七： 　　　　　　　　　　　　　**M1 身高推算结果** 　　　　　　　　　　单位：厘米

长骨	结果（±校正值）	长骨	结果
肱骨	163.47±2.89	肱骨＋股骨	166.46±2.17
桡骨	169.38±2.68	股骨＋胫骨	166.46±1.92
股骨	166.55±2.18	股骨＋胫骨	163.54±1.86
胫骨	166.66±1.89	胫骨＋桡骨	166.83±1.88
肱骨＋桡骨	167.48±2.65	股骨、胫骨、肱骨、桡骨	169.81±1.82
肱骨＋桡骨	168.11±2.57	平均值	166.80±?

（六）人骨的病理观察

观察M1的骨骼材料，一般发育正常。发生病变的部位在中轴骨，在骨盆部，右侧骶髂愈合（图版五二）。在笔者以往研究的材料中，这种病例发现过多次。包山楚墓（M2）是骶髂愈合。九店楚墓M712（女性）是腰骶愈合；M295（女性）是枢椎和第三节颈椎愈合。中轴骨是全身神经系统中要控制区段。中轴骨发生病变，全身的活动都会受到影响。

（七）结　语

根据骨骼的形态学观察，M1人骨的男性特征明显。颅顶缝已经愈合；耻骨联合面的形态变化达到8～9级，估计其死亡年龄已经到42岁左右（40～45岁）。故推定墓主人为42岁左右的中年男性。选用推算华北男性身高的计算公式来推算其身高，结果为166.80厘米，为男性中等偏矮身材。对颅骨进行形态观察和人类学比较研究，颅骨具有高颅、狭面、狭鼻、中眶等典型特征，属于亚洲蒙古人种的华北类型。

检阅已经研究过的楚墓人骨材料，包括曾侯乙墓的材料，男性多属于华北类型。女性也多属于华北类型。这是否可以提供这样的线索：楚人最早可能是中原南迁的一支。更多地搜集和研究楚墓人骨，或许可以有一个较明晰的结论。

附表一： M1 人骨（头骨）测量 单位：毫升（容量）、毫米（长度）、度（角度）、%（指数）

M*	测量项目	测量值	M*	测量项目	测量值
	脑容量		54	鼻宽	24.2
1	颅长（g－op）	175.2	55	鼻高（n－ns）	54.5
8	颅宽（eu－eu）	145.2		颧上颌高（zm－pr－zm）	39.0
17	颅高（ba－b）	138.2	57	鼻骨最小宽	7.2
18	颅高（ba－v）	142.2	SS	鼻骨最小高	2.5
20	耳门前囟高（pn－b）	111.2	60	齿槽弓长	57.0
21	耳上颅高（po－v）	113.0	61	齿槽弓宽	69.1
9	最小额宽（ft－ft）	93.7	62	腭长	51.5
10	最大额宽（co－co）	105.2	63	腭宽	40.0
23	颅周长（g－op－g）	510.0	64	腭深	9.8
24	颅横弧（po－bpo）	308.0	7	枕大孔长（ba－o）	36.8
25	颅矢状弧（n－o）	360.0	16	枕大孔宽（ ）	28.4
26	额骨弧（n－b）	115.0	65	下颌髁间宽（cdl－cdl）	121.8
27	顶骨弧（b－l）	126.0	65a	喙突间宽（cr－cr）	100.8
28	枕骨弧（l－o）	119.0	66	下颌角间宽（go－go）	78.7
29	额骨弦（n－b）	107.2	67	颏孔间宽（ml－ml）	54.6
30	顶骨弦（b－l）	111.1		颏孔间弧（ml－ml）	66.0
31	枕骨弦（l－o）	98.0	68a	髁颏长	83.4
5	颅底长（ba－n）	101.2	69	下颌联合高（id－gn）	39.6
40	面底长（ba－pr）	99.8		下颌联合弧（id－gn）	42.0
47	全面高（n－gn）	（125.0）	70	下颌枝高 （左）	64.6
48	上面高（n－sd）	75.0		（右）	61.6
	上面高（n－pr）	71.2	71a	下颌枝最小宽 （左）	35.0
43	上面宽（fmt－fmt）	104.4		（右）	34.8
43a	两眶内宽（fmo－fmo）	97.8	69a	下颌体高（颏孔处）	36.2
45	颧宽（zy－zy）	127.8		（左、右）	34.2
46	中面宽（zm－zm）	103.4	69b	下颌体高（M₁M₂间）	34.0
12	星点间宽（ast－ast）	102.8		（左、右）	29.4
11	耳点间宽（au－au）	120.4	69c	下颌体厚（颏孔处）	11.4
SN	鼻根点至两眶内宽矢高	8.8		（左、右）	11.0
50	眶间宽（mf－mf）	22.7	69d	下颌体厚（M₁M₂间）	15.0
51	眶宽（mf－ek）（左）	39.0		（左、右）	15.0
	（右）	39.8			

续表

M*	测量项目	测量值	M*	测量项目	测量值
51a	眶宽（d-ek）（左）	38.0		下颌切迹宽　（左）	32.2
	（右）	37.6		（右）	34.8
52	眶高　　　　（左）	33.2		下颌切迹深　（左）	17.0
	（右）	33.8		（右）	15.0
FL	额角（n-bFH）	53.0	8:1	颅指数	82.88
32	额倾角（m-nFH）	84.0	17:1	颅长高指数 I	78.88
	额倾角（g-mFH）	81.0	18:1	颅长高指数 II	81.16
32a	额倾角·（b-n-i）	64.0	21:1	颅长耳高指数	64.50
	前囟角（b-nFH）	49.0	17:8	颅宽高指数 I	95.18
72	总面角（n-prFH）	81.0	18:8	颅宽高指数 II	97.93
73	鼻面角（n-nsFH）	86.0	21:8	颅宽耳高指数	77.82
74	齿槽面角（ns-prFH）	75.0	9:8	额宽指数	89.07
	颧上颌角（zm-ss-zm）	131.0	54:55	鼻指数	44.65
75	鼻梁侧面角（n-rhiFH）	68.0	SS:57	鼻根指数	34.72
75a	鼻骨角（rhi-n-pr）	34.0	48:17	垂直颅面指数	54.27
77	鼻颧角（fmo-n-fmo）	142.0	48:45	上面指数	58.82
NL	鼻根点角（ba-n-pr）	68.0	47:45	全面指数	97.81
AL	上齿槽角（n-pr-ba）	71.0	48:46	中面指数	72.53
BL	颅底角（pr-ba-n）	41.0	40:5	面部突度指数	98.62
33	枕角（l-oFH）	63.5	52:51	眶指数 I　（左）	85.13
33d	枕骨曲角（l-i-o）	129.0		（右）	82.41
79	下颌角	127.0	52:51a	眶指数 II（左）	87.34
		128.0		（右）	87.23

*　马丁编号。

附表二：　　　　　M1 人骨（肢骨）测量　　（单位：毫米）

材料	测量项目	测值（左右）		材料	测量项目	测值（左右）	
肩 胛 骨	1）形态宽	145.8	145.2	桡 骨	1）最大长	237.0	239.0
	2）肩胛宽	104.0	101.2		2）生理长	227.0	228.0
	3）腋缘长				3）体最小周长	39.0	40.0
	4）上缘长				4）体矢径	11.8	13.0
	5）冈下窝投影高	105.4	104.4		5）体横径	16.0	16.8
	5a）冈下窝高	107.0	112.2		7）颈体角	17.0	17.5
	6）冈上窝投影高	40.2	35.8	髋 骨	1）最大长	204.0	199.0
	6a）冈上窝高	41.4	41.2		4）最大宽	195.0	195.0
	7）肩胛冈长	136.0	135.2		5）骨盆前上宽	229.0	
	11）喙突长	41.4	39.0		7）髋臼间宽	127.0	
	12）关节盂长	40.0	41.3		9）髂骨高	123.8	127.5
	13）关节盂宽	27.2	28.8		12）髂骨宽	131.0	129.0
	15）肩胛宽长角	92.0	89.0		15）坐骨长	77.0	81.0
	16）腋冈角	44.0	48.0		16）耻骨长	85.6	85.0
锁 骨	1）最大长	152.0	151.0		20）闭孔长	52.0	52.5
	2a）体曲度矢高	35.0	33.0		21）闭孔宽	28.0	29.4
	5）最小宽	12.1	11.2		22）髋臼最大径	52.2	51.2
	6）中部周长	39.0	38.0		23）小骨盆入口上部矢径	127.0	
肱 骨	1）最大长	—*	302.0		23b）小骨盆入口下部矢径	75.0	
	2）生理长		296.5		24）小骨盆入口横径	119.0	
	3）上端宽		48.2		33）耻骨下角	55.0	
	4）下端宽		60.6		最大坐耻径	120.0	118.4
	5）体中部最大径		22.0		最小髂宽	62.0	64.0
	6）体中部最小径		16.7		耳状面最大长	61.5	—**
	7）体最小周长		60.0	股 骨	1）最大长	430.0	430.0
	8）肱骨头周长		37.0		2）生理长	428.0	427.0
	9）肱骨头横径		46.0		5）股骨体长	351.0	347.0
	10）肱骨头纵径		42.1		6）体中部矢径	27.0	23.9
	12a）滑车小头宽		41.0		7）体中部横径	28.6	28.0
	13）滑车矢径		25.8		8）体中部周长	85.0	82.0
	16）髁体角		81.0		9）体上部横径	31.2	31.8
	18）扭转角		34.0		10）体上部矢径	25.6	25.7
尺 骨	1）最大长		255.0		11）体下部最小矢径	26.3	26.2
	2）生理长		230.0		12）体下部横径	39.4	38.0
	3）体最小周长		34.5		13）颈头上宽	94.7	94.1
	11）体矢径		13.2		14）颈头前长	64.2	65.2
	12）体横径		16.2		15）颈高	31.5	27.0

续表

材料	测量项目	测值（左右）		材料	测量项目	测值（左右）	
股骨	16）颈矢径	26.8	24.0	腓骨	1）最大长	350.0	348.0
	19）股骨头最大径	45.8	45.0		2）中部最大径	16.2	18.2
	20）股骨头周长	145.0	144.0		3）中部最小径	12.0	11.0
	21）上髁宽	79.8	79.4		4）体最小周长	36.0	37.0
	23）外髁长	61.0	61.2	髌骨	1）髌骨高	39.8	39.5
	24）内髁长	59.0	59.0		2）髌骨宽	42.0	42.2
	28）扭转角	22.0	20.0		3）髌骨厚	21.5	22.2
	29）颈体角	116.0	113.0		4）关节面长	28.8	29.2
	30）髁体角	79.0	80.0		5）内关节面宽	21.2	20.0
胫骨	1）两髁长	351.0	355.0		6）外关节面宽	25.8	25.5
	1b）髁踝长	347.0	351.0	跟骨	1）最大长	78.3	78.9
	2）生理长	330.0	333.0		2）全长	74.5	76.0
	3）上端宽	71.8	71.8		3）最小宽	26.3	25.5
	4a）上内侧关节面矢径	48.8	45.6		4）最小高	39.7	40.7
	4b）上外侧关节面矢径	40.7	40.1		5）中部宽	39.8	40.5
	6）下端宽	53.0	53.4	距骨	1）距骨长	58.8	58.2
	7）下端矢径	37.5	38.2		2）投影宽	42.0	41.0
	8a）中部最大径	34.0	32.2		3）距骨高	34.0	33.0
	9a）中部横径	23.6	22.2		16）颈偏倾角	14.0	16.0
	10）体最小周长	72.0	73.0	骶骨	1）骶骨弓长	118.0	
	14）扭转角	39.0	37.0		2）前弦长	102.0	
寰椎	1）寰椎矢径	46.5			5）最大宽	104.5	
	2）寰椎全宽	72.4			6）弓高	25.8	
	3）椎孔矢径	30.0			7）弓高的垂足到骶岬的距离	58.8	
	4）椎孔横径	29.2			11）翼长 （左）	28.5	
枢椎	1）齿突高	16.5			（右）	58.0	
	1a）椎体高+齿突高	40.5			18）底正中矢径	31.2	
	16）椎体高	24.0			19）底横径	48.0	
	2）椎体矢径	16.2			22）骶岬角	57.0	
	3）全宽	22.6					

* 右侧肱骨取做 DNA 测年样品。** 骶髂愈合。

附表三：　　　　　　　　　　M1 人骨（体骨）指数统计　　　　单位：毫米

材料	指数项目	指数值（左右）	材料	指数项目	指数值（左右）
锁骨	长厚指数	25.66　25.17	股骨	长厚指数	19.86　19.20
锁骨	曲度指数	23.03　21.85	股骨	粗壮指数	12.99　12.15
肩胛骨	肩胛骨指数	140.19　143.48	股骨	扁平指数	94.41　85.36[2]
肩胛骨	冈上窝指数	27.57　24.66	股骨	崤指数	82.05　80.82
肩胛骨	冈下窝指数	72.29　75.34	股骨	幅区直属	66.75　68.95
肩胛骨	冈窝指数	38.14　32.72	股骨	径断面指数	117.54　112.50
肱骨	横断面指数	—*　75.91	股骨	髁间指数	96.72　96.41
肱骨	粗壮指数	19.87	股骨	肱股指数	—　70.73
肱骨	锁肱指数	50.93	胫骨	胫骨指数	69.41　68.94[3]
尺骨	长厚指数	—*　15.00	胫骨	长厚指数	20.75　20.80
尺骨	体断面指数	126.54	胫骨	胫股值数	77.10　77.99[4]
桡骨	长厚指数	17.18　17.54	髌骨	髌骨高指数	5.25　5.20
桡骨	体断面指数	73.75　77.38	髌骨	髌髁指数	52.63　53.15[5]
桡骨	桡肱指数	79.14[1]	髌骨	宽高指数	105.53　106.84
髋骨	髋骨指数	64.22　64.82	跟骨	长宽指数	33.59　32.32
髋骨	髂骨指数	105.81　101.77	跟骨	长高指数	50.70　51.58
髋骨	耻骨指数	65.34　65.89	跟骨	宽高指数	66.25　62.65
髋骨	坐骨指数	37.75　40.70	距骨	长宽指数	71.43　70.45
髋骨	闭孔指数	54.23　56.00	距骨	长高指数	57.82　56.70
髋骨	坐耻指数	111.17　104.94	骶骨	长宽指数	102.45[6]
			骶骨	纵弯曲指数	86.44

* 右侧肱骨取做 DNA 测年样品。

①长桡型；②正型；③中胫型；④短胫型；⑤中髌型；⑥中骶型。

附录六

左冢三号楚墓出土的棋局文字及用途初考

黄凤春　刘国胜

2000年9月,湖北省文物考古研究所在湖北荆门五里铺镇左冢村附近的一处岗地上发掘了三座战国楚墓。三墓封土尚存,自南向北呈直线排列,两小一大,大者居中,间距约20米。发掘与初步整理获知,左冢三墓年代大体相当,皆为战国中期或稍晚楚墓,经鉴定M1和M2的墓主为男性,M3的墓主为女性①。居中的1号墓椁分五室,一椁三棺,墓主身份不低于大夫。出土棋局的3号墓位于1号墓北侧,是三墓中唯一未遭盗掘之墓,墓坑东西长5.4、南北宽4.6米,椁分三室,一椁一棺,随葬鼎、壶、盘铜礼器1套,墓主身份为士一级。

棋局出在3号墓的头箱,方形,长39.4、宽38.8、厚1.7厘米,通体髹黑漆。棋局底面四角有榫眼,推知棋局原本有足。棋局的侧面及底面无纹饰,唯台面上画有线图并写有文字。图、文均以朱漆为之,布局整齐,全为一体。

先说图。整幅线图布满台面,其外缘线条压边。图大体由A图和B图合成。

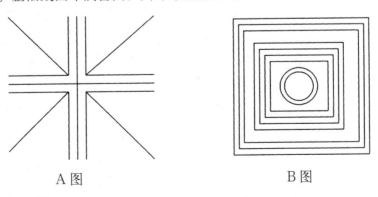

A 图　　　　　　　　　　　　B 图

---

① 黄凤春:《湖北荆门左冢楚墓的发掘及主要收获》,《楚文化研究论集》第五集,黄山书社,2003年。后经重新鉴定,M1、M2的墓主为男性,M3的墓主为女性,见本报告附录五。

A 图基本以"十"、"×"、"⌐"组成。过去出土的安徽阜阳双古堆 1 号汉墓木式之地盘背面绘有此图形 A_1（图一）①。而在湖北江陵王家台 15 号秦墓出土的木式背面亦有同类的图形 A_2（图二）②。在湖北沙市周家台 30 号秦墓出土《日书》竹简、湖南长沙马

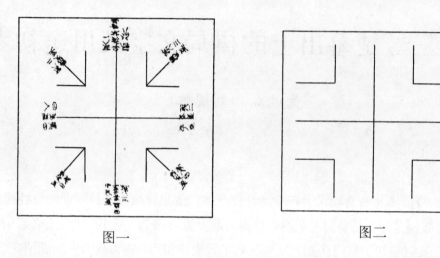

图一　　　　　　　　　　图二

王堆 3 号汉墓出土《式法》帛书及湖北随州孔家坡 8 号汉墓《日书》竹简中都出现有与 A_2 相似的图形③。

传世文献及出土数据表明，A 及 A_1、A_2 一类结构图形在古代数术中运用很广，特别是以式法为主旨或依托的占术④。图形中的"十"、"×"、"⌐"应是分别表现"四仲"、"四维"、"四钩"。这类结构图大概是古代阴阳家结合天文、历算等知识和阴阳、五行思想制定的一种以方位系统为框架联系时空的宇宙图式。这一图式的运用为选择人事吉凶在理论解释和实际操作等方面提供了便利。

B 图由"○"和"□"两种基本图形构成，"○"居内，"□"在外。这种方、圆位置布局在一般的式盘上也有体现，如阜阳双古堆 1 号汉墓木式之地盘正面（图三）⑤。圆属天，天道曰圆；方属地，地道曰方。因此，B 图主要是一种抽象表现天地位置的几何图形。B 与 A 合成一图，使上述"宇宙图式"更趋完整。这种图式，我们从目前所知的

①　安徽省文物工作队：《阜阳双古堆西汉汝阴侯墓发掘简报》，《文物》1978 年第 8 期。本文所附图一、图二均采自发掘简报。

②　荆州地区博物馆：《江陵王家台 15 号秦墓》，《文物》1995 年第 7 期。本文所附图二采自王明钦《王家台秦墓竹简概述》，"新出简帛国际学术研讨会"论文，北京大学（2000 年）。

③　参看湖北荆州周梁玉桥遗址博物馆：《关沮秦汉墓简牍》，中华书局，2001 年。马王堆汉墓帛书整理小组：《马王堆帛书〈式法〉释文摘要》，《文物》2000 年第 7 期。孔家坡汉简资料待公布。

④　参看李零：《中国方术考》，东方出版社，2001 年。

⑤　甘肃省博物馆：《武威磨咀子三座汉墓发掘简报》，《文物》1972 年第 12 期。本文所附图四采自李零《中国方术考》，东方出版社，2001 年。

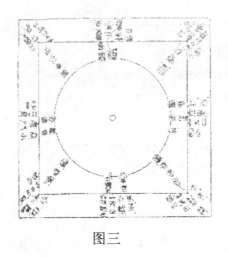 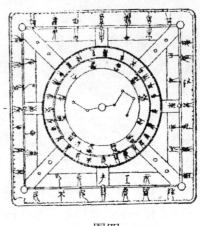

图三　　　　　　　　　　　　图四

多数式盘实物的具体形式上能够有所体察。如甘肃武威磨嘴子62号汉墓出土的式盘（图四）①。这件棋局的图形也有一些特点，主要表现在：

1．A 图的"十"形二线不交，中心处画有一小"□"。

2．B 图的"□"形凡 5 道（外缘边线除外），自外向里形成 5 个大小相次的方框，第 2 与第 3 方框之间的距离较大，其余彼此相邻的方框间距大致相等。"○"形有 2 道，居中，形成 2 个同心的圆圈，两圆圈间距较窄。

3．B 图的"□"、"○"两图形的线条在 A 图的"十"与"⌐"之间没有画出，线条皆出现在 A 图"四钩"内。

再谈文字。这件棋局图形中共有文字182个（器物一角有缺损，可能残失1字）。文字是分组书写的，每组一字或两字，共有112组。文字或写在图线条的下缘，或写在线条的两侧，或写在线条上。部分写在线条上的字，笔画借用了线条。初步分析，一些在位置上存在一定对应关系的文字组，其词义也存在有某些对应关系。为方便叙述，我们拟按 A 图与 B 图两部分对整个图形中的文字略作考释。

A 图的各组文字皆沿线条分布，字朝向"十"与"×"中心（位在"×"线条端头的一组除外）②。

附属 A 图"十"形的文字由外向里可分三栏，分别是：

第一栏，有4组，分别是"悳（德）弪（弱）"、"謥（默）共（恭）"、"植（直）（德）刚"、"歪（恒）智"。

───────────────

① 释文中"（ ）"内写的是我们认为的假借、异体字。对于图中两字一组的词语，我们一般按文字正书方位从右向左读。

② 左冢棋局中"⌐"与"□"相交处的文字，我们是将其作为附属于"□"的文字来看待的。

第二栏，有 4 组，分别是"坪（平）"、"戉（成）"、"长"、"宁"。

第三栏①，有 4 组，分别是"齐殷"、"蕺（取）聇（察）"、"事杏"、"寻（得）音"。

附属 A 图"×"形的文字由外向里可分六栏，分别是：

第一栏，有 4 组，分别是"肰□"、"湙牝"、"义桼"、"沃嫔"。

第二栏，有 4 组（缺失 1 组），分别是"果"、"忨（愿）"、"利"。

第三栏，有 4 组，分别是"几槑（鬼）"、"几天"、"吾叟（奚）"、"几人"。

第四栏，有 4 组，分别是"安"、"脅（协）"、"童"、"和"。

第五栏，有 4 组，分别是"褬（衰）"、"ⵎ（卒）"、"幾"、"瓺"。

第六栏，有 4 组，分别是"惪（德）"、"水"、"时"、"宅"。

B 图的各组文字皆沿框边或圆周分布。附属 B 图"囗"形的文字可分五栏，其中第一、第二栏文字朝外，第三、四、五栏文字朝内。第二栏与第三栏间距较大，综合图形与文字考虑，B 图也可视作外框二栏，内框三栏。五栏文字分别是：

第一栏，分 24 组，每边 6 组，分别是"裳（常）"、"㫰"、"鵅（逸）甹（陈）"、"剌（烈）悆"、"宂念"、"訏溢"、"糠（康）缅"、"困土"、"鱻（鲜）忱"、"肯（怨）篋"、"朋肝"、"襄（让）敓（夺）"、"虑（虑）枓"、"寻（得）惛（闻）"、余（徐）忽（忍）"、"速勒（解）"、"恚丕"、"息毁"、"怀（倍）剪"、"恻念"、"桼（弱）懧（豫）"、"狐刚"、"行训（顺）"、"虐臬"。

第二栏，分 16 组，每边 4 组，自左向右旋转读分别是：

"民虮"、"民凶"、"民綝（懔）"、"民暜（憎）"、"民阳（启）"、"民畜（喻）"、"民卸（惛）"、"民悃"、"民窮（穷）"、"民䖆"、"民恭（倦）"、"民患"、"民恻"、"民勅（厉）"、"民童"、"民柔"。

第三栏，分 16 组，每边 4 组，自左向右旋转读分别是：

"纪"、"繼（兴）"、"吁㦇（惠）"、"绔"、"閟（闭）"、"楷"、"智愚（疏）"、"阳（启）"、"训（顺）"、"桱（权）"、"恭訢（慎）"、"逆"、"绔"、"㦳"、"圣裕"、"经"。

第四栏，分 8 组，每边 2 组，自左向右旋转读分别是：

"殹民"、"吾（五）弜（弱）"、"民盍"、"厽（三）罡（强）"、"人善"、"吾（五）罡（强）"、"迅謇（谦）"、"厽（三）弜（弱）"。

第五栏，分 8 组，每边 2 组，自左向右旋转读分别是：

"型（刑）"、"瀘"、"信"、"芇（典）"、"羕（祥）"、"裳（常）"、"义"、"恻"。

附属 B 图"〇"形的文字有一栏②，分 4 组，分别是"曺惪（德）"、"亚（恶）敆

---

① 这一栏紧靠"＋"线条的文字，从其所处位置看，亦都应位于图中"〇"中的外"〇"线下。

② 这一栏写于内"〇"线下的文字，亦紧贴"×"线条，有可能是附属于"×"的文字。

（美）"、"惪（德）屯（纯）"、"甬民"。

关于这件棋局的性质与用途，目前还不是十分清楚。前面我们谈到，这件漆木器的图案格局采用的是一种在古代数术领域运用较广的"宇宙图式"。棋局的图案应该不像是仅起装饰作用的器物纹饰，更可能是一类可供实际操作的图局。就目前所见出土实物

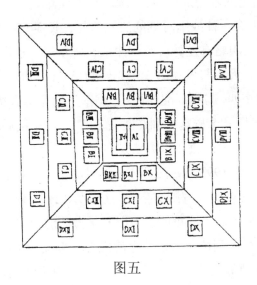

图五

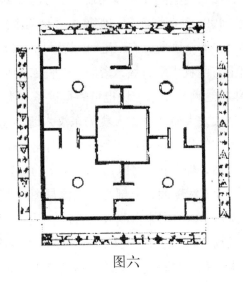

图六

看，采用上述"宇宙图式"的器物主要是式盘和博局两类。棋局的图案与式图比较接近，文字内容和布局也与式盘有相似之处。如棋局的"×"（代表"四维"）上书写有"几□（鬼）"、"几天"、"吾□（奚）"、"几人"四组文字，而居于式盘四维的四门一般以"鬼"（东北维）、"地"（东南维）、"人"（西南维）、"天"（西北维）表示。棋局文字中有一些词语带有占测的意味，如"顺"、"逆"、"强"、"弱"、"果"、"和"、"宁"、"利"、"安"等。特别是书写在"口"型第二栏处的一周文字组，皆与"民"相关，这不禁让人想起江陵王家台15号秦墓出土的竹简中的一篇图文（参图五）[①]。

据王明钦先生介绍，此图中间ＡⅠ处简文作"员（圆）以生枋（方），正（政）事之常"；图中ＢⅠ至ＢⅫ处书写的内容与湖北云梦睡虎地秦简《为吏之道》篇中的"处如资，言如盟……"一段相同。睡虎地秦简上的这段简文末尾有文云："百事既成，民心既宁，既毋后忧，从政之经[②]。"这段以讲理政治民为主的"从政之经"依照式图来布置书写，大概意在表明政事顺应天时地利的道理。《南齐书·高帝本纪》在谈太一九宫

---

　　① 参看王明钦：《王家台秦墓竹简概述》，"新出简帛国际学术研讨会"论文，北京大学（2000年）。本文所附图五采自该文。

　　② 睡虎地秦墓竹简整理小组：《睡虎地秦墓竹简》，文物出版社，1990年。

占时讲:"《太一经》言格者已立政事,上下格之,不利有为、安居之事,不利举动。"左冢楚墓出土的这件棋局布置有一栏专讲民之性情与行为的文字,其道理与上举王家台秦简之图文似有相通之处。因此,左冢棋局有可能是属式盘一类的占具。

大家知道,古代博戏有博局,即博戏行棋的棋盘。漆木博局在秦、汉墓中有实物出土,图四便是湖北云梦大坟头1号西汉墓出土的木博局图①。目前所见博局图大体皆如此。1995年在湖北荆州纪城1号楚墓中出土有一件战国时期的漆木博局,长34.6、宽20.5、厚2厘米,有四足②。其博局图案与图四略有差异。我们注意到,左冢3号墓还出土有两枚小木方块,素面,边长2.2厘米,大小与棋局图案中心处的小"口"形基本等同。这两枚小木方块也可能是棋子一类的东西,与棋局配套使用。据李学勤先生介绍,加拿大安大略博物馆入藏的东汉六博俑之博局显示棋是排列在线条上的③。左冢棋局的各组文字均倚靠或占压图线条。因此,如果出土的两枚小木方块是在棋局上行棋用的棋子的话,则落子处可以与图中文字的位置重合。1993年在江苏连云港尹湾6号汉墓出土的9号木牍反面,上部绘有一博局图,下部附有五栏占测文字④。这表明,博局不仅可供游戏,亦可用来占测人事吉凶。因此,左冢棋局也有可能是可以行棋占测的博局,或称式局。图上的文字可能全部或部分作为行棋所到位置的占验之辞或占测事项。由于左冢棋局在形式和内容上均与目前所见式盘及博局实物存在不小的差别,出土的两枚小木方块与棋局之间的关系也尚待考证,因此,有关左冢棋局的性质和用途有待进一步研究。

---

①　参看傅举有:《论秦汉时期的博具、博戏兼及博局纹镜》,《考古学报》1986年第1期。本文所附图六采自该文。

②　湖北省文物考古研究所:《湖北荆州纪城一、二号楚墓发掘简报》,《文物》1999年第4期。

③　参看李学勤:《〈博局占〉与规矩纹》,《文物》1997年第1期。

④　连云港市博物馆等:《尹湾汉墓简牍》,中华书局,1997年。

新出楚王孙缵矛

湖南大学岳麓书院　许道胜

2000年9月，为配合襄（樊）荆（州）高速公路工程，湖北省文物考古研究所（以下简称"鄂所"）在湖北省荆门市以南约45公里的五里铺镇左冢村二组发掘了三座楚国冢墓。其中三号墓未被盗，出土了一批极具研究价值的楚文物，楚王孙缵青铜矛即为代表①。

一、矛的形制

左冢三号楚墓出土青铜矛，编号为M3∶29。出土时，该矛铜质矛身和秘端的镦均保存完好。矛身骹部侧面呈凹口弧形，正视略同编钟的合瓦状，口部最宽处宽3.4厘米。骹上有一对穿的半圆形孔以固定秘。脊部高耸。叶部长而均匀。刃口较宽且长而锋利。前锋锐利。矛身横切面略呈纺锤形。脊部饰以精美的装饰性花纹。花纹两侧有错金六字铭文。镦平底，一端封口，中空，圆筒形，用以纳秘，高8.3厘米，外径2.4厘米。秘部仅残存遗迹。经测，该矛全长27.3厘米。

二、时代与主人

矛身一面有错金鸟篆铭文，计2行6字：

楚王孙

缵之用（图一）

值得注意的是，同样的错金鸟篆铭兵器此前已有2件，它们是1958年出土于江陵东长湖南岸一楚墓、属同一戟的两件戈，其中一件无内，通长17.8厘米，援长16.2厘米，胡长10.5厘米，现藏湖北省博物馆（以下简称"鄂博"）（图二）；一件有内，援长16.2厘米，现藏中国历史博物馆（今与中国革命博物馆合并为中国国家博物馆，以下简

---

① 黄凤春：《湖北荆门左冢楚墓的发掘及主要收获》，《楚文化研究论集》第五集，黄山书社，2003年。

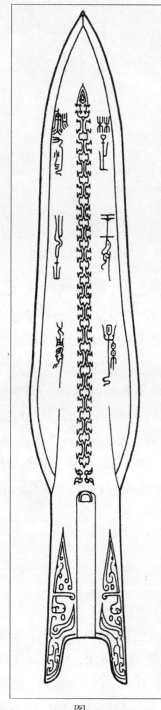

图一

（此摹本由黄凤春先生提供。）

称"国博"）（图三）①。

两戈铭文在字体风格、辞例、字数等方面，均同于左冢三号楚墓所出（图四）。

字数：均为六字。

字体：均为错金鸟篆，字体风格酷肖，仅局部笔画略有差别。

辞例：完全相同。

器属：均属兵器。

因此，以上三器，似可合并讨论。讨论的关键在于器铭，器铭的关键又在于"孙"下一字的隶定。

关于"孙"下一字的隶定，目前主要存二说：

一、释"鱻"，读"渔（鱼）"。此说以石志廉先生为代表②。

二、释"鮡"，读"朝"。此说以何琳仪先生为代表③。

该字的隶定不同，它的主人也不同：

按第一种说法，其主人又有几种意见，石志廉先生认为，可能指《左传》所记的春秋晚期吴楚之战中的司马子鱼④。

《左传·昭公十七年》载："吴伐楚，阳匄为令尹，卜战不吉。司马子鱼曰，我得上流，何故不吉，且楚故。司马令龟，我请改卜。令曰，鲂也，以其属死之，楚师继之，尚大克之吉。战于长岸，子鱼先死，楚师继之，大败吴师，获其乘舟余皇。使随人与后至者守之，环而堑之，及泉，盈其隧炭，陈以待命。吴公子光请于其众曰，丧先王之乘舟，岂唯光之罪，众亦有焉，请藉取之以救死。众许之，使长鬣者三人，潜伏

---

①　陈上岷：《江陵发现战国木椁墓》，《文物参考资料》1959年第2期。石志廉："楚王孙鱻（鱼）"铜戈》，《文物》1963年第3期。黄锡全：《湖北出土商周文字辑证》，武汉大学出版社，1992年。高至喜主编：《楚文物图录》，湖北教育出版社，2000年。

②　石志廉："楚王孙鱻（鱼）"铜戈》，《文物》1963年第3期。

③　何琳仪：《战国文字通论（订补）》，江苏教育出版社，2003年。

④　石志廉："楚王孙鱻（鱼）"铜戈》，《文物》1963年第3期。

于舟侧，曰：我呼余皇则对。师夜从之，三呼皆迭对。楚人从而杀之，楚师乱，吴人大败之，取余皇以归。"子鱼即公子鲂（《左传·昭公十七年》杜注）。

刘彬徽则认为石志廉先生之说不可信，因为公子鲂即王子鲂，此戈（铭）为王孙渔，一为王子，一为王孙，辈分不同。一名鱼，一名鲂，名亦不同。从形制看，该戈与曾侯乙戟相似，年代也应相同，将其时代定为战国早期[①]。

黄锡全先生指出：王孙渔，有的主张是楚司马子鱼，楚平王时吴楚交战中死于长岸。有的将它的年代定为春秋战国之际，则楚王孙渔就不大可能是平王时的楚王孙渔。如按后一种意见，"渔"有可能是平王或昭王之孙，而与惠王同时[②]。

又：包山楚墓170号简有人名"登𩹉"，"𩹉"与上述三器铭"孙"下一字上部同，滕壬生释"鲋"，李零先生认为，字不从舟而从川，应释"鲰"[③]。

按第二种说法，何琳仪先生疑其主人为楚公孙朝[④]。

按：公孙朝为春秋战国之际楚国的县尹，名朝。楚平王之孙、令尹子西之子。曾任职于武城，故称武城尹。《左传·哀公十七年》记载，白公乱郢时，陈人乘机侵楚。楚惠王十一年（前478年），楚拟夺陈麦以作报复。公孙朝率师掠取陈麦，并击败陈师，进而乘胜进围陈都。七月，灭陈。

不过，根据目前所见材料，可以确认的是：

其一，左冢三号楚墓出土的这件青铜矛属凹口骹矛，而凹口骹矛多为吴、越的产物，春秋晚期至战国早期流行。长江中游亦有分布[⑤]。本器即为其例。其时代当在春秋晚期至战国早期之际。

其二，"孙"下一字，释"渔"也好，释"朝"也好，肯定为楚王之孙。在未有新的材料出土之前，我们倾向于暂释"瀺"。但器主究竟是哪一位楚王之孙，则还有待进一步研究。

其三，同铭戈的字体、辞例、字数等均同于左冢三号楚墓所出。因此，它们很可能属同一主人所有[⑥]。

① 刘彬徽：《楚系青铜器研究》，湖北教育出版社，1995年。
② 黄锡全：《湖北出土商周文字辑证》，武汉大学出版社，1992年。
③ 滕壬生：《楚系简帛文字编》，湖北教育出版社，1995年。李零：《读〈楚系简帛文字编〉》，《出土文献研究》第五集，科学出版社，1999年。
④ 何琳仪：《战国文字通论（订补）》，江苏教育出版社，2003年。
⑤ 马承源主编：《中国青铜器》，上海古籍出版社，1988年。
⑥ 黄凤春：《湖北荆门左冢楚墓的发掘及主要收获》，《楚文化研究论集》第五集，黄山书社，2003年。

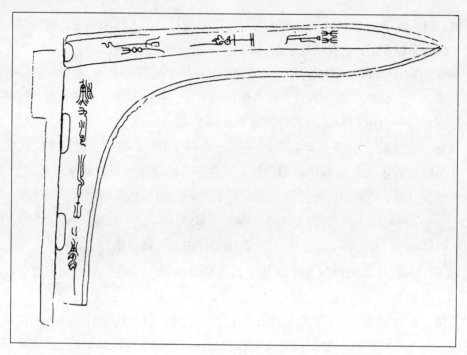

图二

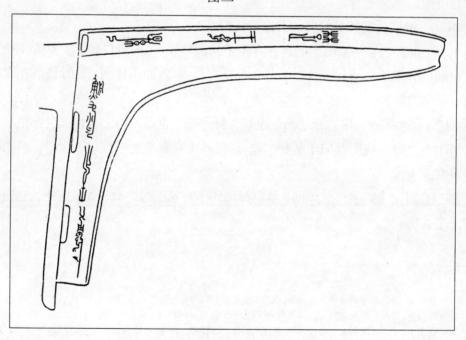

图三

（图二、图三采自张光裕、曹锦炎主编：《东周鸟篆文字编》，（香港）翰墨轩出版有限公司，1994 年。）

	楚	王	孙	渔	之	用
楚王孙渔矛（鄂所）						
楚王孙渔戟（鄂博）						
楚王孙渔戟（国博）						

图四

（楚王孙渔矛的铭文摹本由黄凤春先生提供；楚王孙渔戟的铭文摹本采自张光裕、曹锦炎主编：《东周鸟篆文字编》，（香港）翰墨轩出版有限公司，1994 年。）

左冢楚墓出土木尺的价值

武汉大学文学院　萧圣中

一　现存战国古尺概况

目前所知先秦古尺（包括骨尺、铜尺、木尺）只有十数件，战国古尺则更少，且多为传世品或盗掘出土，经科学发掘出土的战国尺仅甘肃天水放马滩战国秦墓一件长90.5厘米的大尺，寸间距约2.4厘米，每单位尺合24厘米，其刻度不太精确，可能是用来测量地形等之用①。

其他途径出土的战国尺还有：

1.传河南省洛阳市金村古墓出土的战国铜尺（战国中晚期），长23.09、宽1.7、厚0.4厘米。正背面均无刻度，仅在一侧刻十个寸格，分度不甚均匀，唯两端的二寸各长2.31厘米，其中第一寸划十一格，其余九寸未刻分，五寸处刻交午线，一端有孔（1931年前后被盗，南京大学历史系文物室藏品）。

2.国家博物馆藏战国镂刻骨尺，长23.05、宽2.1、中间厚0.8、两边厚0.4厘米（1934年叶恭绰在上海购得）。

3.中国历史博物馆藏战国花卉云气纹铜尺，长22.52、宽1.5、厚0.4厘米。尺面锈蚀严重，纹饰已模糊不清，似有花卉云气纹样。

4.安徽寿县朱家集李三孤堆大墓出土的铜矩尺，共二件，长23、宽2.7、厚2.6厘米，无刻度（1930年代盗掘出土）。李三孤堆大墓另外出土两件"王"字铜衡杆，其长

---

① 田建、何双全：《甘肃天水放马滩战国秦墓群的发掘》，《文物》1989年第2期，参看丘光明：《中国历代度量衡考》，科学出版社，1992年，第8页。

度也均为 23.1 厘米，正合一尺。[①]

二 左冢战国尺的重要价值

左冢楚墓所出土的这柄木尺，刻度精细，保存状况较好，对于研究东周战国时代的尺度有重要意义。

这件木尺长 23.3 厘米，与其他战国尺的长度大体相当。根据现有材料，推测战国时代一尺合今 23 厘米左右问题应该不大。

该尺四面刻度的部分刻线两两之间发现有横向墨书的文字，或二字，或一字（附表）。每面刻度文字不同，初步推测，可能是为了标明需要取定某物的数值时应使用此段。

由于表面曾经打磨，加上出土时为丝织品所包裹并长期浸泡于地下的淤泥中，木尺木质变黑，未变黑的地方，文字连同泥水极易脱落。出土清理时，只残剩少量文字，残存者也大多漫漶不清，肉眼难以辨识。少数文字粘附在丝织品上，经红外线成像设备摄影处理，个别字略可辨识，如"竿"、"淫（經）"、"怡（始）"、"光（廣）"、"諎（闊）"、"毀（緯）"、"飢（段？纠？）"、"會"等。这些文字，也有连用的，如："毀（緯）光（廣）"、"□怡（始）"、"□會"等。由于同时出现了"經"、"緯"、"廣"、"闊"、"纠"、"會"等文字，我们怀疑这柄木尺有可能是纺织布匹时进行尺寸和密度控制的一件辅助性工具。但因文字残损太过严重，我们不能给出对全部文字的准确解释，现将残存文字列表于下，以待识者。

---

① 上四则均引自丘光明：《中国历代度量衡考》，参看国家计量局主编《中国古代度量衡图集》，文物出版社，1984年。李三孤堆大墓铜矩尺数据承刘和惠先生以书信见告，谨致谢意。

附表: 木尺残存文字示意表

所在面	刻线位置	文字图片	初步辨识	备注
A 面	4~5		竿（？）	缺照
	7~8		語	
	14~15		□□	当为二字，均残
	15~16		毁□	右字残，似亦从支
	16~17		毁□	左字从白从土从支，似与九店 M56—37 号简及上海简四《曹沫之陈》10 号简"毁"字同构；右字残
	22~23		訮□	右半残
	23~24		飢	右半略残
	28~29		□	字残
	29~30		淫	
B 面	0~1		怡	
	1~2		毁（？）光	"光"与包山简 268、272、276、277 及望山简 M2-12 等处"光"字同构
	8~9			缺照，目测似从言旁

续表

C 面	3～4			竽	与包山简 157 "竽" 字同构
	7～8			□	字残
	22～23			語	
	23～24			飤□	右半残
	28～29			飤□	右半残
	29～30			淫	
D 面	0～1			□怡	左字残
	24～25			□會	左字残

左冢楚墓群出土金属器研究

中国科学技术大学科技史与科技考古系　罗武干

中国科学技术大学科技史与科技考古系　秦颍

湖北省文物考古研究所　黄凤春

中国科学技术大学力学与机械工程系　龚明

中国科学院研究生院科技史与科技考古系　王昌燧

一　引言

为配合襄荆高速公路建设,湖北省文物考古研究所和荆门市博物馆联合对位于荆门市沙洋县五里铺境内左冢古墓群进行了为期三个多月的发掘。左冢楚墓的年代皆为战国中期晚段,约公元前340~前300年,由一大二小3个冢墓所组成,呈南北走向。这次发掘出土了大批青铜文物,为探讨其合金配比、加工工艺等问题,分别从三座楚墓所出土的青铜器残破处或器物残片上进行了取样,共计16件,所取样品分属鼎、壶、盘、盉、刻刀、削刀、镞、铜镜等不同器类;另外对少量金箔、节约等金器、铅锡器也进行了采样,具体情况见表2。

二　实验分析及结果

以上样品经前期处理后,分别进行成分测试和金相组织分析。

(一) XRF 分析

XRF分析在中国科学技术大学理化测试中心X荧光分析室进行,测试仪器为日本岛津公司WD—1800波长色散型X荧光光谱仪。该仪器配有4kW端窗铑 (Rh) 靶X

光管，管口铍窗厚度为 75μm，并配以最大电流 140mA 的 X 射线电源及发生器，高精度的 0-20 独立驱动系统，双向旋转的 10 位晶体交换系统，3 种狭缝可交换，灵敏自动控制系统，为获取高可靠性的成分数据提供了保证。对于青铜合金，其检出限可达 0.1ug/g-1ug/g，误差在 1% 以下。测试结果见表一。

表一：　　　　　左冢楚墓金属样品 XRF 测定结果（w%）

原编号	分析号	取样部位	Cu	Sn	Pb	S	Ag	Cl
M1S:60	1	锤上金箔	0.45	1.41	72.41 Au	1.55	24.16	
M3:1	2	盘残片	75.79	17.05	5.81	1.34		
M1N:3	3	盘残一块	74.24	21.61	4.14			
M2:27	4	削刀残片	66.85	27.47	5.05	0.62		
M3:27	5	三棱有翼镞	80.63	19.36				
M1W:2	6	盉足部残片	65.27	15.60	19.12			
M3:9	7	匜残片	66.72	25.02	7.12			
M2:12	8	三棱形镞	66.81	25.48	6.65	0.54		0.50
M2:9	9	壶残片	64.21	14.93	18.84		2.01	
M3:10	10	鼎足	71.15	17.79	10.26	0.51		0.27
M2:11	11	盖弓帽	66.74	19.52	13.45	0.27		
M2:39	12-1	夹刻刀残片	74.20	17.65	5.55	2.63		
	12-2	夹刻刀残片	79.06	15.72	3.13	2.07		
	12-3	夹刻刀残片	74.99	17.48	6.49	1.02		
M2:7	13	盘残片	76.77	19.04	2.60	0.17	1.09	0.32
M1E:1	14	壶残片	76.88	20.15	2.97			
M1 内棺:2	15	削刀环一段	80.22	8.16	11.61			
M1S:68	16	锤	1.25	1.04	97.70			
M1N:49	17	尖头管状镞	75.44	19.67	3.92	0.96		
M1S:36	18	节约	0.08		96.68			
M1S:8	19	铜镜镜托	55.83	4.86	37.48	0.81 Fe		
M3:28	20	铜戈镈错金	4.27		77.84 Au	0.68 Fe	17.10	
M3:35	21	铜杖首错金	10.82		63.57 Au	1.13 Fe	24.46	
M3:35	22	铜杖首错银	4.27		10.22 Au	9.19 Fe	76.31	

由表一可以看出，这批样品合金成分多为 Cu－Sn－Pb 三元合金，只有 5 号样品例外，为 Cu—Sn 二元合金。多数样品含硫化物夹杂，硫可能是由矿石带入的。一些样品含有氯元素，当是青铜器在地下埋藏过程中锈蚀所产生。9、13 等样品表面还检测出了 Ag，并且其含量比较高，不会是由矿石中所带入，可能是在器表进行了镶嵌银或镀银装饰处理。

M1S：60 镈上金箔为金银合金，含少量铜、锡及硫杂质。M3：28 铜戈镈上错金、M3：35 铜杖首上错金均为金－银－铜合金，含少量由矿石中带入的铁。M3：35 铜杖首上错银为银－金－铜合金，并含有较高的铁，铁的来源及加入方式有待进一步研究。M1S：68 为 Pb 器，含铅量高达 97.70%，含少量的 Cu、Sn。M1S：36、M1S：77 两件节约样品锈蚀比较严重，呈现白—灰白色，手触之即为粉末。为了确定其材质先对它们进行了 XRD 物相分析，结果表明 M1S：36 样品为纯一的 $PbCO_3$ 峰，据此判断其原来可能是纯铅器，其成分分析进一步证实了这一判断。M1S：77 样品则出现了 SnO_2、PbS、PbO 等的峰，其中前两个峰比较强，表明其原来为 Pb、Sn 合金。

所取 16 个青铜样品的含锡量变化情况是：含锡量在 10% 以下的器物有 2 件，为削刀环部及铜镜镜托；含锡量在 10%～20% 的器物有 9 件，其中鼎 1、盉 1、刻刀 1、壶 1、盖弓帽 1、盘 2、镈 2；含锡量在 20%～25% 的器物有 2 件，其中壶 1、盘 1；含锡量大于 25% 的器物共有 3 件，其中镈 1、削刀 1、匜残片 1。

所取 16 个青铜样品的含铅量变化情况是：含铅量在 5% 以下的样品有 4 件，其中盘 2、壶 1、镈 1；含铅量在 5%～10% 的样品有 5 件，其中盘 1、削刀 1、刻刀 1、镈 1、匜 1；含铅量在 10%～15% 的样品有 3 件，其中鼎 1、盖弓帽 1、削刀 1；含铅量大于 15% 的器物有 3 件，其中盉 1、壶 1、铜镜 1；5 号样品镈中未测出铅。

青铜合金中的锡含量与器物性能密切相关，一般来说锡含量越高其硬度就越大[1]。我国古代工匠经过长期的摸索对青铜合金配比的认识达到了一个比较高的水平，其中《周礼·攻金之工·六齐》就记载有："金有六齐：六分其金而锡居一，谓之钟鼎之齐；五分其金而锡居一，谓之斧斤之齐；四分其金而锡居一，谓之戈戟之齐；三分其金而锡居一，谓之大刃之齐；五分其金而锡居二，谓之削杀矢之齐；金锡半，谓之鉴燧之齐。"这是世界上最早的对合金规律的认识，它揭示了钟鼎－斧斤－戈戟－大刃－削杀矢－鉴燧之器锡含量应逐渐增加的规律。这是因为大刃和削、杀、矢之类的兵器要求有较高的硬度，含锡量应比较高。斧、斤等工具和戈、戟等兵器需有一定韧性，所以含锡量应比大刃、削、杀、矢为低。鉴燧之齐含锡量最高，是因为铜镜需要磨出光亮的表面和银白

① 胡德林主编：《金属学原理》，西北工业大学出版社，1995 年。

色金属光泽，还需要有较好的铸造性能以保证花纹细致。

荆门左冢楚墓群出土青铜器合金配比趋势表现为容器的锡含量低于兵器和工具的锡含量，这与上述记载是相符的。其中12号样品为尖刻刀，其含锡量相对其他工具要低，这与刻刀的使用性能相符。由于刻刀在錾刻等使用过程中除了需要一定的硬度外，还需要有一定的韧性、耐冲击性，因此其锡含量不能太高。15号样品为削刀的环段，与刃部相比其需要有一定的耐冲击性及韧性，所以其含锡量也不能过高。对12号样品由刀背（12-1）到刀脊（12-2）到刀刃（12-3）分别进行了分析，发现三个部位的 Sn 含量并没有太大的差异，只是刀脊处的 Sn 含量要低。这是由于铸造过程中成分偏析所自然形成的。19号样品成分分析表明其含铅量高达37.48%，而锡含量则比较低。似乎不合乎铜镜的性能及使用需要，这是因为此铜镜为复合镜，镜托与镜面分开而铸，铸成后通过黏合而连接在一起，出土时两部分已分离。镜托为六条龙互相盘旋而成，并在其上施有一层漆膜，十分精巧。高的铅含量保证了镜托的浇注成功，添加入一定量的锡则保证了镜托具有一定的强度。

Cu－Sn 合金中加入铅可以提高熔液的耐磨性及流动性[1]，这样铸件的满型率比较高，容易铸成器物。在铸造一些纹饰比较精细的器物时，对熔液的流动性要求更高，这时铅的含量也相对要提高。研究表明，铅锡青铜合金的硬度随含锡量的增加和含铅量的减少而增加[2]。这批样品都含有一定数量的铅，并且兵器与工具的铅含量普遍低于容器的铅含量。这说明此批器物的制作工匠对铅的性能有了一定的认识，对铜锡合金的配比有了一定的经验。

由上所述，左冢楚墓群出土青铜器的合金配比比较科学，此时对合金规律的认识有一定基础。这反映出战国中期晚段楚国荆门地区的青铜合金技术比较高。

（二）金相分析

用钳子等工具在经过 XRF 分析后的样品上夹取一块下来进行金相分析，所有样品均以纵截面为金相检测面，样品经镶样机镶好后，用不同粒度的砂纸逐级磨光，最后在抛光机上抛光得到所要观察的镜面。由机械抛光理论可知，一般在抛光以后表面还有一层拜尔培（Beilby）层，为了最好的显示真实的金相组织，采用抛光与侵蚀交替进行等操作方法[3]。

金相鉴定结果见表二，由表二可知15个样品分别为铸造、热锻所成。铸造器占大

① 陕西机械学院黄积荣主编《铸造合金金相图谱》，机械工业出版社，1978年。
② 张利洁等：《北京琉璃河燕国墓地出土铜器的成分和金相研究》，《文物》2005年第6期。
③ 姚鸿年：《金相研究方法》，中国工业出版社，1963年。

多数，共11件，其中有3件铸后经过不同程度的加热处理；热锻所成的器物有4件，其中有一件在锻后进行了冷加工。

1.铸造组织

(1) α树枝晶及（α+δ）共析体组织形态

青铜器铸造时由于锡含量及铸造条件等差异，其组织也有比较大的差别。一般来说锡含量越高、冷却速度越快，固溶体偏析越明显，（α+δ）共析体越多[①]。由Cu-Sn二元相图可知，在缓慢冷却的情况下，锡含量在13.9%以下者应系α固溶体单相组织，而在实际铸造过程中冷却速度较快、成分扩散不易，整个相图要向左移，使含锡仅在5%~7%的铸件已呈现α+（α+δ）组织[②]。研究发现此批样品的金相组织中α固溶体及（α+δ）共析组织形态大致有3种类型：

铸造偏析明显的α树枝晶及较小的（α+δ）共析体金相组织，此类青铜样品只有1件，为15号削刀环一段样品（彩版四七，1）。

α树枝晶间分布有数量较多的（α+δ）共析体的金相组织，此类青铜样品共有6件，分别为6号盉足部残片、8号三棱形镞、9号壶残片、10号鼎足、11号盖弓帽、14号壶残片（彩版四七，1~5；彩版四九，1）。

（α+δ）共析体数量众多且连成网状，此类青铜样品共有4件，分别为4号削刀残片、5号三棱有翼镞、12号夹刻刀残片、17号尖头管状镞（彩版四七，6；彩版四八，2）。

(2) 铅的形态与分布

由XRF分析数据可知11件铸造成形的器物中除一件不含铅外其余均含有铅，且大部分铅含量大于5%。铅的形态和分布情况可分为以下两种情况：

铅以细小颗粒状及不规则状存在，以4、8、12、17等样品为代表（彩版四七，6；彩版四八，3）。此类铅分布对基体材料的割裂作用小，对材料的机械性能的影响较小[③]。

部分铅以大颗粒形状存在，以10、14、15等样品为代表（彩版四七，1；彩版四八，4；彩版四九，5）。此类铅分布对材料的割裂作用及材料机械性能的影响都比第一种情况大。

铅的比重偏析，即样品的一部分含有较多的大球状铅颗粒，而剩余部分则呈细小颗粒状分布。以6、9、11等样品为代表（彩版四八，6；彩版四九，2）。此类铅分布对材料的割裂作用及材料机械性能的影响比前两种情况都大。

① 梁克中：《金相：原理与应用》，中国铁道出版社，1983年。
② 第一机械工业部机械制造与工艺学研究院材料研究所：《金相图谱》，机械工业出版社，1959年。
③ 《金属机械性能》编写组：《金属机械性能》，机械工业出版社，1982年。

（3）自由铜沉淀

所谓自由铜，即纯铜，它是青铜合金电化学腐蚀的一种产物。当青铜器遭到电化学腐蚀时，部分 δ 相被侵蚀，其所含的铜被溶解到电解液中以铜离子的形式存在，电化学作用使铜离子重新得到电子而作为金属铜沉淀在青铜基体上的铸造缩孔、裂隙以及铅颗粒被锈蚀后留下的孔洞里[①]。15个样品中有近半数观察到了纯铜颗粒，以14号最多（彩版四七，4）。

（4）夹杂物

在所检测的15个青铜样品中有半数以上观察到灰色夹杂，其多和铅颗粒分布在一起，结合 XRF 分析数据及前人工作可知，其为硫化物夹杂。

2.加工组织

铸造青铜合金经过热加工可以减少成分偏析，使高锡的脆性 δ 相分解或减少，使固溶体中的锡含量均匀，并可以消除铸造缺陷，使其组织致密，改善了机械性能。提高了所有的强度指数、韧性及塑性，但硬度下降[②]。

（1）热锻组织

本次分析的2、3、13号样品分别出自于三个不同的墓葬，器形均为盘。金相分析显示同为 α 等轴晶和孪晶组织，晶界有（α + δ）相。如彩版九○，3至彩版九○，6等。

当青铜器物进行加工时，器物中的夹杂物或像铅等一些第二相，不能由于热加工或冷加工后退火而引起再结晶，它们或被打碎成小块，或显示沿加工方向变形排列。如2号样品中分布有纵多细小的灰色夹杂，3、13号样品中除分布有细小灰色夹杂外还有一些相显示被拉长的痕迹。

（2）热冷加工组织

如果热加工后再经过冷加工，若加工变形量较大，那么在金相组织中 α 等轴晶内会存在较多的滑移线，孪晶亦会显示较轻微的弯曲[③]。这次分析的7号样品为匜残片，其金相组织为 α 等轴晶和孪晶，晶界有（α + δ）相。局部有细小滑移线。表明其经过热加工，然后又在局部进行了冷加工。

---

① 孙淑云：《太原晋国赵卿墓青铜器的分析鉴定》，《太原晋国赵卿墓》，文物出版社，1996年。

② 梁克中：《金相：原理与应用》，中国铁道出版社，1983年。

③ 李秀辉、韩汝玢：《朱开沟遗址出土铜器的金相学研究》，《中国冶金史论文集（三、A）》，北京科技大学出版社，2002年。W. T. Chase & Thomas O. Ziebold .Ternary Representation of Ancient Chinese Bronzes Composition. Archaeological Chemistry–11， Advance in Chemistry Series 171.American Chemical Society. Washington，D.C. 1978. P304.

三 讨论

（一）合金成分与显微组织

器物的显微组织受合金成分、铸造方法、冷却速度、埋藏环境等因素的影响。

1. 锡含量与显微组织

通常情况下，含锡量高的样品其铸造组织中（α + δ）共析体的数量多，含锡量低的样品其铸造组织中（α + δ）共析体的数量少。如15号样品削刀环一段其含锡量为8.16%，是15个样品中含锡量最低的，其金相组织中（α + δ）共析体呈岛屿状，比较小，且数量是所有样品中最少的。而其他一些样品，如8号样品含锡量为25.48%，其金相组织中（α + δ）共析体呈岛屿状分布，数量较多、较大，有些地方小的岛屿状（α + δ）共析体已经聚集为大的岛屿状共析体。

有些样品的锡含量与（α + δ）共析体数量并不呈现一致性。如4号样品其含锡量为27.47%，但其中的（α + δ）共析体比较大，数量不是太多。这可能是由于冷却速度比较慢，使得α固溶体和（α + δ）共析体都比较粗大，从而降低了（α + δ）共析体的含量。还有一种可能是器物制作后进行了加热处理。高锡青铜经上述处理后，脆性较大的δ相分解或减少了，这样保证了削刀在具有较高强度的同时还具有一定的韧性。

有些样品的锡含量相近，但（α + δ）共析体的形状有较大的差别。如5号样品（19.36% Sn）与11号样品（19.52% Sn）的锡含量相近，但5号样品（α + δ）共析体均连成网状，而11号样品（α + δ）共析体呈岛屿状分布。这是由于5号样品铸后经过加热处理，使得（α + δ）共析体长大，并连成网状，降低了镞的脆性。

2. 铅含量与显微组织

铅在铜锡合金中既不溶于铜中形成固溶体，也不形成新的化合物，而是以独立形式存在。铅的熔点低，为327℃，在合金凝固过程中的最后阶段以富铅熔液填补在枝晶间的空隙中，减少枝晶间显微缩孔的体积。同时铅的比重大，易造成负比重偏析。合金组织中铅的尺寸、形状及分布状态对器物的性能有较大的影响。

通常情况下，含铅量高的样品，其金相组织中铅以大团块状存在的情况也相应较多，如6号样品含铅19.12%，侵蚀前有较多大的球状铅颗粒，铅偏析明显；9号样品含铅18.84%，细小铅颗粒较多，且在截面中心有一排大的铅球；11号样品含铅13.45%，细小颗粒状铅较多，且可见一列大球状铅居中分布。

（二）合金成分、金相组织与器物类型

由表一可知，左冢楚墓铜器合金的主要成分为 Cu、Sn、Pb，含少量的 S 元素，其中一些盘样品检测出了 Ag。上述分析表明，此批青铜器合金配比中锡含量容器比工具、兵器低，铅含量工具、兵器要低于容器。符合各种器物对机械性能的要求，合金配比比较科学。

进一步分析合金成分与显微组织的关系，发现对于不同的器形，匠师们除了考虑其合金成分外，还在工艺上进行了思索。把合金成分与热处理等工艺结合起来，使得金相组织比较均匀，既保证了器物的强度又提高了器物的韧性。

表二:　　左冢楚墓出土青铜器样品情况及其金相鉴定结果

原编号	分析号及器名	样品描述	金相组织观察结果	制作方法	备注
M3:1	2 盘残片	残片很薄，一面有大片黑色锈蚀相间分布于铜本体上；另一面大部分为黑色锈蚀，星点状土锈分布其中	侵蚀前细小铅颗粒较多，有灰色夹杂，可见自然铜沉淀。侵蚀后基体为经过再结晶的 α 固溶体等轴晶及孪晶，晶粒大小均匀，较多的灰色夹杂分布于铅颗粒中。晶界有（α＋δ）相	热锻	彩版四九，3
M1 N:3	3 盘残片	残片一面几乎全为黑色锈蚀，有斑片状凹陷锈蚀及点孔状锈蚀；另一面整体保存状况比较好，边缘有一些黑色锈蚀，表面有小孔状凹陷，偶尔可见浅灰色锈蚀斑点	侵蚀前可见众多不规则的铅颗粒，有纯铜颗粒。侵蚀后为经过再结晶的 α 固溶体等轴晶及孪晶，晶粒比较大，较多的灰色夹杂分布于铅颗粒中。晶界有（α＋δ）相	热锻	彩版四九，4
M2:27	4 削刀残片	残片表面有片状黑色锈蚀，黑色锈蚀下为红色锈蚀，红色锈蚀几乎布满残片，未见孔状锈蚀	α 固溶体比较粗大，（α＋δ）共析体呈岛屿状分布。有众多孔洞存在，铅颗粒比较细小。有纯铜颗粒	铸造后经过加热	彩版四七，6
M3:27	5 三棱翼有镞铤部	样品为圆柱状，表面有黑色锈蚀。从截面看保存状况比较好	基体为典型的 α 树枝状结晶，偏析比较明显。亮色（α＋δ）共析体连成网状，数量众多。有细小铅颗粒存在	铸造后经过加热	彩版四八，1
M1 W:2	6 盉足部残片	样品部分已锈蚀严重，黑色锈蚀分布于样品四周边缘。样品内表面几乎全部布满黑色锈蚀，表面有点孔状凹陷	侵蚀前有较多的大球状铅颗粒，铅偏析明显，有灰色夹杂；侵蚀后基体为 α 固溶体树枝晶	铸造	彩版四八，6 彩版四九，1
M3:9	7 匜残片	样品一面边缘与整体存在高低起伏现象，分布有黑色锈蚀及黑色与土灰色锈蚀夹杂；另一面为黑色锈蚀及其下面几乎布满整个样品的红色锈蚀	基体为经过再结晶的 α 固溶体等轴晶及孪晶，黑色铅呈大小不一的不规则状分布，有较多的灰色夹杂分布在铅中，有纯铜颗粒。晶界有（α＋δ）相。局部有细小滑移线	热锻后局部冷工加	彩版四九，5

续表

原编号	分析号及器名	样品描述	金相组织观察结果	制作方法	备注
M 2：12	8 三棱形镞	样品为圆柱状，表面有黑色锈蚀。从截面看保存状况比较好	基体为α固溶体，（α+δ）共析体呈岛屿状分布，数量较多，较大。侵蚀前观察，铅呈大小不一的不规则状分布，有少许灰色夹杂	铸造	彩版四七，5
M 2：9	9 壶残片	样品两表面都布满黑色锈蚀，其下为青铜本体。黑色锈蚀中夹有些土灰色锈蚀	基体为α固溶体，（α+δ）共析体呈岛屿状分布，数量较多。细小铅颗粒较多，在截面中心有一排大的铅球	铸造	
M 3：10	10 鼎足	样品两表面均凹凸不平，内表面更明显，凸起处多为黑色锈蚀，凹陷处多为灰色锈蚀。外表面整体相对较平整，凹陷较浅，呈黑色斑点状，为锈蚀所致	基体为α固溶体，（α+δ）共析体呈岛屿状分布，数量较多，较大，边缘部分有较多的（α+δ）共析体分布。众多球状铅颗粒，有灰色夹杂分布于铅颗粒中	铸造	彩版四七，2 彩版四八，4
M 2：11	11 盖弓帽	样品两表面均有黑色锈蚀，一表面黑色锈蚀作斑点状分布，另一表面黑色锈蚀作条带状分布	侵蚀前细小颗粒状铅较多，可见一列大球状铅居中分布，有灰色夹杂和纯铜颗粒存在。侵蚀后基体为α固溶体，（α+δ）共析体呈岛屿状分布，数量较多，较大	铸造	彩版四七，3 彩版四九，2
M 1：39	12 夹刻刀残片	样品两表面均有一层致密的黑色保护层，即为所熟知的"黑漆古"层	基体为α固溶体树枝晶，偏析比较明显，（α+δ）共析体呈岛屿状分布，量多，有些地方已连成网状	铸造	
M 2：7	13 盘残片	样品两表面均有黑色锈蚀，另一表面还存在点孔状锈蚀	侵蚀前众多不规则颗粒状铅，侵蚀后铅多分布于晶间，铅被拉长了，基体为经过再结晶的α固溶体等轴晶及孪晶。晶界有（α+δ）相	热锻	彩版四九，6
M1 E：1	14 壶残片	样品一表面为一层满满的黑色锈蚀层，另一表布满黑色锈蚀，黑色锈蚀下面为红铜色锈蚀	侵蚀前存在不规则马蹄形状铅，有一些大的球状铅，有纯铜颗粒存在。侵蚀后基体为α固溶体，（α+δ）共析体呈岛屿状分布，数量较多，较大	铸造	彩版四七，4 彩版四八，5
M1 内棺：2	15 削刀环一段	样品部分已严重锈蚀，前期样品处理已刮取下来。环一圈均为黑色锈蚀	基体为α固溶体，两边缘α固溶体已被锈蚀掉了，（α+δ）共析体呈岛屿状分布，数量不是很多。铅呈圆球状分布，有灰色夹杂存在	铸造	彩版四七，1

续表

原编号	分析号及器名	样品描述	金相组织观察结果	制作方法	备注
M1 N′：49	17 尖头管状镞	样品锈蚀比较严重，保存状况比较差。内、外表面及截面均布满黑色锈蚀	侵蚀前布满颗粒状铅，未见夹杂。侵蚀后基体为典型的α固溶体树枝状结晶，偏析比较明显，（α+δ）共析体比较细小，连成网状，数量众多，边缘部分有较多的（α+δ）共析体分布	铸造后经过加热	彩版四八，2 彩版四八，3

后 记

本报告主编黄凤春，副主编黄文进。

各章节初稿的具体分工是，第壹之二、第贰之一、之二、第叁部分由荆门市博物馆黄文进执笔，其余部分由黄凤春执笔。初稿完成后，全部文稿由黄凤春统一修改定稿。

参与室内清理和复原工作的有黄凤春、曾令斌、后德俊，荆门市博物馆的黄文进、朱远志、龙永芳、苏锦平、李云陆也参加了部分工作。

本报告中的全部图纸由曾令斌绘制。田野发掘前的外景由金陵拍摄，黄凤春、曾令斌拍摄了部分发掘工作照，其余照片皆由余乐拍摄，拓片由曾令斌完成。

棋局文字由刘国胜先生释读，木尺文字由肖圣中先生释读。武汉大学简帛研究中心协助拍摄了木尺文字的红外线照片。

初稿完成后，湖北省文物考古研究所王红星所长、孟华平副所长提出了一些有益的修改意见。杨权喜先生在百忙中仔细通审了全稿，并提出了一些具体的修改建议。英文提要承蒙中央民族大学黄义军女士翻译。

在整理和报告的编写期间，得到了湖北省文物考古研究所、荆门市博物馆、荆州博物馆、武汉大学、中国科学技术大学科技史与科技考古系、中国地质大学、复旦大学人类学系等单位的大力支持和帮助。

本报告的编辑和出版，文物出版社的王伟先生倾注了大量心血。

在本报告付梓之际，谨向关注、参与并给予支持和帮助的所有单位和个人表示衷心的感谢！

Zuozhong Chu Tombs
(Abstract)

Zuozhong Chu tombs are located in Wulipu town, 45km south of Jingmen City, Hubei province. In September 2000, to cooperate with the construction of the Xiang-Jing Speedway, the Archaeological Institute of Hubei Province carried out a salvage excavation and three Chu tombs were uncovered, yielding a number of valuable grave goods. Zuozhong Chu tombs are very large Chu tombs found in Hubei province after the excavation of Baoshan Chu tombs.

The three Chu tombs were arranged from south to north along a small hillock. The middle one is the biggest called Zuozhong No.1 tombs (Zuozhong means the left burial mound. In the local legend, it is thought to be the grave of Zuo Botao, a righteous person living in the Spring and Autumn Period or the Warring States Period. The other two tombs are called No.2 and No.3 tomb. The distance between the three tombs is 20 meters.

The three graves all have earth piles of hemisphere shape. The untampered earth pile of No. 1 tomb is the biggest which reaches a height of 7.8 meters with a base of 52-54 meters in diameter. In the excavation, two triangle stealing holes were found on the east and north of the top of earth mound which slanted to the head casket of the outer coffin. A series of steps were built at the end of the stealing hole.

The three tombs vary in size but share the same basic structure-wooden chambered tombs at the bottom of rectangular earth pits which are wider at the top.

The pit of No.1 tomb measures 19 meters from east to west and 17 meters from south to north. The entrance ramp which measures 12.4 meters is situated at the center of the east side of the tomb pit.

The grave has one "outer" coffin (guo椁) and three "inner" coffinn (guan棺).The guo was in the middle of the pit whose plank boards mostly moldered. Some bamboo mat was still remained on the plank board of outer coffin. The cover and walls of the outer coffin were composed of square timbers.

The burial chambers are divided into five sections: the east room, the south casket, the west casket, the north casket and the middle casket.

The inner coffin is in the middle of burial chamber. Having been stolen, the east casket only left some bronzes, lacquers and wood pieces. Judged from the bronze fragments, big bronze ritual vessels were originally buried in the east casket while parts of chariot and harness were put in the south casket, and common bronze ritual vessels and daily-used vessels in the west casket and lacquer, wood pieces, weapons in the north casket.

The inner coffin which contained in turn the outer, middle and inner caskets had collapsed. The outer and inner casket is in the form of a rectangular chest, and the middle one has arced walls. The three caskets were all lacquered but only the lid of the middle casket was decorated with designs of swirling clouds.

In the inner casket was a male skeleton lying face up and extending straight with his head pointing east and foot west. There was a bronze sword found at the waist of the skeleton. It is estimated that the man died at about the age of forty two.

No.2 tomb is located to the south of No.1 tomb. The existing earth pile of this tomb reaches a height of 5 meters with a base of 14 meters in diameter. A triangle stealing hole was found in the excavation, slanting to the head casket of the chamber.

No.2 tomb also has a rectangular earth pit which measures 6.66 meters from east to west and 5.65 meters from south to north. The slanting tomb passage measuring 9.8 meters is situated at the east side of the tomb pit. The walls of pit slant down in one step. At the bottom of the pit there are one outer coffin and two inner coffins. The lids of both had rotten away.

The outer coffin was divided into three sections: a head room, a side room and the inner coffins. The grave goods in the head room had been robbed only left fragments from which we could deduce that pottery ding- cauldron,hu-vase and etc. had originally been put in the head room, and the parts of chariot and harness, a small quantity of ritual bronzes in the side room. The inner coffins have two caskets in the form of a rectangular chest only with walls and bottom planks left.

In the inner casket was a male skeleton lying with his head pointing east and foot west. There was a bronze sword found at the waist of the skeleton.

No.3 tomb lies to the north of No.1. The untampered grave mound had dented, reaching only 3 meters with a base 18 meters in diameter.However, this tomb had never been robbed. No.3 tomb also has a rectangular earth pit which measures 5.4 meters from east to west and 4.6 meters from south to north. The slanting tomb passage measuring 5.3 meters is situated at the east side of the tomb pit.

At the bottom of the tomb pit there are an outer coffin and an inner coffin the lids of which had all decayed. The outer coffin was divided into three sections, a head room, a side room and the inner coffin. Ritual bronze vessels, lacquer and wood pieces were mostly put on the head room while the parts of chariot and harness in the side room. In the inner coffin there was a casket with arced walls, where a rotted female skeleton lying face up and extended straight with head pointing to the east and foot to the west. A bronze sword was put at the waist of the skeleton.

More than 500 burial objects are found in the three tombs and several objects with characters are of much more importance. Among them, there is an infrequent lacquer chessboard. According to its design and characters, the excavator deems that this kind of chessboard is different from both the six game(Liu Bo 六博) board and Shi board (式盘),and it is thought to have double functions of entertainment and divination.

The excavation of Zuozhong has revealed characteristics of the funerary system and custom of the Zuozhong Chu tombs, doing much to the chronology of Chu tombs. This excavation will provide new data to the research of family cemetery of Chu state, the change of the ritual system of Chu in the middle and late Warring States period as well as the measurement and the character of Chu State.

1. 俞伟超先生在左冢 M2 封土上视察

2. 俞伟超先生在左冢 M1 发掘现场

俞伟超先生视察左冢楚墓考古发掘现场

1. 楚墓墓地全景（由西向东摄，左为 M3、中为 M1、右为 M2 封土）

2. M1 封土（由北向南摄）

墓地全景及 M1 封土

1. M2 封土（由东向西摄）

2. M3 封土（由东向西摄）

M2、M3 封土

1. M1椁盖板上的盗洞（三角形为盗洞位置）

2. 盗洞口处的遗物

M1盗洞位置及盗洞内的遗物

1. M1 墓坑全景（由西向东摄）

2. M1 椁盖板出土时的情景（由西向东摄）

M1 墓坑及椁室

1. M1椁室西端盖板

2. M1椁室西端盖板上的竹席

M1椁盖板及其上的竹席

1. M1 西室底板上的刻划符号及文字（由北向南摄）

2. M1 南室底板上的刻划符号

M1 西室及南室椁底板上的刻划符号

1. M1 西室椁底板上刻的"北西"二字（由东向西摄）

2. M1 北室底板及墙板上的刻划符号（由西向东摄）

M1 椁底板及墙板上的刻划符号和文字

1. M1 中室中棺盖板上的黑漆纹饰

2. M1 中室中棺盖板上的黑漆纹饰局部

M1 中室中棺盖板上的黑漆纹饰

1. M1内棺人骨出土状况（由南向北摄）

2. M1内棺底板上的苓床

M1内棺人骨及苓床

1. M1 东室随葬器物分布状况（由北向南摄）

2. M1 东室漆案出土状况

M1 东室随葬器物分布状况

1. M1 南室随葬器物分布状况（由东向西摄）

2. M1 南室随葬器物局部（由北向南摄）

M1 南室随葬器物分布状况

1. M1 西室随葬器物分布状况（由北向南摄）

2. M1 西室铜盥缶出土状况

M1 西室随葬器物分布状况

1. M1 北室随葬器物分布状况（由东向西摄）

2. M1 北室随葬器物局部（由北向南摄）

M1 北室随葬器物分布状况

1. M1内棺玉器出土状况

2. M1内棺铜剑出土状况（由北向南摄）

M1内棺随葬器物分布状况

1. 铜缶（M1W：1）

2. 铜盉（M1W：2）

M1 出土的铜礼器——缶、盉

1. 铜铙（M1S：39）

2. 铜铙甬部纹饰

3. 铜铙篆部纹饰

M1 出土的铜乐器——铙

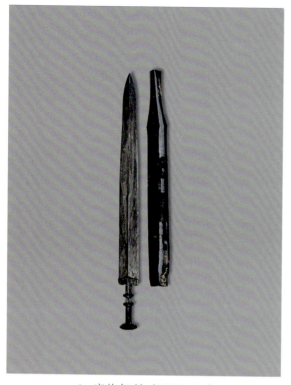

1. 宽格铜剑 （M1N：28）

2. 宽格铜剑局部

3. 铜矛 （M1S：9）

M1出土的铜兵器——剑、矛

1. 木柲铭文铜戈（M1S∶23）

2. 木柲铭文铜戈局部（M1S∶23）

M1 出土的铜兵器——木柲铭文铜戈

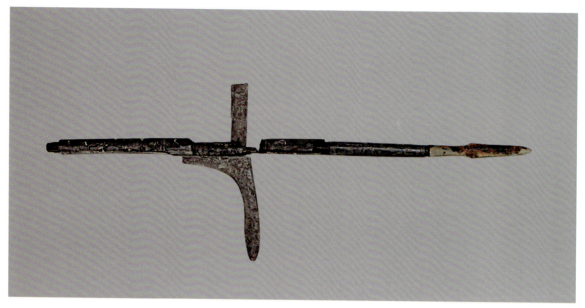

1. 铜戟（M1S∶14）

2. 积竹柲殳局部（M1S∶15）

3. 积竹柲殳镦部（M1S∶15）

M1 出土的铜兵器——戟、殳

1. 铜镜（M1N：25-1）

2. 铜削刀（M1N：29）

M1 出土的铜生活用器和铜工具

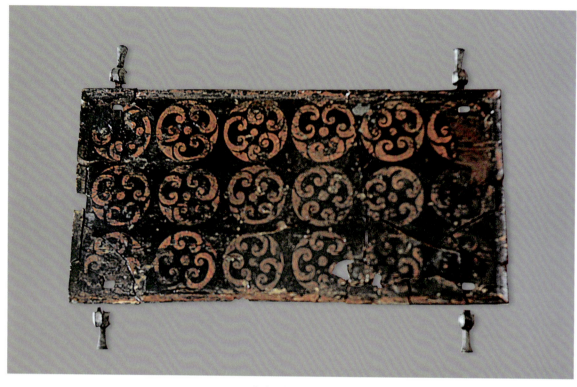

1. 漆案（M1E：14）

2. 木俎（M1E：19）

M1 出土的漆木生活用器

1. 无盖豆（M1E：13）

2. 筒形杯（M1N：46）

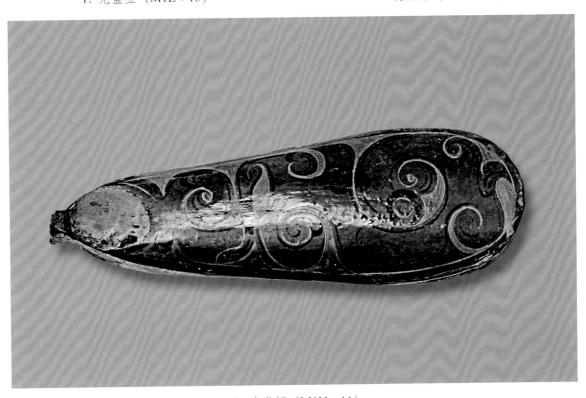

3. 漆扇柄（M1N：11）

M1 出土的漆木生活用器

1. 漆圆盒（M1E∶4）

2. 漆方盒（M1N∶17）

M1 出土的漆木生活用器

木盾（M1S：27）

M1 出土的木盾

龙凤虎纹车壁皮袋（M1S：100）

M1 出土的车壁皮袋

1. 浮雕车壁皮袋（M1S：104）

2. 镂孔车壁皮袋（M1S：28）

M1 出土的车壁皮袋

1. 龙形玉佩（M1N：24）

2. 玉带钩（M1内棺：3）

M1出土的玉器

1. 玉玦（M1 内棺：5）

2. 棱柱形玉管（M1N：50）

3. 玉梳（M1 内棺：6）

4. 玉圭（M1 内棺：7）

M1 出土的玉器

1. 玉管（M1N：31）

2. 玉杆（M1N：33）

3. 玉环（M1N：32）

M1 出土的玉器

1. 鱼形玉片（M1内棺：4）

2. 椭圆形玉片（M1S：90）

M1 出土的玉器

1. 玉环（M1 中棺：8）

2. 玉鸡、猪、羊（M1 中棺：14、中棺：16、中棺：15）

M1 出土的玉器

1. M2墓坑平面图（由东向西摄）

2. M2发掘工作照（由北向南摄）

M2墓坑平面和工作照

1. M2椁南边箱随葬器物

2. M2内棺人骨出土状况

M2边箱随葬器物和内棺人骨出土状况

1. M3封土1/2剖面照（由北向南摄）

2. M3发掘工作照（由南向北摄）

M3封土1/2剖面及工作照

1. 铜镰（M2：33）

2. 铜钺（M2：20）

3. 玉璧（M2：25）

M2出土的铜工具和玉璧

1. 铜杖首（M2：13）

2. 铜伞箍（M2：35）

M2出土的铜杖首和铜伞箍

1. 铜壶（M2：9）

2. 铜匕（M2：22）

M2 出土的铜礼器

1. 铜壶（M3：7）

2. 铜戈（M3：28）

M3 出土的铜礼器和兵器

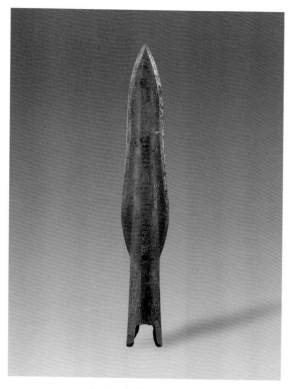

1. 铜矛 (M3：28)

2. 铜矛铭文 (M3：28)

M3 出土的铜兵器——矛

1. 错金铜戈镈（M3：28）

2. 骨镳帽（M3：34）

M3出土的铜兵器和骨器

1. 铜带钩（正面）（M3：13）

2. 铜带钩（侧面）（M3：13）

M3 出土的铜带钩

1. 漆扇柄（M3：18）

2. 木俑（M3：31）

M3出土的漆木器

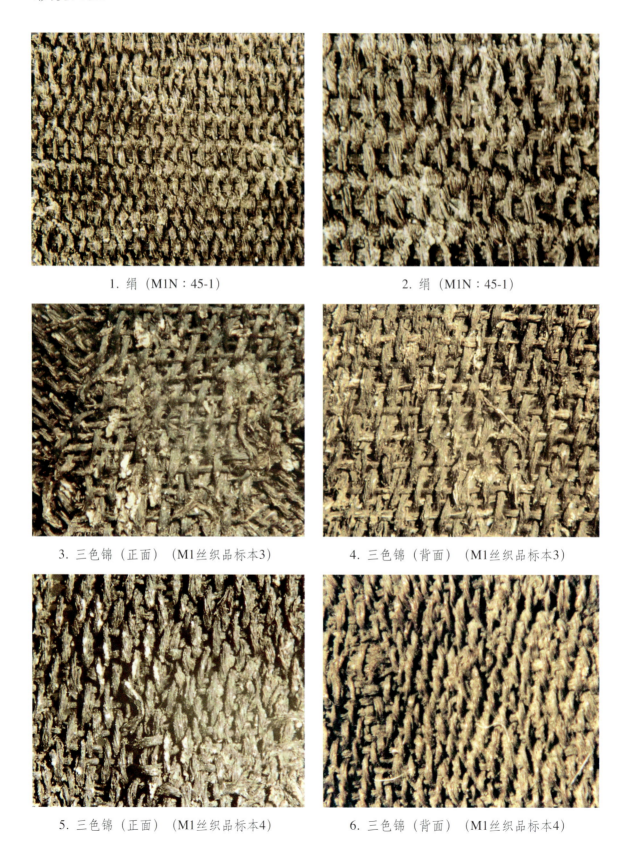

1. 绢（M1N：45-1）　　　　　　　　　　2. 绢（M1N：45-1）

3. 三色锦（正面）（M1丝织品标本3）　　　4. 三色锦（背面）（M1丝织品标本3）

5. 三色锦（正面）（M1丝织品标本4）　　　6. 三色锦（背面）（M1丝织品标本4）

M1出土的丝织品——绢、三色锦

1. 二色锦挂经（正面）

2. 二色锦挂经（背面）

3. 平纹绦（正面）（M1丝织品标本2）

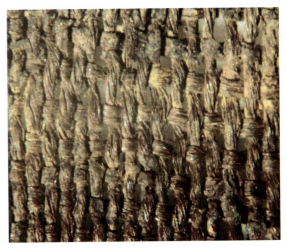

4. 平纹绦（背面）（M1丝织品标本2）

5. 纬线起花绦（正）

6. 纬线起花绦（背）

7. 组（标本7，M1S：43
上附着物）

M1出土的丝织品——二色锦、平纹绦、纬线起花绦、组

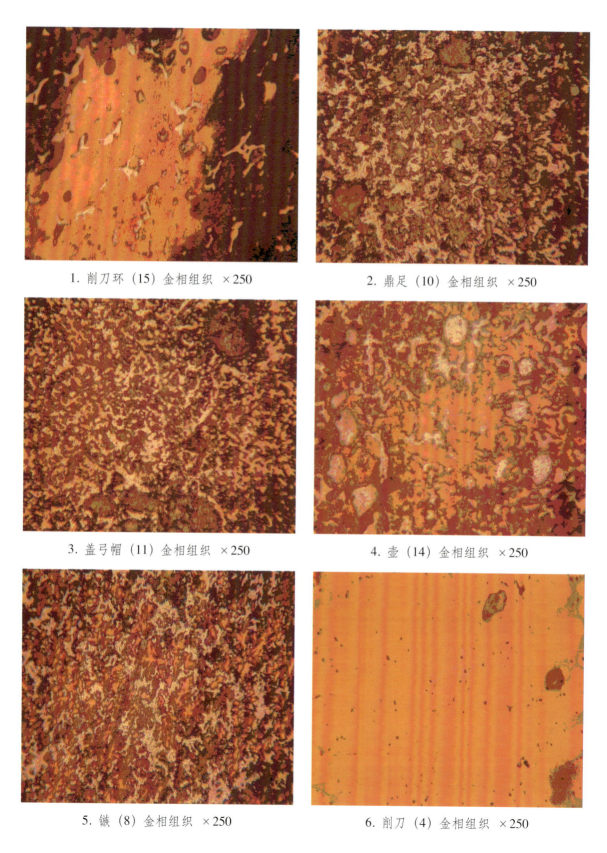

1. 削刀环（15）金相组织 ×250

2. 鼎足（10）金相组织 ×250

3. 盖弓帽（11）金相组织 ×250

4. 壶（14）金相组织 ×250

5. 镞（8）金相组织 ×250

6. 削刀（4）金相组织 ×250

青铜器的金相组织

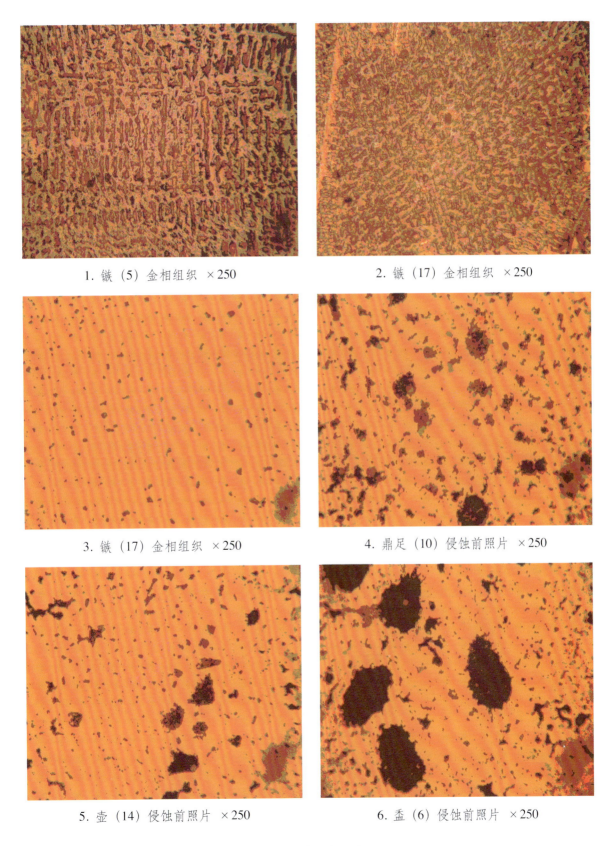

1. 镞（5）金相组织 ×250

2. 镞（17）金相组织 ×250

3. 镞（17）金相组织 ×250

4. 鼎足（10）侵蚀前照片 ×250

5. 壶（14）侵蚀前照片 ×250

6. 盉（6）侵蚀前照片 ×250

青铜器的金相组织

1. 盂（6）金相组织 ×250

2. 盖弓帽（11）侵蚀前照片 ×250

3. 盘（2）金相组织 ×250

4. 盘（3）金相组织 ×250

5. 匜（7）金相组织 ×250

6. 盘（13）金相组织 ×250

青铜器的金相组织

1. M1 发掘现场（由西向东摄）

2. M1 发掘现场（由西向东摄）

M1 发掘现场

1. M1 盗洞 2 内出土的鹿角

2. M1 第八级台阶壁面加工痕

M1 盗洞内遗物及壁面加工痕

1. M1 墓坑全景（由西向东摄）

2. M1 椁室盖板出土情况

M1 墓坑及椁室盖板

1. 石斧（M1∶03）

2. 石斧（M1∶01）

3. 石斧（M1∶02）

4. 石凿（M1∶04）

5. 木弯头撬杠（M1∶018）

6. 木直撬杠（M1∶017）

M1 填土及盗洞内出土遗物

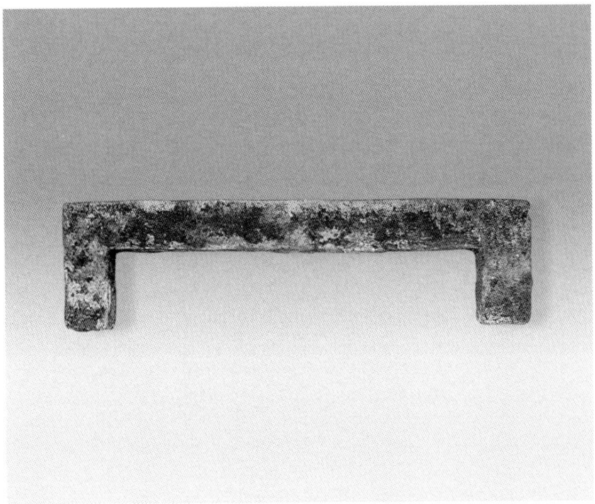

1. 铜攀钉（M1 外棺）

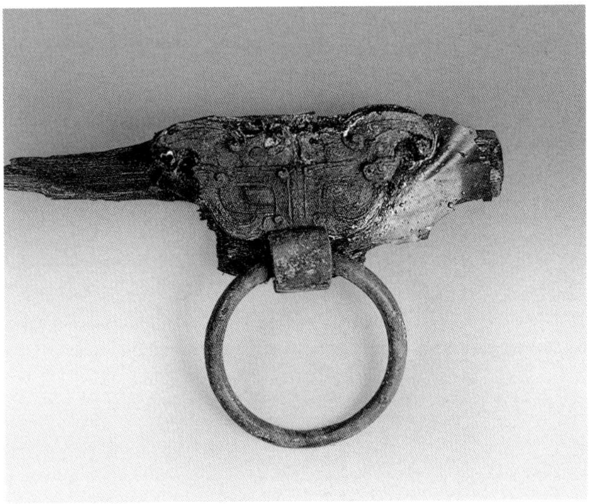

2. 铜铺首（M1 内棺）

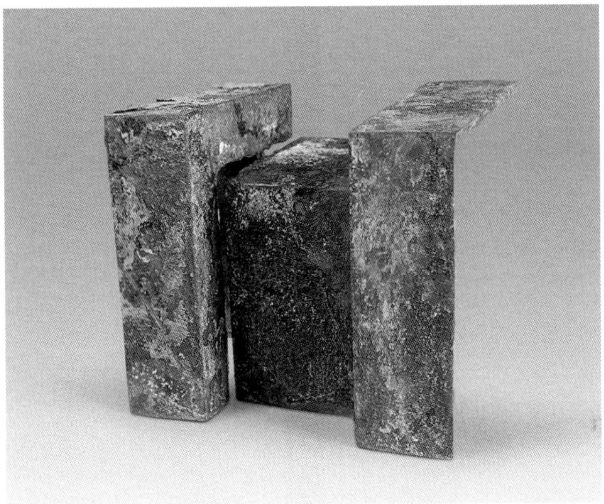

3. M1 内棺四角铜构件

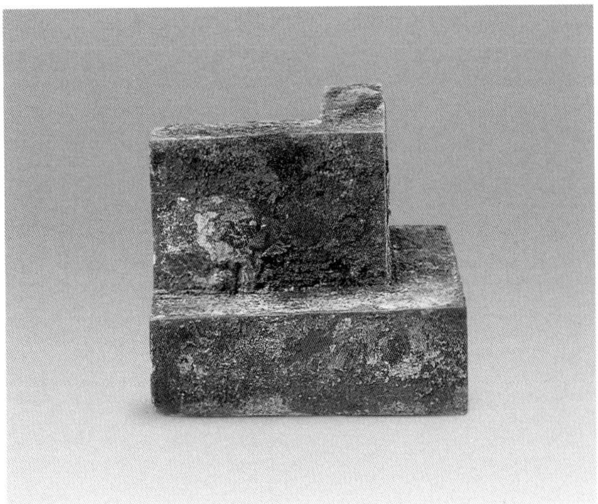

4. M1 内棺四角铜子口构件

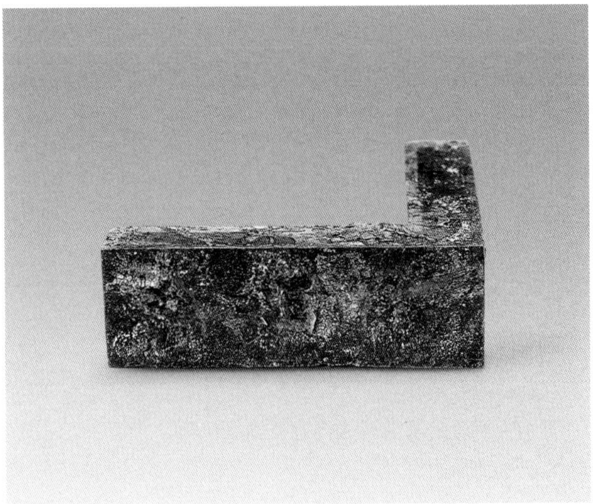

5. M1 内棺棺盖四角铜构件

M1 出土的铜棺构件

1. 铜鼎足 (M1E：54)

2. 铁鼎足 (M1E：25)

3. 铜壶 (M1E：1)

4. 铁鼎足 (M1E：55)

5. 铁鼎足 (M1E：27)

M1 出土的铜礼器

1. 铜缶（M1W：1）

2. 铜缶纽（M1E：56）

3. 铜匕（M1E：28）

4. 铜勺（M1E：24）

5. 铜盒（M1E：33）

6. 铜盉（M1W：2）

M1出土的铜礼器

1. 铜盘（M1N∶3）

2. 铜盘（M1W∶3）

3. 铜匜（M1N∶4）

4. 铜铙（M1S∶39）

5. 铜铙甬部纹饰

6. 铜铙篆部纹饰

M1 出土的铜礼器和铜乐器

1. 铜铙甬环纹饰（M1S：39）

3. 单箍错银车軎（M1S：101-1、101-2）

4.单箍素面八棱铜车軎（M1S：72-1、72-2）

2. 单箍素面铜车軎（M1S：102）

5. 双箍素面铜车軎（M1S：37-1、37-2）

M1 出土的铜乐器和铜车軎

1. 铜木混制车害（M1S：74）

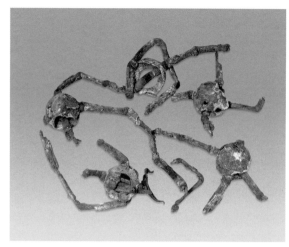

2. 马络头（M1S：77）

3. 四穿方形节约（M1S：61）

4. 四穿弧顶素面节约（M1S：48）

5. 四穿弧顶卷边节约（M1S：36）

6. 八棱形节约（M1S：21）

M1 出土的铜车马器

1. 长方形铺（M1S：68）

2. 圆弧顶穿孔铺（M1S：81）

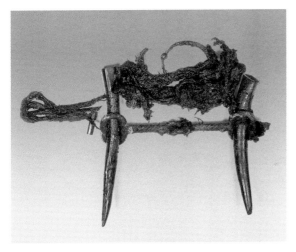

3. 带镳马衔（M1S：67）

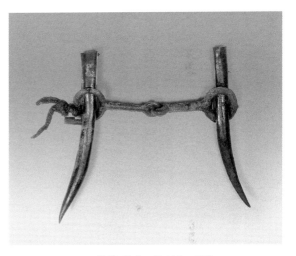

4. 带镳马衔（M1S：58）

5. 索杆状马衔（上：M1S：47，下：M1S：44）

6. 索杆状马衔（上：M1S：106，下：M1S：107）

M1出土的铜车马器

1. 扁薄杆马衔（上：M1S：20，下：M1S：24）

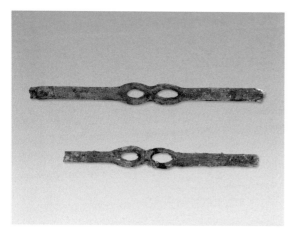

2. 铜马镳（M1S：22）

3. 壁插（M1S：41）

4. 宽格铜剑（M1N：28）

5. 宽格铜剑局部（M1N：28）

M1 出土的铜车马器和铜兵器

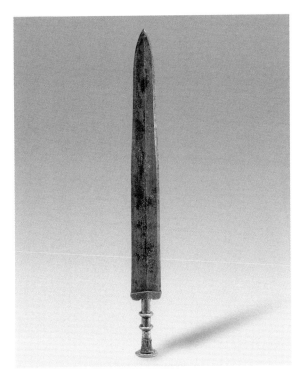

1. 宽格铜剑（M1 内棺：1）

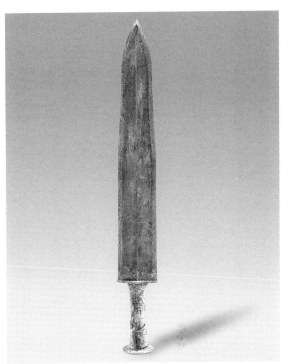

2. 窄格铜剑（M1N：27-1）

3. 积竹秘戈头（M1S：3）

4. 积竹秘戈头（M1N：20）

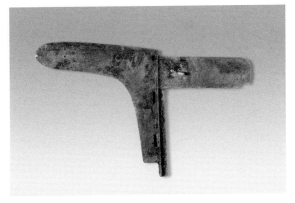

5. 木秘戈头（M1S：33）

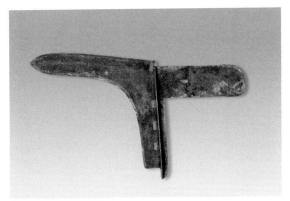

6. 木秘戈头（M1N：36）

M1 出土的铜兵器

1. 木柲铜戈（左：M1S：33，中：M1N：36，右：M1S：23）

2. 木柲铜戈局部（左：M1S：33，
中：M1N：36，右：M1S：23）

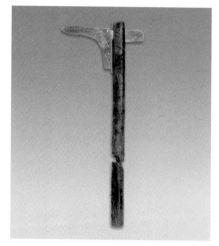

3. 木柲铜戈（M1N：36）

M1 出土的木柲铜戈

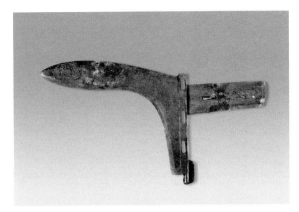

1. 木柲铭文铜戈（M1S：23）

2. 木柲铭文铜戈局部

3. 铜戟（M1S：14）

4. 左：彩绘积竹柲殳（M1S：15）
　右：铜戟（M1S：14）

M1 出土的铭文铜戈、戟和殳

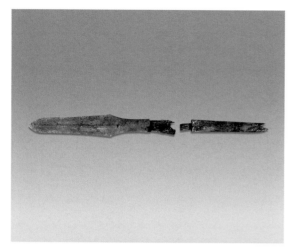

1.积竹柲矛（M1S：9）

2. 积竹柲矛（M1S：10）

3. 积竹柲矛（M1S：30）

4. 积竹柲矛（M1S：31）

5. 积竹柲矛（M1S：32）

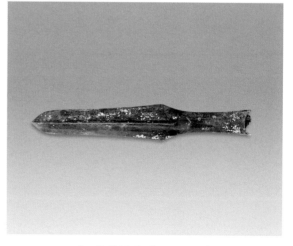

6. 积竹柲矛（M1S：16）

M1出土的铜兵器——矛

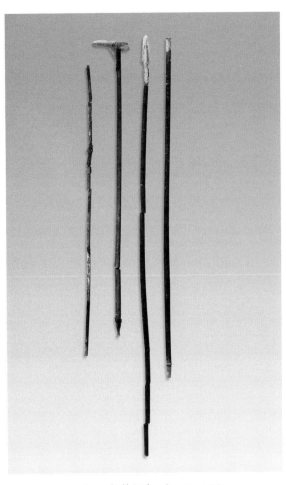

1. 左：积竹柲戈（M1N：20）
　中：木柲矛（M1N：21）
　右：素面木柲殳（M1N：22）

2. 矛（自左向右为 M1S：10、S：9、S：31、
　　　　　　　　S：30、S：16、S：22）

3. 积竹柲殳中部（M1S：15）

4. 积竹柲殳镦部（M1S：15）

M1 出土的铜兵器——戈、矛、殳

1. 四棱筒形铜镞（M1N：49）

2. 铜豆形灯（M1N：5）

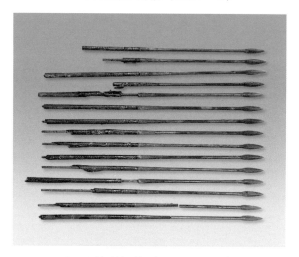

3. 三棱形铜镞（M1N：1－1）

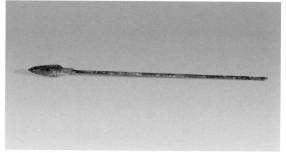

4. 扁棱形铜镞（M1 中棺：10）

5. 铜镜（M1N：25－1）

6. 铜带钩（M1N：51）

M1 出土的铜兵器和铜生活用器

1. 铜削刀（M1 内棺：2）

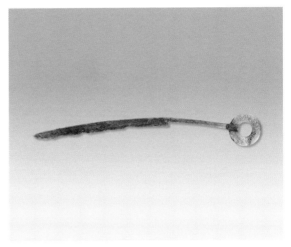

2. 铜削刀（M1N：29）

3. 铜夹刻刀（M1N：47、48）

4. 铜镰（M1N：35）

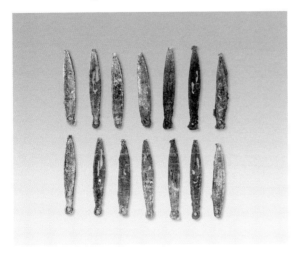

5. 铜鱼（M1 中棺：11）

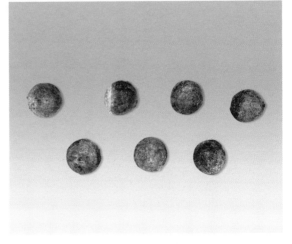

6. 铜核（M1 中棺：12）

M1 出土的铜工具和铜丧葬用器

1. 铜大圆环（M1E：26）

2. 铜小圆环（M1S：55）

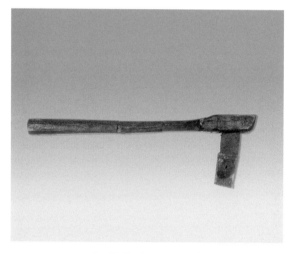

3. 铁斧（M1N：37）

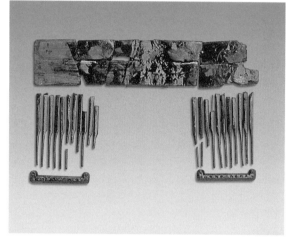

4. 多足几（M1N：7 ）

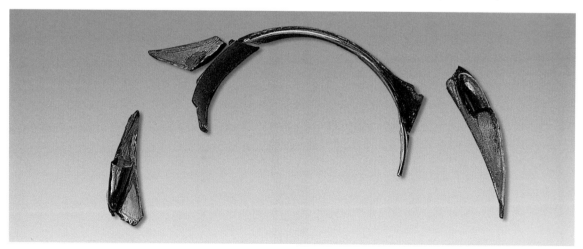

5. 木冠（M1N：54）

M1 出土的铜器和漆木器

1. 案（M1E：14）

2. 俎（M1E：19）

3. 禁（M1E：15）

4. 无盖豆（M1E：13）

5. 筒形杯（M1N：46）

6. 筒形杯（M1N：10）

M1出土的漆木生活用器

1. 漆圆盒（M1E：4）

2. 漆奁（M1N：44）

3. 漆奁（M1N：25）

4. 漆扇柄（M1N：11）

5. 左：木梳（M1N：15）
   右：木篦（M1N：14）

6. 木梳（M1N：25-2）

M1 出土的漆木生活用器

1. 漆座屏（M1N：55）

2. 矢箙（M1N：1）

3. 漆盾（M1S：4）

4. 盾柄（M1S：7）

M1 出土的漆木生活用器和车器

1. 木盾（M1S：27）

2. 木鞢（M1N：38）

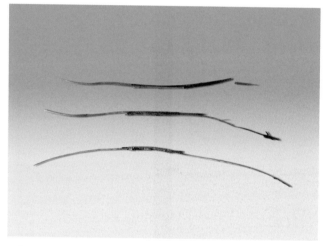

3. 木弓（上：M1N：19，中：M1N：43，下：M1中棺：9）

4. 纺锤形车器（M1S：26）

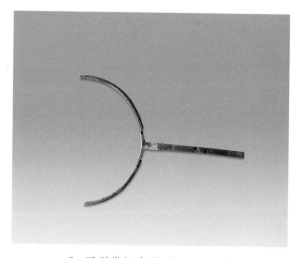

5. 圆形带柄车器（M1S：62）

M1出土的漆木兵器和车器

1. 弧形木柄 (M1N：62)

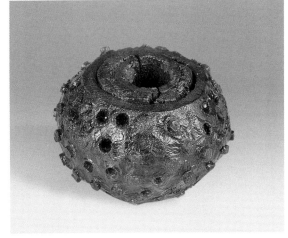

2. 球形车饰 (M1S：40)

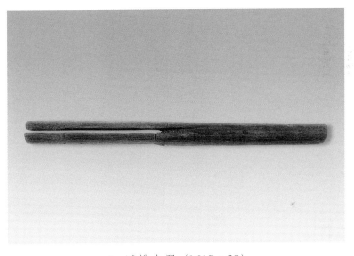

3. 雕槽木器 (M1S：29)

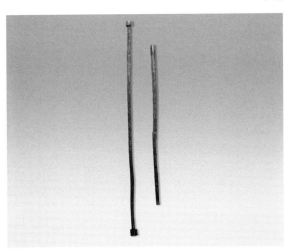

4. 双箍棒形车器 (M1S：34)

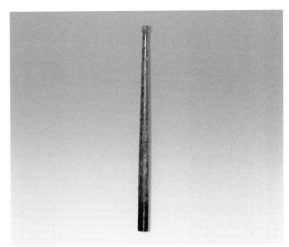

5. 棒形车器 (M1S：82)

M1 出土的木车器

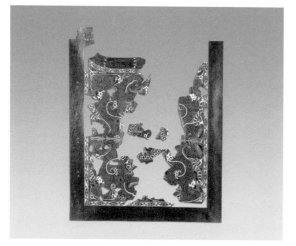

1. 龙凤虎纹车壁皮袋（M1S：100）

2. 龙凤纹车皮袋（M1S：93）

3. 镂孔车壁皮袋（M1S：28）

4. 浮雕车壁皮袋（M1S：104）

5. 素面车壁皮袋（M1S：92）

6. 长方形无框车壁皮袋（M1S：13）

M1 出土的车壁皮袋

1. 漆方盒（M1N：17）

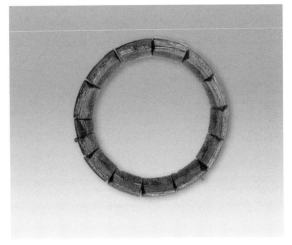

2. 漆鼓（M1S：66）

3. 木伞（M1S：17）

4. 角形器（M1S：69）

5. 漆瑟（M1N：12）

M1出土的漆生活用器、乐器和车马器

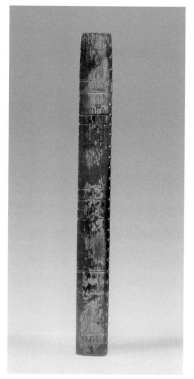

1. 木尺 A 面

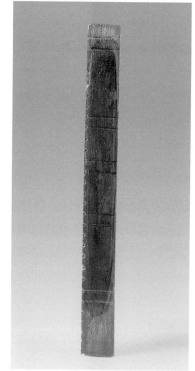

2. 木尺 B 面

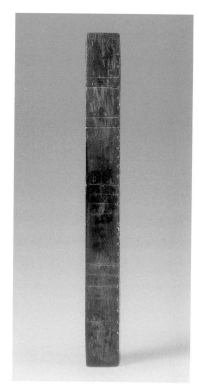

3. 木尺 C 面

4. 木尺 D 面

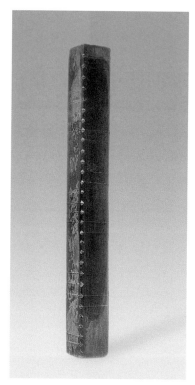

5. 木尺 AB 棱

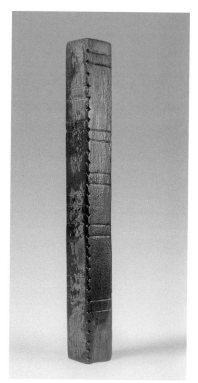

6. 木尺 CD 棱

M1 出土的木尺

1. 木尺A面第2栏上的文字

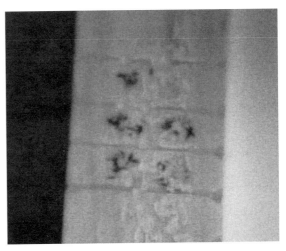

2. 木尺A面第3、4、5栏上的文字

3. 木尺A面第6、7栏上的文字

4. 木尺A面第8、9栏上的文字

5. 木尺C面第1栏上的文字

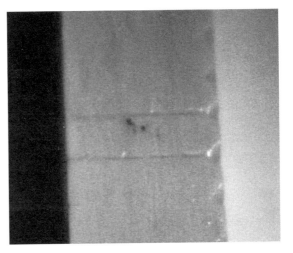

6. 木尺D面第6栏上的文字

M1出土木尺上的文字（红外照片）

图版三〇

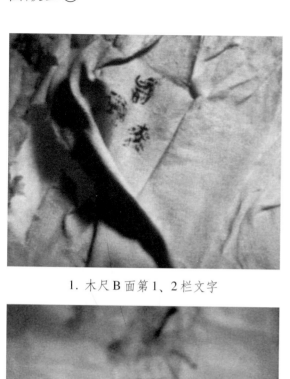

1. 木尺 B 面第 1、2 栏文字

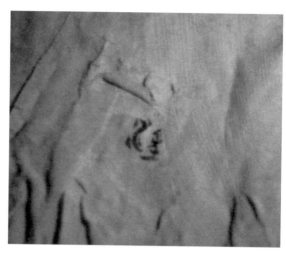

2. 木尺 C 面第 10 栏文字

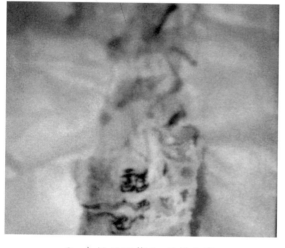

3. 木尺 C 面第 6、7 栏文字

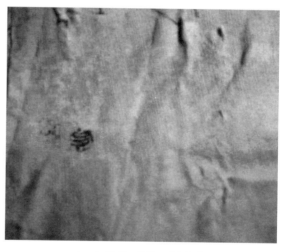

4. 木尺 D 面第 1 栏文字

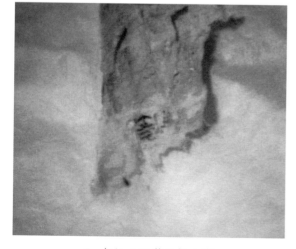

5. 木尺 A 面第 7 栏文字

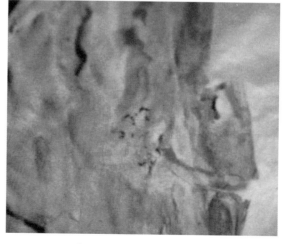

6. 木尺 C 面第 3、4、5 栏文字

M1 包裹木尺的丝绸上粘附的文字（红外照片）

1. 绕线棒（M1N：2）

2. 椭圆形木饼（M1N：53）

3. 带箍器柄（M1N：62）

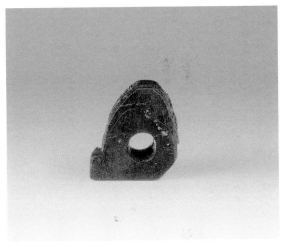

4. 木器足（M1N：59）

5. 墨盒（M1N：18）

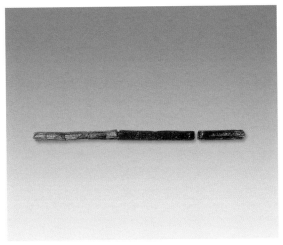

6. 木杆（M1E：28）

M1 出土的其他木器

1. 皮制品（M1S：5）

2. 皮制品（M1S：5）

3. 皮制品（M1S：5）

4. 皮制品（M1S：5）

5. 皮制品（M1S：5）

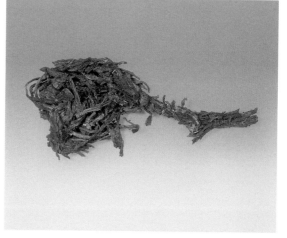

6. 马腹带（M1S：75）

M1出土的皮制品

1. 背中片（M1S：8）

2. 方形皮锁锈（M1N：41）

4. 胸中片（M1S：8）

3. 方形皮锁锈（M1N：41）

5. 小甲（M1S：63）

M1 出土的皮制品和甲片

1. 玉带钩（M1内棺：3）

2. 龙形玉佩（M1N：24）

3. 玉梳（M1内棺：6）

4. 玉环（M1N：32）

5. 玉玦（M1内棺：5）

6. 棱柱形玉管（M1N：50）

M1出土的玉器

1. 玉管（M1N：31）　　　2. 玉杆（M1N：33）　　　3. 玉圭（M1 内棺：7）

4. 鱼形玉片（M1 内棺：4）　　　　5. 椭圆形玉片（M1S：90）

6. 玉环（M1 中棺：8）　　　7. 玉鸡、玉羊、玉猪（M1 中棺：14、
　　　　　　　　　　　　　　　　　中棺：15、中棺：16）

M1 出土的玉器

1. 卵石（M1N：6）

2. 卵石（M1N：34）

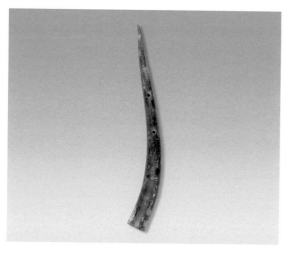

3. 角马镳（M1S：85）

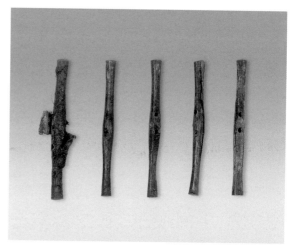

4. 穿孔骨器（M1S：83）

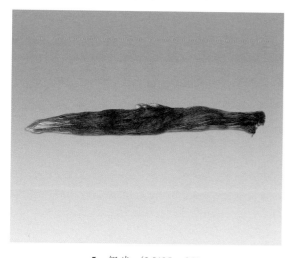

5. 假发（M1N：30）

6. 骨贝（M1S：91）

M1 出土的石器、骨器和毛发

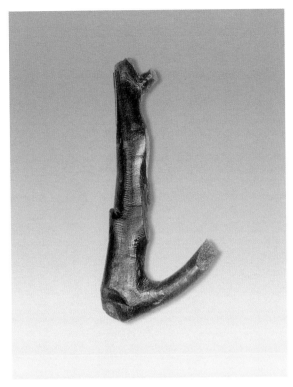

1. 鹿角钩（M1E：61）

2. 牛肩胛骨（M1E：23）

3. 牛肋骨（M1E：23）

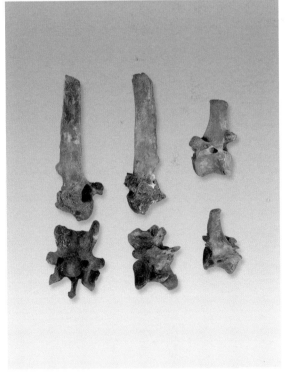

4. 牛脊椎骨（M1E：23）

M1 出土的角器和动物遗骸

1. M2 墓坑工作照（由西向东摄）

2. M2 盗洞（由北向南摄）

M2 墓坑和盗洞

1. 铜壶（M2∶9）

2. 铜壶（M2∶10）

3. 铜盘（M2∶7）

4. 铜匕（M2∶22）

4. 铜匕（M2∶23）

M2 出土的铜礼器

1. 铜戟（M2：2）

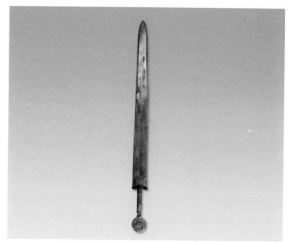

2. 铜玉首剑（M2：26）

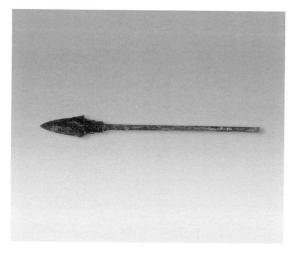

3. 扁棱镞（M2：28）

4.铜杖首（M2：13）

5. 铜三棱有翼镞（M2：29）

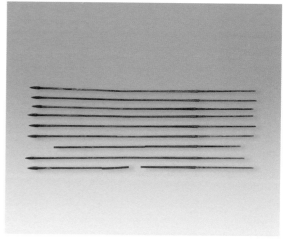

6. 铜三棱形镞（M2：12）

M2 出土的铜兵器

1. 车軎（M2：15）

4. 铜戈（M2：16）

2. 伞箍（M2：35）

5. 马衔（M2：14）

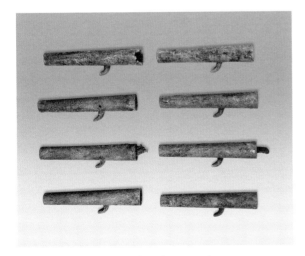

3. 盖弓帽（M2：11）

6. 铜铃（M2：5）

M2出土的铜车马器

1. 铜带钩（M2：19）

3. 铜镜（M2：17）

4. 铜环（M2：30）

2. 铜削刀（M2：27）

5. 铜镰（M2：33）

M2出土的铜生活用器和铜工具

1. 铜夹刻刀（M2：32）

2. 卵石（M2：16）

3. 铜钺（M2：20）

4. 卵石（M2：24）

5. 玉璧（M2：25）

6. 骨马镳（M2：34）

M2出土的铜、玉石和骨器

1. M3 墓坑全景（由西向东摄）

2. M3 发掘工作照（由东向西摄）

M3 墓坑及工作照

1. M3棺室

2. M3头箱随葬器物出土情况

M3棺室及头箱随葬器物

1. 铜鼎（M3：12）

2. 铜盘（M3：1）

3. 铜壶（M3：7）

4. 铜壶（M3：24）

5. 铜匜（M3：9）

6. 铜匕（M3：17）

M3 出土的铜礼器

1. 铜匕（M3：19）

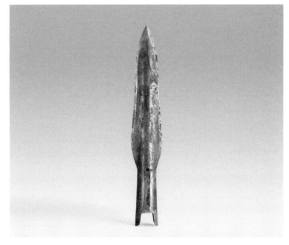

4. 楚王孙渔矛头（M3：29）

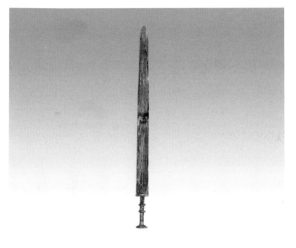

2. 铜剑（M3：3）

5. 楚王孙渔矛镈（M3：29）

3. 铜戈（M3：28）

6. 错金银铜戈镈（M3：28）

M3出土的铜礼器和铜兵器

1. 菱尖镞（M3:32）

2. 平头镞（M3：6）

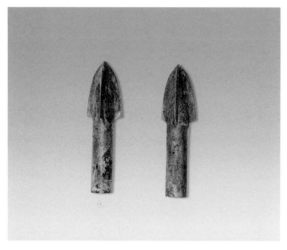

3. 三棱宽翼镞（M3：30）

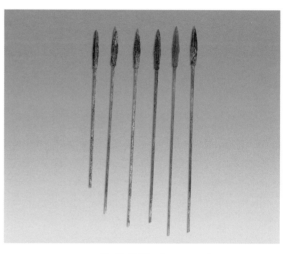

4. 三棱窄翼镞（M3：27）

5. 车軎（M3：15）

6. 马衔（M3：16）

M3出土的铜兵器和铜车马器

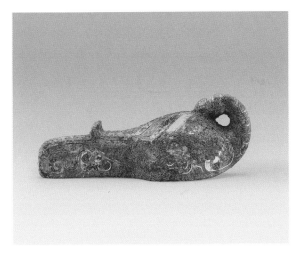

1. 铜杖首（M3：35）

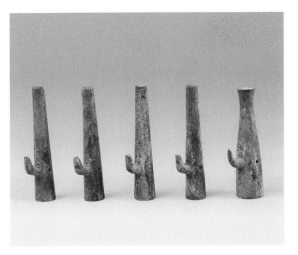

2. 铜盖弓帽（M3：22-2）

3. 铜镜（M3：8）

M3 出土的铜器

1. 伞箍 (M3：22)

2. 漆扇柄 (M3：18)

3. 铜夹刻刀 (M3：28)

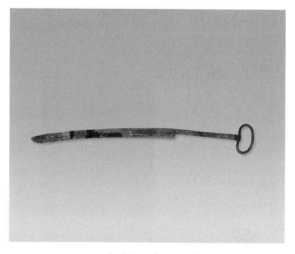

4. 铜削刀 (M3：2)

5. 铜带钩（侧面）(M3：13)

6. 铜带钩（正面）(M3：13)

M3 出土的铜器和漆木器

1. 铜剑（M3：26）

2. 木俑（M3：31）

3. 玉管（M3：14）

4. 桃核（M3：10铜鼎内出）

5. 小木方块（M3：4）

6. 马镳骨帽（M3：34）

M3出土的铜、玉器和漆木器

1. 头骨正面观

2. 头骨（左侧面观）

3. 头骨（顶面观）

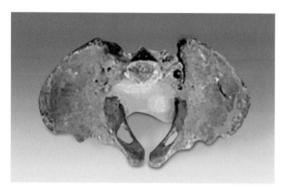

4. 盆骨（上面观）

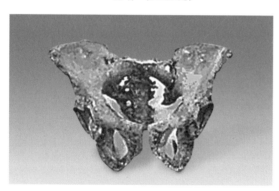

5. 盆骨（前面观）

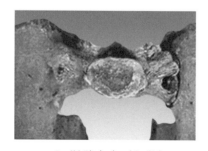

6. 骶髂愈合（细部）

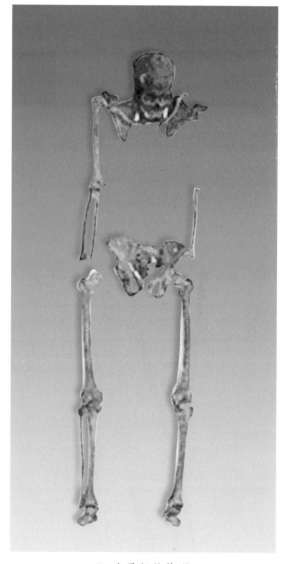

7. 人骨架整体观

左冢楚墓人骨观测